子どもの貧困対策と教育支援

より良い政策・連携・協働のために

末冨 芳
［編著］

明石書店

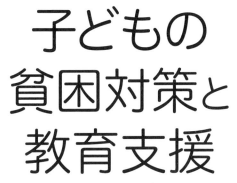

はじめに

編著者・末冨　芳

この本は、子どもの貧困問題を「なんとかしたい」と考えている読者をターゲットにしている。子どもの貧困問題の深刻さへの認識を深めるだけでなく、深刻な状況にある子どもたちを「なんとかする」ために、「どのように子どもの貧困対策をすすめればよいのか」ということが、この本のテーマである。

自治体関係者、非営利団体の関係者、学校の教職員はもちろんだが、厳しい状況にある子どものために何かしたいと考えてくださっているさまざまな立場の読者と、本書が出会うことを期待している。大学生や大学院生の中にも、子どもの貧困問題にどのように取り組めばよいのかを考える若者が増えている、という状況を旧知の研究者より教えてもらうことも多くなった。日本の子どもの貧困対策の未来を担ってくれるであろう若い仲間たちの探求心にも、本書が役立ってくれることを願っている。

私は２０１４年の「子供の貧困対策に関する大綱」の策定段階から現在に至るまで、内閣府の有識者委員として子どもの貧困対策に関わってきた。子どもの貧困対策の政策過程に関わってきた者として、私がこの本を企画したのは、子どもの貧困対策について実績を持つ研究者たちと、支援の現場で子どもや家庭と関わってきた実践者、そして子どもの貧困の当事者たちによる発信が急がれると考えたためである。それには３

つの理由がある。

(1)「とても若い政策領域」としての子どもの貧困対策

第一の理由は、日本の子どもの貧困対策が、2013年の「子どもの貧困対策の推進に関する法律」制定から4年、2014年の法施行と「子供の貧困対策に関する大綱」制定から、まだ3年しか経過していない「とても若い政策領域」だからである。法施行を起点とすれば、日本の子どもの貧困対策はまだ3歳であり、私自身がもともとの専門としてきた教育政策および教育学が、明治期もしくは戦前期からの研究や実践の蓄積を持つことと比較すれば、子どもの貧困対策は研究と実践の双方の蓄積が圧倒的に不足していることを実感している。

別の言い方をすれば、我が国の子どもの貧困対策はまだ萌芽《ほうが》期にあり、今後むかえるべき成長期は少し先のことであろう、と私自身は考えている。

研究の世界では、貧困状態とは何か、という定義自体をめぐる議論の成熟も必要であり、子どもの貧困問題に対する調査や分析の手法も開発段階にある。また実践の世界でも、貧困状態にある子どもへの支援の中で有効なものは何かをしぼりこむにはほど遠く、そもそも有効と思われる支援手法や子どもへの支援ネットワーク自体を開発し、担い手を増やしていかなければならない状況なのである。

自治体の現状に目を向ければ、47都道府県・政令市のすべてが子どもの貧困対策計画を何らかの形で策定しているものの、既存政策の羅列（児童扶養手当、就学援助、高等学校等就学支援金制度、生活困窮者自立支援事業やハローワーク連携等）にすぎないレベルにとどまっているケースも多い。都道府県の先進事例の調査からは、京都府・大阪府の私立高等学校授業料無償化政策や、東京都の受験生チャレンジ支援貸付事業など、国の政策にとどまらない地域ごとに独自性の高い教育支援も紹介されているが（首都大学東京・子ども・若者貧困研究センターほか 2016）、先進的な政策の普及は限定されており、地域の子ども・若者のニーズに沿った政策の開発や充実に取り組む地域も限られている。

このように政策自体が萌芽的な段階にあってこそ、子どもの貧困対策の最前線を切り拓いている研究者と実践者、そして何よりも当事者たちが、何を課題ととらえ、どのようなアプローチが重要かということをバラバラにではなく同時に発信することが重要だと考えたことが、この本の出発点である。

(2) 当事者、実践者、そして研究者の「つながり」をつくる

第二の理由は、子どもの貧困対策が「とても若い政策領域」だからこそ、さまざまな領域の実践者や研究者、そして当事者との「つながり」を広くつくることができる、という強みを持っている点にある。この本は、教育支援を中心とした本ではあるが、子どもの健康支援に取り組む医師や、子どもへの生活支援の実践者など、教育支援とつながりあうことが必要な分野の専門家にも執筆をお願いした。

本書に関わってくださった実践者たちも、教育支援は学校や放課後の学習支援だけで完結するものではなく、医療や福祉、地域コミュニティ、就労支援や家庭の支援など、関連する分野との「つながり」が重要であることをそれぞれに述べている。研究者はそれぞれの専門とするテーマを掘り下げているが、子どもの貧困対策に関わることで、当事者や実践者、また医学や社会福祉学など、これまで直接関わることのなかった領域の研究者と「つながり」をつくる中で、私自身も子どもの貧困対策へのアイディアを豊かにする場面が

何度もあった。教育学もともすればタコツボ化する中で、本書では乳幼児段階から高等教育段階まで、学校教育とともに学校外の学習支援も対象とし、子どもの成長段階の「つながり」を意識して、それぞれの成長段階の第一人者たちの協力をいただくことができた。

子どもの貧困対策の充実のために、当事者、実践者と研究者との「つながり」を充実させていくきっかけとして、この本を利用いただくことも編著者としての喜びである。

(3) より多くの関係者に子どもの貧困対策のアイディアを届ける

第三の理由は、教育支援に関する自治体や学校あるいは住民などの関係者の関心の高さである。とくに教育支援については、子供の貧困対策に関する大綱（２０１４年）において、「『学校』を子どもの貧困対策のプラットフォームに」（p.4）の掛け声のもと、学習支援や生活支援、保護者の就労支援等に至るまで幅広く、学校を拠点とした取組みが推奨されている。

しかし、行政や学校では、子どもの貧困対策にどのように取り組めばよいのか自治体や学校ごとに温度差があり、また関心の高い関係者からも学校をプラットフォームとした子どもの貧困対策とは何をすればよいのかといった問い合わせが後を絶たない。

個別の研究者や実践者が直接に関わることのできる自治体や学校の数は限られるが、本というまとまった形で子どもの貧困対策や教育支援の具体的なアイディアを提供することにより、より多くの関係者に最前線のアイディア、取組みや研究を届けることができる。この本では、教育支援を中心に子どもの貧困対策の進歩のために、またよりきめ細やかな政策や体制づくりにつながるように、課題別・年齢段階別に、現状や取組みを整理し、「対策」として有効なアプローチについてそれぞれの執筆者が実践の紹介や提案を行っている。

この本を読み進めていただく前に、あらかじめ確認しておきたいのは、たとえば単に子どもたちに放課後の学習支援をすればよいのではなく、学校生活とのつながりや、家庭の生活状況の把握、子ども本人や保護者との息の長い関係づくりなど、子どもの貧困対策はきめ細やかなネットワークと、自治体や関係機関等の継続的な取組みを必要とする、ということである。何よりも、当事者としての子どもたちの意見やニーズを大切にする姿勢こそが、子どもの貧困対策に関わる大人たちの根底になくてはならない。

この本の構成は研究者たちによる「第1部　教育支援の制度・政策分析」、実践者・当事者たちによる「第2部　当事者へのアプローチから考える教育支援」の2つから構成されている。

拙稿「第1章　子どもの貧困対策と教育支援」に、各章の簡単な紹介および日本の子どもの貧困対策における教育支援の現状について、総論を述べている。ひとまず第1章をお読みいただいた後に、ご関心のある章を読んでいただくことが、子どもの貧困対策や教育支援のあり方について読者のみなさんの考えを深めるうえで、よいように思う。しかし、目次を見ていただければわかるように、全15章のいずれもが、子どもの貧困対策の最前線である意義の高い内容を扱っている。各人の関心に沿って自由に読み進めていただくことが、やはりベストだろう。

それぞれの章には、具体的な子どもの貧困対策や教育支援の取組みだけでなく、重要な文献、報告書やデータベースなど、読者が活用できる情報も記載されている。また、本書の編著者紹介に私の連絡先を記載しておいた。子どもの貧困問題を「なんとかしたい」が、具体的にどうすればよいか、これから調査や対策を進めたい自治体や学校の関係者、いままでの支援に行き詰まりを感じている実践者、困りごとをかかえている当事者、どのような方もいつでもためらうことなく連絡し、「つながり」をつくっていただきたい。
すでに読者のみなさんが本書を手にした時点で、子どもの貧困対策のための「つながり」は始まっている。

引用・参考文献

首都大学東京子ども・若者貧困研究センター、日本大学、公益財団法人あすのば「都道府県の子どもの貧困対策事業調査報告書2016公表版」(http://www.tmu-beyond.tokyo/child-and-adolescent-poverty/survey/pref2016.html)

子どもの貧困対策と教育支援◉目次

第2部　当事者へのアプローチから考える教育支援

第1部
教育支援の制度・政策分析

第1章

子どもの貧困対策と教育支援

末冨 芳（日本大学）

はじめに――有効な教育支援の前提条件

子どもの貧困問題は、問題の深刻さをさまざまな指標やエビデンスで理解していくと同時に、有効な対策を充実させ、貧困状態にある子どもたちの状況を一刻も早く改善していく段階に入っている。

本章では子どもの貧困対策の手段としての教育支援について、日本における取組みの現状を整理し、より有効な子どもの貧困対策として機能するための条件について整理していく。

まず教育支援を論じる前に、述べておかなければならないのは、前提条件1・子どもの貧困を多元的にとらえること、前提条件2・教育支援と同時並行での生活基盤保障（衣食住や生活習慣保障、保護者の労働条件の改善や現金給付政策の充実といった家族全体の生活条件の向上）が、子どもへの教育支援を有効に機能させていく前提条件となることである。

前提条件1・子どもの貧困を多元的にとらえること

子どもの貧困とは、生まれ育つ家庭が低所得であることだけでなく、低所得に起因して複合的な困難が発生し、大人に至る成長や教育のプロセスで多くの不利に置かれる状況まで含みこんだ現象を意味する（小西 2016, pp.12-13）。２０１６年4月に公表されたユニセフ・イノチェンティレポートカード13では、子どもの貧困状態を、①所得、②教育、③健康、④生活満足度の4領域から明らかにしている（ユニセフ・阿部 2016）。日本は、所得格差、教育格差で、「平均的」な子どもから取り残されてしまっている子どもの「下半分の格差」が、きわめて深刻な状況にあると指摘されている（ユニセフ・阿部 2016, p.4）。先進国では、子どもの貧困を所得に限らず捕捉していく多元的貧困（multidimensional poverty）の考え方が一般的で、アダムソン（Adamson, 2012）は欧州統計局（Eurostat）データを用いた分析で、食事、十分な栄養、スポーツ体験、読書や室内遊び・ゲームなどの文化体験のうち2つ以上が家計の所得の低さによって購入できない状況を子どもの「剥奪（deprivation）」と位置づけ、イギリスの子どもの5・5％が「剥奪（deprivation）」の状況にあると指摘している。

多元的貧困の考え方は、日本国内での子どもの貧困の実態調査にも反映されている。本書の第3章では「子どもの健康支援と貧困」として藤原武男氏（東京医科歯科大学教授）が足立区調査から、むし歯、朝食欠食とレジリエンス（逆境を乗り越える力）と保護者の生活困窮度との関連性を分析している。健康は教育支援に先立つ重要な課題である。大阪府や沖縄県の子どもの貧困実態調査でも、子どもの医療機関受診抑制、子どもの健康と世帯の困窮度とが関連する傾向が示されている（沖縄県 2016、公立大学法人大阪府立大学 2017）。

子どもの貧困を多元的にとらえることにより、教育分野での支援だけでは子どもの貧困対策として不十分であり、保護者の所得水準の改善や子ども自身の健康状態の改善が、同時並行で行われることが重要であることが理解される。具体的にいえば、テストスコアが低く、むし歯も多く、朝食も食べない子どもと、低賃金でダブルワーク、トリプルワークに従事し、疲れで朝起きられないシングルマザーの状況は、どれか一部の課題に対する改善では効果が上がらないか持続しづらく、包括的にアプローチしていくことが子どもの貧困対策に求められる前提条件なのである。

前提条件2・教育支援と同時並行での生活基盤保障

子どもの貧困を多元的にとらえると、教育支援ともに生活基盤保障（衣食住や生活習慣保障、保護者の労働条件・

賃金水準の改善、住宅手当・児童手当等の現金給付政策の充実といった家族全体の生活条件の向上）も重要であることが理解される。

２０１４年8月29日「子供の貧困対策に関する大綱」（以下、大綱）が閣議決定されたが、「教育支援が最も重視され、経済的支援は最後尾の位置づけ」という課題が指摘された（湯澤 2015, p.75）。また２０１３年に生活保護基準の大幅引き下げ、さらに大綱制定後の２０１５年には生活保護のうち住宅扶助基準が切り下げられ、とくに親１人子ども１人世帯（２人世帯）に厳しい内容となるなど（田川 2016, p.211）、貧困世帯の生活を下支えするはずの現金給付政策が改善されにくい状況にある。現在は普遍的制度となっている児童手当にすら、所得制限が導入される動きがある。ひとり親世帯の児童扶養手当の改善、生活保護世帯や児童養護施設出身者への大学等給付型奨学金の実現など、一部で現金給付は拡大されているものの、「子どもを生み育て、世帯として目いっぱい就業することが、税・社会保障制度によっていわば罰を受けている」と指摘される我が国の再分配システムの中で（大沢 2015, p.33）、とくに再分配どころか再分配の逆機能に直撃されている子どものいる貧困世帯の生活基盤が改善するまでの支援は実現しているとはいえない。

課題をかかえる子どもたちの支援の現場で、筆者が時おり聞くのは「子どもの状況をどれだけ支援で改善しても、保護者の状況が改善されなければ支援の効果は続かず、ときには効果がゼロかマイナスに戻る（二歩進んで三歩下がる）」という状況である。現金給付と現物給付の双方の手段で親と子両方の課題にアプローチしていくことが重要であることは阿部（2014, pp.231-234）も指摘している。

教育支援をメインテーマに論じる本書の中では、現金給付や住宅保障等の再分配や社会保障制度については直接には取り扱うことができないが、第13章で畠山由美氏（認定ＮＰＯ法人だいじょうぶ理事長）によって、親子を支える生活支援の丹念な実践が紹介されている。子どもの貧困対策において教育支援とともに生活基盤を保障していくことの重要性が共有されるはずである。

1 教育支援の類型化

ようやく教育支援の取組みを整理する段階に入った。**図1**（24頁）に、日本の教育支援を類型化して示した。教育分野に関する支援は、すべての子どもを対象とした普遍主義的サービスと、特定の条件にあてはまる子どもに対する選別主義的アプローチとに分けられる（縦軸）。また、学校内で行われる支援と学校外で行われる支援という、子どもの過ごす場所による分類が一般的であろう（横軸）。子どもに対する支援は、民間団体や個人による実践も含めれば相当なバリエーションとなるので、ここでは子どもの貧困対策として有効と思われるアプローチをあえて大くくりに示している。

まず子どもの貧困対策における教育支援にあたって、**図1**右上に「すべての子どもを大切にする学校」をあげた。学校における普遍主義的な教育水準の向上は、現代のどの国でも重要なテーマだが、子どもの貧困対策に際しては「すべての子どもを大切にする学校」の実現がとくに重要といえる。抽象的な表現だが、欧米を中心にインクルーシブ（包摂的）な学校と呼ばれている理念を日本語に翻訳すると、これがもっとも一般的に理解されやすい表現となるだろう。

子どもの貧困対策において学校がもっとも重要な役割を果たす機関であることは、大綱も研究者たちも一致す

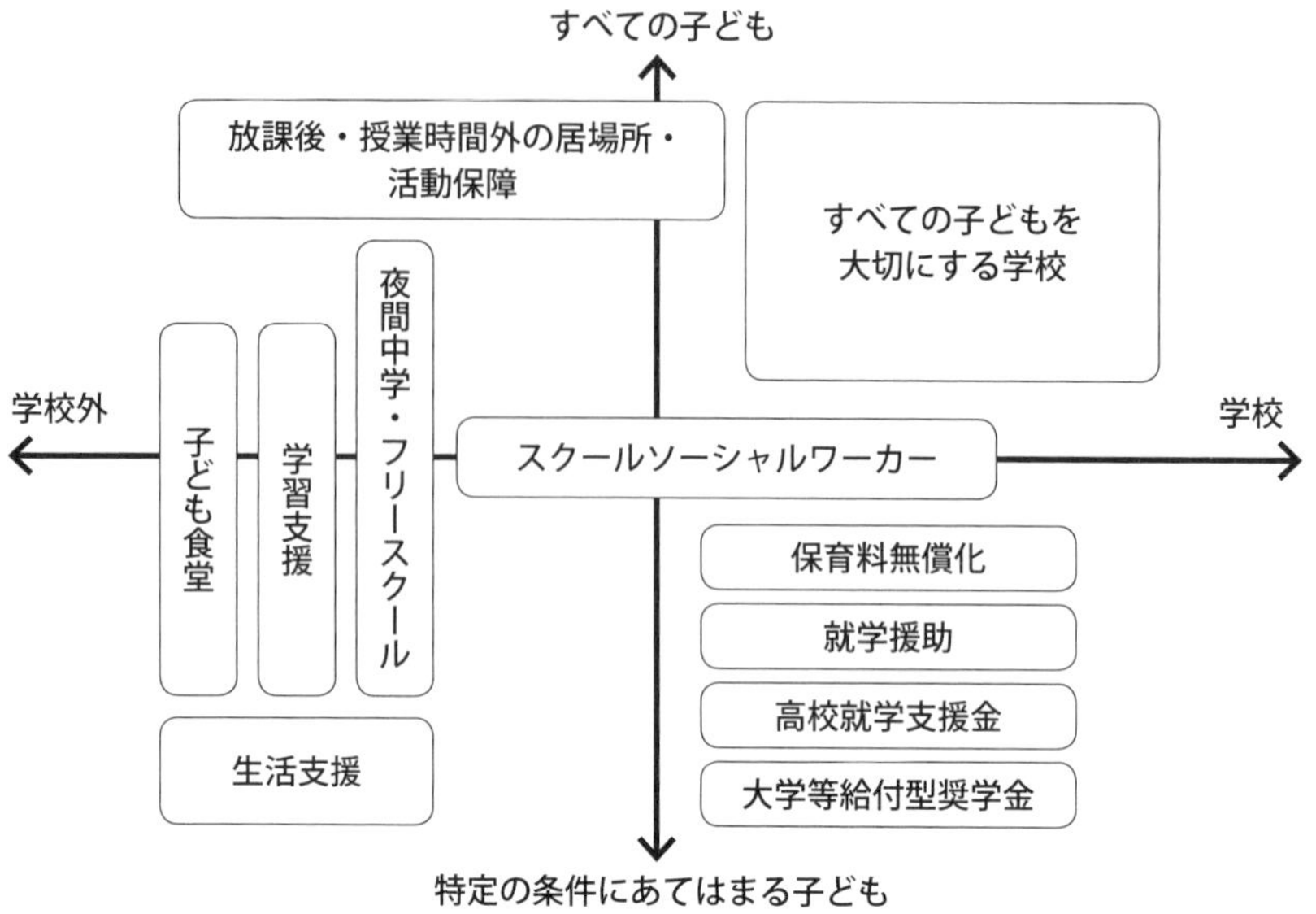

図1　教育支援の類型化（筆者作成）

るところである。ただし、単純な学力向上政策を意味しない。「学校生活への包摂」が「実はいちばん大事である」（阿部 2014, p.202）という指摘に、教育学者である筆者も立場を同じくしている（末冨 2016a, pp.31-32）。マンチェスター大学名誉教授で同大学の教育における平等センター代表の1人でもあるエインスコウ（Ainscow, 2016, p.29）は、教育における平等の実現のために低所得世帯の子どもに限らず「すべての子どもが必要に応じて支援を受けられる学校」を重要な条件の1つとしてあげる。第5章では柏木智子氏（立命館大学）によって、排除に陥りがちな学校の仕組みを、「ケアする学校」へと変革する取組みが分析され、すべての子どものセーフティネットとなる学校の重要性が指摘されている。大綱（p.10）では、「学校による学力保障」が見出しとしてあげられているが、少人数でのきめ細かな指導や「子供に自己肯定感を持たせ、子供の貧困問題に対する理解を深め」るための教員研修も施策として盛り込まれており、やはり単純な学力向上政策にとどまらない視点が盛り込まれているという評価も可能である。

また高校段階での中退・不登校問題を考えると「すべての子どもを大切にする学校」の重要性は、義務教育に限らないことが理解される。第8章で酒井朗氏（上智大学）により、中退・転学・不登校等のドロップアウト状態にある高校生と貧困との関連、また高校生支援制度の実態と課題が述べられている。２０１７年4月より、国の子どもの貧困対策において、貧困世帯に限らないすべての高校生の中退率も、「現行指標に新たに追加すべき指標の例」として取り上げられることになった【注1】。高校までの教育を修了していないことを、子どもの貧困の指標として国が将来的に指標に追加することの意味は大きい。単に高校生の中退率を下げるだけでなく正規雇用の入り口となる高卒資格を保障するためにも、貧困世帯の子どももそうでない子どもも、「すべての子どもが必要に応じて支援を受けられる学校」の実現を日本の高等学校が目指すことも重要だろう。

さて、**図1**ではスクールソーシャルワーカーを学校と学校外、すべての子どもと特定の条件にあてはまる子どもの双方に関わる可能性がある支援アクターとして中央に位置づけている。スクールソーシャルワーカーは２０１７年4月に学校教育法施行規則第65条の3において、「児童の福祉に関する支援に従事する」学校の職員という位置づけが行われることとなった。子どもの支援におけるスクールソーシャルワーカーの重要性については、本書の第4章で横井葉子氏（スクールソーシャルワーカー、上智大学非常勤講師）によっても論じられるように、学校との協働において学校外の機関や資源をつなぎ、活用しながら子どもや保護者の課題改善を行うことにある。学校教育法制における職員としての位置づけを得たことから、いっそうの配置人員の拡充だけでなく、一人ひとりのスクールソーシャルワーカーの質の向上が求められる段階に入ったといえる。質の高いスクールソーシャルワーカーの重要性は、第10章で紹介する静岡市の学校プラットフォーム化のケースでも理解されるはずである。

静岡市ではスクールソーシャルワーカーが、教職員に対する研修や教員への支援を通じ、教職員の意識を変化させ、学校の子どもへの意識を向上させていく、教育支援の進化と変革のキーパーソンとして機能している。

学校に関連する支援としては、選別主義的な政策として、低所得世帯への保育料無償化、就学援助・高校就学支援金や高校・大学等への給付型奨学金といった現金給付政策も重要である。第6章では、筆者自身の分析により従来必要なすべての世帯に届いていないと指摘されてきた就学援助制度の利用率が、何によって規定されているのかを明確にする。制度運用の自治体間格差の深刻さが、より明確になっている。また日本の教育機会保障の課題は、大学段階での給付型奨学金が存在しないことであったが、２０１７年度より大学等給付型奨学金事業が日本学生支援機構において実現された。第9章では白川優治氏（千葉大学）によって、新設された大学等給付型奨学金事業の特徴や課題が指摘されるが、現金給付政策については奨学金政策含め、いっそうの向上の余地がある。

さて、**図1**の左半分における学校外の支援については、生活困窮者自立支援法にもとづく学習支援が拡大しつつあり、社会的にも注目される場合が多い。生活困窮家庭の子どもを対象とした選別主義的施策であるが、福祉事務所を設置している自治体の52・5％が学習支援を実施している、もしくは実施予定と回答している（さいたまユースサポートネット 2017）。第7章で佐久間邦友氏（郡山女子大学）が整理するように、学習支援は、生活困窮者自立支援法にもとづく学習支援以外にも、夜間中学やフリースクールなど学校教育を補完するものから、困難度の高い家庭への生活支援も含みこむ形で実施されている。より困難な状況にある子どもたちに特化した支援を、学校外で行うことは重要である。一方で、そのことは、「富裕層の子どもは有償の塾へ、貧困層の子どもは無償の塾へと振り分けられていくのであれば、学校教育の選別的機能が学校外教育の選別性を強化することになる」

（湯澤 2015, p.76）。学校外の学習機会に対しては第14章で渡剛氏（特定非営利活動法人あっとすくーる）のように、選別主義的政策へのジレンマに直面する場合もあり、生活困窮状況にある子どもたちへの支援だけでなく、ひとり親世帯の子どもたちの学習塾の割引サービスを設定するなど選別主義に陥りにくい工夫が行われている。また自治体によっては学習支援事業を運用の工夫で貧困世帯の子どもにかかわらず利用可能とするケースや、地域で塾の受講料割引をする仕組みを設ける自治体もある【注2】。子ども食堂も、貧困世帯の子どもに限らず、オープンアクセスにしている場合もある。学校外の現物給付的な教育支援については、選別主義的政策でよいのかどうか、継続的に検証と議論の必要があるテーマといえる。

子どもの貧困の定義は、所得だけでなく健康や教育における「平均的な」子どもから取り残されてしまった子ども、のように多元的にとらえることの重要性を「はじめに」で述べた。日本国内で、フォーマルな学校教育を受けられない状況にある子どもへの教育の保障を考えたとき、夜間中学校、フリースクール等の学校の外でセミフォーマルな教育を受ける機会の保障は、教育支援として重要な位置づけを持つ。低所得層でなくとも、何らかの理由で教育の機会や場にアクセスしていない子どもたちは「見えない子ども（Invisible Children）」として、とくに注意を要する存在であるという考え方が、国際的にも浸透しつつある（Mckenny 2014, p.208）。２０１６年12月、「義務教育の段階における普通教育に相当する教育の機会の確保等に関する法律」が成立したことの意義は大きく、「見えない子ども」たちの多様な教育機会へのアクセスの拡大や現状の把握、今後の政府支援の充実も期待される。

すべての子どもを対象とした授業時間外や放課後の居場所や活動の保障も重要である。乳幼児期や小学校までは、児童館、公民館や子育て支援センター、公園といった、どの子にも開かれている居場所がある。文部科学省も、学校施設等を活用した放課後子ども教室や地域未来塾等の施策により、小中学生の放課後保障支援をしている。

一方、中学生や高校生段階での居場所保障のあり方については、今後の取組みが必要な課題である。中学生・高校生では学校の部活動が放課後の居場所を保障する面もあるが、教職員の自己犠牲的献身による過重労働によってのみ支えられる仕組みはもはや維持可能ではない。また、部活動に要する経済的支援は就学援助（中学校まで）でもあまりにも少額で、家庭の経済的負担は重い。中学校以降の子ども・若者を対象とした放課後の居場所や活動のあり方は、教職員の過重労働にもとづく部活動依存を脱却し、抜本的な見直しの時期に入りつつあると判断される。

本書の第2部では、生活支援や学習支援、高校内居場所カフェなど、さまざまなアプローチで子どもを学校外の居場所につないだり、学校自体を居場所として機能させていく実践が取り上げられている。どのような子どもにも、同世代の友人や時にはロールモデルや身近な相談相手となるようなさまざまな人々と接することのできる居場所があることは、子どもの貧困対策としてだけでなく、すべての子ども・若者の成長にとって大切な教育支援といえるだろう。

2 より有効な教育支援への展望

あまり知られていないことだが、内閣府の子供の貧困対策に関する有識者会議には、貧困の当事者である若者が委員として参加している。教育を含めあらゆる支援について当事者たちのニーズを反映させていくことも、子どもの貧困対策の有効性を高めるための条件の1つである。第15章では、公益財団法人あすのばの学生メンバーとして活躍した当事者たちの経験や、子どもの貧困対策の当事者団体としての提言が示されている。

ここでは、研究者の視点から、子どもの貧困対策における教育支援がより有効なものへと進化していくために3つの展望を示す。

(1) 厳しい状況の子どもから重点化される資源配分

子どもの教育機会保障を目的として、高等教育無償化、私立高校無償化、私立小中学校の児童生徒への授業料補助など【注3】、中所得層以下の世帯を対象とした授業料支援制度が拡大しつつある。筆者は、より良い教育支援を実現したいとの思いから、これらの政策に関連する政府や関連団体の議論のいくつかに参加してきたが、議会アクターやそれに連なる一部の利益集団による原則なきポピュリズム的資源配分が、なし崩しで行われているのではないかとの懸念を禁じ得ない状況にある。

国の教育振興基本計画には、「教育費負担の軽減に向けた経済的支援」(p.60)がかかげられており、大綱にも「教育の機会均等を保障するため、教育費負担の軽減を図る」(p.4)とされている。教育財政を専門とする筆者自身も、最終的には、すべての子どもが就学前から高等教育までできるだけ無料で教育を受けられるシステムを理想と考える。しかし、こども保険や消費税増税等によって財源の拡大が見込まれるとしても、すべての子どもの教育機会を無償化する前に、急いで行われなければならないのが、貧困層の子どもへの包括的で重点的な資源配分である。

医療機関の未受診、朝食欠食など、教育に先立つ健康や栄養を下支えする条件が欠落している子どもが、低所得世帯ほど多く発生し（公立大学法人大阪府立大学 2017, p.117, 167）、朝食を食べない子どもほどテストスコアが低いことは毎年の全国学力・学習状況調査の結果で２００７年度から今日に至るまで毎年指摘され続けている。つまり証拠がそろっている（エビデンスが確立している）状況にあり、筆者自身も２０１４年の内閣府・子供の貧困対策に関する検討会で政策化を主張したものの、学校での朝食支援はいまだ政策化されていない。イギリスではブレックファーストクラブという朝食支援が公立学校を中心に行われ、政府によって予算措置されている状況とは対照的である（末冨 2016b）。

あえて象徴的にいうならば、世帯年収４００万円で比較的低所得世帯であるものの、私立小学校に通えるだけの文化資本や学力がある児童に年10万円授業料補助をすることと、世帯年収２００万円に到達せず朝食を食べられない環境にある児童に朝食の支援を行うこと、どちらを優先して政府が資源投入すべきなのか、あるいは同時に政府補助の対象にしていくのか、現実にわれわれの社会において、いま発生している子どもへの資源配分問題に、どのような答えを出していくべきなのだろうか。

子どもに関する資源配分について、どのような子どもを優先すべきか、どのような政策から資源を投入するか、グランドデザインの欠落が、子どもに関する資源配分の迷走の根幹にある。理想としては教育と福祉とを含みこむ形で、子どもに関する資源配分の優先度や中長期計画が決められることが望ましい。この際、ロールズの格差原理を想起するまでもなく、厳しい状況の子どもへの資源配分が優先されるべきではないだろうか。

朝食支援はあくまで象徴的な事例にすぎず、より厳しい状態にある児童生徒が集中する学校への重点的な予算配分と人材配置【注4】、低所得世帯の高校生への教科書代や制服代等の補助（高校生版就学援助制度）、生活困窮世帯からの進学の壁となっている高校や大学の入学金の免除や分割納付、入学時給付型奨学金など、いま貧困状態にある子どもたちが直面している課題の改善に対する資源配分こそが優先される必要がある。

政府や国会でのひらかれた議論や子どもの貧困の当事者たちのニーズの反映など、公正な手続きのもとで、とくに貧困状態の子どもに対する資源配分が重点的に行われることは、議員立法と国会の全会一致による「子どもの貧困対策の推進に関する法律」にもとづき、子どもの貧困対策が進展する日本で、現実に可能なことと筆者は信じている。

(2)「長期包括支援型」学校プラットフォームを拡充する

子どもへの教育支援を考える場合に、学校が重要な場であることは、1節でも指摘したが、子どもや家族を必要な支援につなぐ拠点としても、学校の役割は重要である。大綱においても『学校』をプラットフォームとした総合的な子供の貧困対策の展開」(p.10) が規定されている。学校をプラットフォームとした子どもの貧困対策(学校プラットフォーム)において、現在の大綱のモデルの特徴が「長期包括支援型」であることを筆者は特徴づけ、評価している(末冨 2016a, pp.27-28)。

より有効な教育支援のために重要であるのは、「長期包括支援型」学校プラットフォームを、就学前から高等教育段階まですべての学校で施策拡充し、かつ出産前後・乳幼児期の母子保健や、若年層への就労支援等とつなげていくことである(**図2**：32頁)。ベースラインとして、子どもだけでなく保護者を含めての生活基盤保障が重要であることをあらためて強調しておきたい。そのうえで、就学前の保育所・幼稚園段階から大学・専修学校等に至るすべての保育・教育機関の学校プラットフォーム化による教育支援の充実が行われる必要があるといえる。

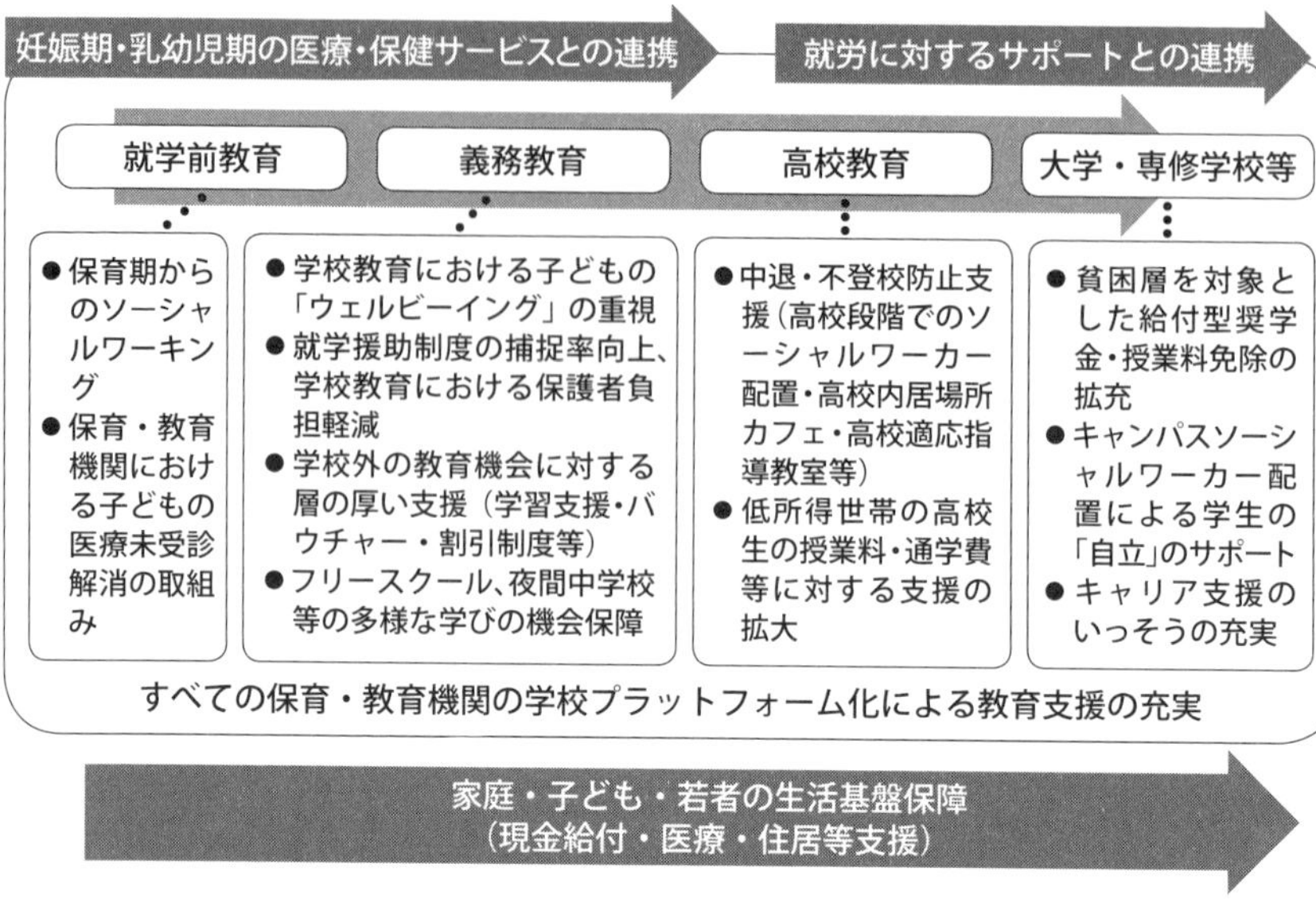

図2 「長期包括支援型」学校プラットフォームの拡充（筆者作成）

すでにここまでに重要と思われる施策については、いくつかあげてきたが、**図2**には、そのほかにもこれまでの施策のいっそうの充実が必要である、もしくは新規の政策として取組みがあることが望ましいと、筆者自身が考える施策をあげている。

就学前段階では、保育期からのソーシャルワーキングの開始が重要と考える。第3章では中村強士氏（日本福祉大学）によって、子どもの乳幼児期における貧困に対するソーシャルワークの重要性が指摘されている。実際に子どもを育てていてわかるのは、小学校1年生になる前に、対人関係能力、生活習慣や学習習慣などについて、家庭によってある程度の格差が開いてしまっていることである。教育の現場でも、生活困窮度の高い地域において保幼小連携により、子どもたちの生活習慣や学習習慣の改善に効果をあげるケースもある（「金川の教育改革」編集委員会 2006, pp.41-54, 64-81）。保育・教育機関の取組みだけでなく、個別家庭訪問による保護者支援も重要であることが指摘されている

（「金川の教育改革」編集委員会 2006, pp.51-52）。保育期からのソーシャルワーキングが普及拡大すれば、学習面だけでなく家族の課題に対しても、より早期からの子どもや保護者へのアプローチが可能になる。

この他に、貧困世帯では保護者自身の疾病・低所得や劣悪な労働条件によって、子どもが医療機関を未受診になってしまう状況も、さまざまな自治体の実態調査から明らかになっている。２０１７年に公表された東京都「子供の生活実態調査【小中高校生等調査】〈中間のまとめ〉」では、困窮層の小学校5年生の24・8％、中学校2年生の21・5％、16～17歳の23・8％が医療受診抑制の経験があることが明らかになっている（東京都保健福祉局 2017, p.25）。こうした実態をふまえて就学前、義務教育段階の教職員も、保護者に代わって子どもを受診させることのできる仕組みがあればと考える者も少なくなく、医師や保健師も医療を受けられない子どもに受診してほしいという思いを持っている【注5】。保育・教育機関の教職員や支援者が子どもを代理受診させられる仕組みの整備や、保護者が子どもを受診させやすい支援制度の実現も急務といえるだろう。

義務教育段階では就学援助の捕捉率向上とともに、学校教育における保護者負担軽減の実現も重要である。また、学校外の教育機会に対する支援については、生活困窮者を対象とした学習支援だけでなく、学習塾等の割引制度の普及や放課後活動へのバウチャー等含め、より層の厚い支援制度の充実が重要である【注6】。加えてさまざまな理由で学校に通うことのできない子どもたちへの多様な学びの機会を保障してくことも重要である。多様な学びの場が保障されるとともに、学習費用の公的補助も重要課題である。「義務教育の段階における普通教育に相当する教育の機会の確保等に関する法律」は成立したものの、国と地方のフリースクールや夜間中学校に対する財政支援は、努力義務にとどまっている。

高校段階では、高校生の不登校・中退防止のための支援が、都市部を中心に萌芽的に展開され、一定の効果をあげている。第11章で紹介する大阪府の高校内居場所カフェ、第12章で紹介する東京都のユースソーシャルワーカー（高校段階でのソーシャルワーカー配置）、また第8章で言及されている、全国で展開されつつある高校生対象の適応指導教室など、注目すべき取組みがある。義務教育段階と比較して、高校生支援は都道府県の自主性に委ねられる部分が大きく、国の政策として手厚いとはいえない。しかし高校生の不登校・中退を予防し、高校卒業の学歴を保障していくことは、就労可能性を高め、子どもの貧困の連鎖を防止するためにも重要である。高校生支援施策の普及や国による支援策のいっそうの充実が必要との考えから、第2部では高校生支援の最先端の取組みに2つの章を割いている。

大学段階では、低所得世帯への給付型奨学金や授業料免除の拡大だけでなく、高校段階までと同様にソーシャルワーカー（キャンパスソーシャルワーカー）によって困難を抱える学生の「自立」を支援する仕組みの整備も重要であると考える。とくに貧困世帯に育つ学生の課題は、複合的であり、カウンセラーだけでなく、ソーシャルワーカーも関わった外部機関への連携も必要となる場面があることを、筆者自身も経験したことがある。また、貧困であるかどうかにかかわらず、一人ひとりの学生が就労へと移行できるように大学によるきめ細やかなキャリアサポートも、大学での取組みが進みつつある分野であり、いっそうの充実が期待される。

(3) 子どもの貧困に関する指標の充実と長期的な視点からのエビデンスの蓄積

さて、より有効な教育支援を考えるうえで最後に述べておかなければならないのは、子どもの貧困に関する指標の充実と、長期的な視点からのエビデンスによる検証である。

子どもの貧困に関する指標の充実は、阿部（2016）でもその必要性が述べられているが、とくに教育支援にお

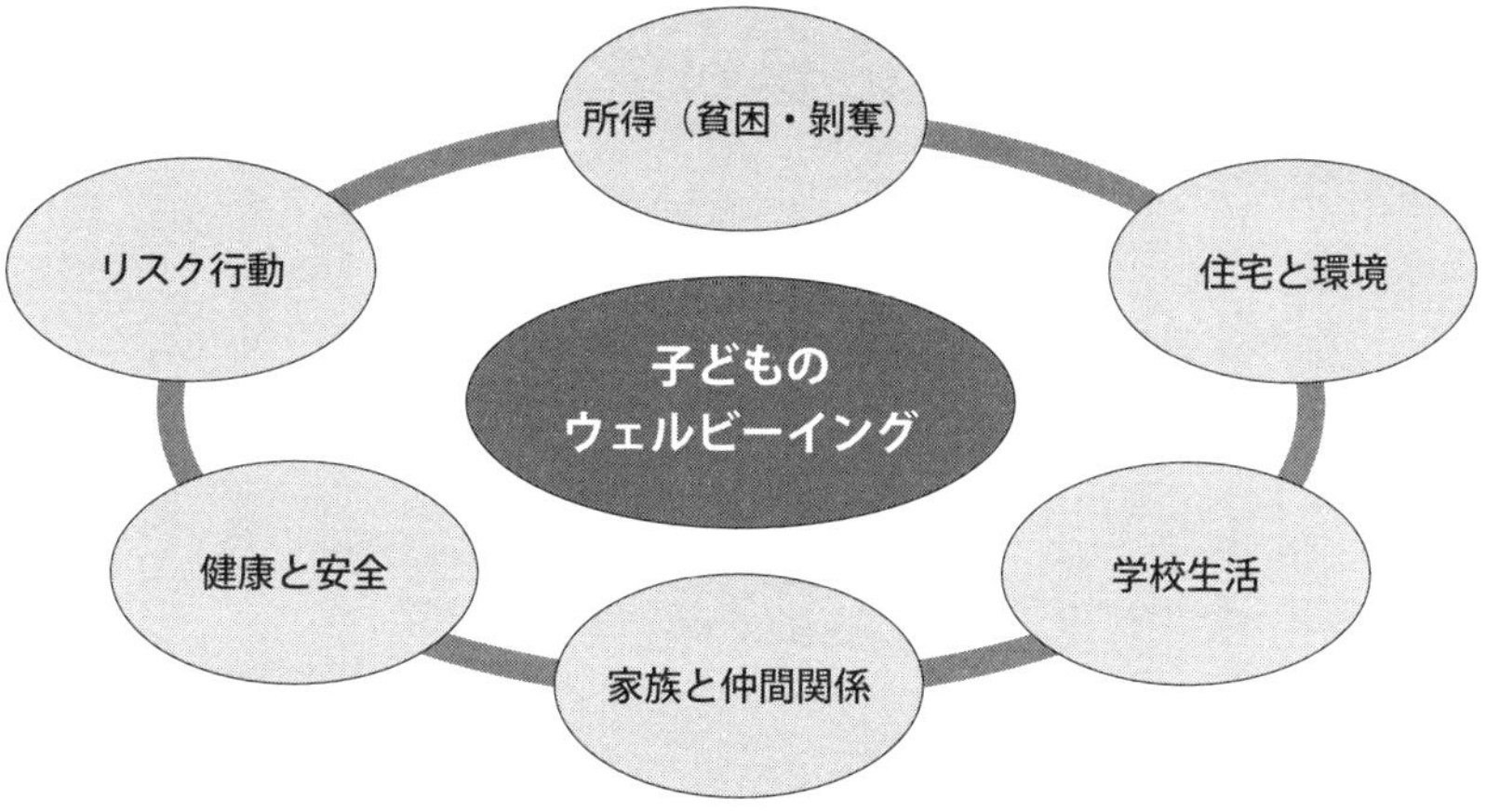

図3　子どものウェルビーイング指標：概念図（阿部彩・貧困統計ホームページより）

いては子ども自身のウェルビーイング（幸せ）に関連した指標を、学校や教育政策の評価、子どもの貧困対策指標、また子どもの貧困対策に関わる検証の枠組みに積極的に採用することが重要だと考える。日本ではほとんど論じられることはないが、子どもの貧困への取組みの基盤には、すべての子どもに未来への権利やウェルビーイング（幸せ）を保障しようとする児童の権利に関する条約等の国際的な子どもの人権保障の流れがある（Mckenney 2014, p.205）。

子どものウェルビーイング指標は、ユニセフによるモデルが**図3**のように整理されている。子どもの貧困対策の先進国として注目されるイギリスの教育に関する基本計画である教育白書でも、「子どもと若者への安全とウェルビーイングの保障」が政策目的の1つとして掲げられている。日本の教育政策、子どもも政策にも反映されることが期待される。

図3では子どものウェルビーイング指標として、所得、住宅と環境、学校生活、家族と仲間関係、健康と安全、リスク行動の6要素があげられている。「はじめに」でも述べたが、所得に偏らない形で多元的に貧困をとらえようとする際に、とくに

子ども自身の状況を総合的に判断する指標として、ウェルビーイング指標を、日本の政策に反映させていくことの価値は高い。

近年の日本の教育政策では、ともすれば学力（テストスコア）に対する政策効果が焦点になりがちだが、深刻な状況のままで推移する子どものいじめや自殺、不登校問題など、教育課題全般の改善を意識するためにも、子どものウェルビーイング指標を教育政策や子どもの貧困対策の指標として取り入れていくことは、すべての子どもたちのためにメリットをもたらす取組みと考えられる。

また、長期的な視点からの子どもの貧困対策の検証とエビデンスの蓄積も重要である。現在、多くの自治体で、子どもの貧困の実態調査が実施されている。一時的な実態調査にとどまらず、どのような支援が有効であるのか、定期的な検証が今後必要になってくる。この際に、成果指標として子どものウェルビーイング指標を取り入れることにより、政策効果を多角的にとらえること、かつ貧困の世代間連鎖が抑止できたのかどうかについて長期の検証が必要となることを、子どもの貧困対策や教育支援に関わる関係者は意識しておく必要がある。

日本の子どもの貧困対策は若い政策領域であり、政策自体の質と量を成長させつつ、将来的にはより有効な施策に資源配分を集中させていくことで成熟していく段階がいずれ来る。いまはその未来にむけて、より多くの子どもの貧困対策や教育支援の取組みを芽吹かせ、育てる段階にある。萌芽期の子どもの貧困対策においては、支援者の熱い思いや実践、研究者の冷静な観察と検証、どちらも大切にされる必要があることを、最後に指摘しておきたい。

引用・参考文献

阿部彩（2014）『子どもの貧困Ⅱ――解決策を考える』岩波新書

阿部彩（2016）「多様にとらえる子どもの貧困」、「なくそう！ 子どもの貧困」全国ネットワーク編『子どもの貧困ハンドブック』かもがわ出版、97～110頁

Adamson, P., 2012, *Measuring Child Poverty* (UNICEF Innocenti Report Card 10). Florence, Italy: UNICEF.

Ainscow, M., 2016, *Struggles for Equity in Education,* Routledge.

「金川の教育改革」編集委員会（2006）『就学前からの学力保障――筑豊金川の教育コミュニティづくり』解放出版社

小西祐馬（2016）「子どもの貧困の定義とイメージ図の試み」、「なくそう！ 子どもの貧困」全国ネットワーク編『子どもの貧困ハンドブック』かもがわ出版、12～13頁

公立大学法人大阪府立大学（2017）「大阪府子どもの生活に関する実態調査報告書」（http://www.pref.osaka.lg.jp/attach/28281/00000000/01jittaityosahoukokousyo.pdf）

McKenney, S., 2014, *The Relationship of Child poverty to School Education, Improving Schools,* Vol. 17 (3), pp.203-216

沖縄県（2016）「沖縄子ども調査結果概要」（http://www.pref.okinawa.jp/site/kodomo/kodomomirai/documents/okinawakodomotyousagaiyouban.pdf）

大沢真理（2015）「日本の社会政策は就業や育児を罰している」『家族社会学研究』第27巻第1号、24～35頁

さいたまユースサポートネット（2017）「『生活困窮者自立支援法に基づく学習支援事業に関する調査』結果のお知らせ」（https://prtimes.jp/main/html/rd/p/000000001.000018249.html）

末冨芳（2012）「学習塾への公的補助は正しいか？――社会的包摂と教育費」稲垣恭子編著『教育における包摂と排除』明石書店、79～100頁

末冨芳（2016a）「子どもの貧困対策のプラットフォームとしての学校の役割」『日本大学人文科学研究所紀要』第91号、25～44頁（http://www.chs.nihon-u.ac.jp/institute/human/kiyou/91/3.pdf）

末冨芳（2016b）「教育と子どもの貧困：『多元的貧困』の改善のための子どもの政策共同体へ」『季刊教育法』第190号、エイデル研究所、8～17頁

田川英信（2016）「生活保護世帯の子どもへの支援」、「なくそう！ 子どもの貧困」全国ネットワーク編『子どもの貧困ハンドブック』かもがわ出版、207～211頁

東京都保健福祉局（2017）「子供の生活実態調査【小中高校生等調査】結果の概要〈中間のまとめ〉」（http://www.fukushihoken.metro.tokyo.jp/joho/soshiki/syoushi/syoushi/oshirase/kodomochousa_gaiyou.files/290223gaiyou1-2.pdf）

ユニセフ・イノチェンティ研究所・阿部彩（2016）『イノチェンティレポートカード13――先進諸国における子どもたちの幸福度の格差に関する順位表』日本ユニセフ協会
湯澤直美（2015）「子どもの貧困をめぐる政策動向」『家族社会学研究』第27巻第1号、69～77頁

注

1　内閣府「子供の貧困に関する指標の見直しに当たっての方向性について」（２０１７年3月31日）。①高等学校中途退学率、②学力に課題のある子供の割合、③朝食欠食児童生徒の割合、④相談相手が欲しいひとり親の割合・必要な頼れる相手がいない人の割合、⑤ひとり親家庭の正規の職員・従業員の割合、⑥ひとり親家庭で養育費の取り決めをしている割合、ひとり親家庭で養育費を受け取っていない子供の割合、の6項目が「現行指標に新たに追加すべき指標の例」として取り上げられた。貧困を低所得だけに限定しない視点、また朝食や相談相手など、多元的な視点から子供の貧困指標を拡充させていこうとする意味でも、内閣府の取組みは評価できるものである。

2　熊本県では、県内事業者の協力により、ひとり親家庭等の子どもたちの受講料が割引される「応援の塾」制度が設けられている。学習支援（「地域の塾」）のほかに、文部科学省も地域未来塾事業により、経済的理由に限らない学習支援に対する自治体補助を実施している。

3　私立小中学校授業料補助制度に関する懐疑派と推進派の見解は、朝日新聞２０１６年10月27日「私立授業料、補助は必要？ 小中学生世帯に10万～14万円、文部科学省検討」に詳しい。小針誠（同志社女子大学・当時）は、「情報を集めて学校を選ぶゆとりのある家庭と、そうではない家庭の間で幼少期から教育機会の格差も広がりかねない」ことを懸念の理由の1つとしてあげている。

4　教育再生実行本部第6次提言で言及されたように「就学援助を受けている子供が多く、学力面でも課題を抱えている学校」に重点支援していくような政策も重要と思われる。こうした状況にある小中学校は全国学力・学習状況調査から２０１５年度時点で国内に約１０００校とされている。

5　貧困状態にある子どもたちへの代理受診については、学校、医療、保健分野の専門家たちの間で、保護者に代わって代理受診をできる仕組みが何とか整備できないかという思いが合致する。このことについては第74回日本公衆衛生学会総会・シンポジウム22「子どもの貧困と健康」（２０１５年11月5日）における議論で大きな示唆をいただいた。

6　東京都における進学のための学校外教育機会へのバウチャーの意義については末冨（2012）で論じている。

第2章

乳幼児期の貧困とソーシャルワーク

中村強士（日本福祉大学）

はじめに

本章は、乳幼児期の貧困とこれを解決しうるソーシャルワークの意義およびその技法を考察するものである。乳幼児期の子どもたちが通うのは「学校」である幼稚園と「児童福祉施設」である保育所に大別される。他にも認定こども園や小規模保育事業などの地域型保育事業所、認可外保育施設もある。

本章では保育所を中心に考察する。なぜなら、保育所は子どものための最も数の多い福祉施設だからである。具体的な方法論（ソーシャルワーク論）に入る前に、なぜ「乳幼児期の貧困」に着目する必要があるのか述べることにする【注1】。

1 なぜ、「乳幼児期の貧困」なのか

「乳幼児期の教育とケア」の重要性

子どもの貧困問題のうち、乳幼児期に着目するのはなぜか。理由は以下の3つである。

1つは、すでに先進国では乳幼児期の重要性が理解されており、そのため多くの国では乳幼児の育ちに必要な投資がなされているからである。小西祐馬は先進国の子どもの貧困研究をレビューし、「ほぼコンセンサスが得られていることとして、乳幼児期の貧困の重大性があげられる。5歳未満での貧困の経験は、その後の子どもの発達に大きな影響を与えるため、解決すべき最も大きな課題である」と述べる（小西 2008, p.285）。菅原ますみは信頼性の高い米国大規模研究結果から「就学前期での貧困・低所得が短期的にも長期的にも人間発達に影響を及ぼし得るものであること、なかでも継続する慢性的な貧困が深刻な影響性を持っていること、一方、発達最初期（0～3歳）に貧困であっても、幼児期後半以降に回復すれば影響はより小さく心配ないレベルに留まる可能性も示唆されている」と述べている（菅原 2016, pp.203-204）【注2】。また、ジェームズ・J・ヘックマンも乳幼児期の教育とケアがその後の人生に大きな影響を与え、貧困削減の効果もあることを示している。さらに就学前教育に恵まれない貧困層の子どもに投資することは、彼らの将来の所得を高めるだけではなく、健康も向上させることから、将来の社会保障費の軽減にもつながり、租税負担力も高めるという意味で、公平性と効率性の両方に効果があるとしている。そして、恵まれない子どもの乳幼児期の生活を改善することを「事前分配」と称し、所得再分配よりはるかに効果的・効率的な政策として評価する（ジェームズ・J・ヘックマン 2015）。

ＯＥＣＤによれば、多くの先進国では、こうした研究成果を背景にした子どもの貧困対策に加えて、女性の社会参加やジェンダー平等の実現、人口問題の究明を目標にして乳幼児期の教育とケアに投資している（OECD 2011）。

ＯＥＣＤが注目したのは初期段階からの財政・社会・家族政策によって子どもの貧困を防ぐという北欧諸国のモデルである。ＯＥＣＤは乳幼児期の教育とケアが「市場の失敗」に陥りやすく、仮にこうした劣悪な環境から彼らを救出しても、それまでの機会損失を埋め合わせることができず、危機的な供給不足と質の悪さに悩まされる傾向があることから、政府による介入が適切だとしている。さらに、高い質の乳幼児期の教育とケアによって社会にもたらされる利益が、そのコストをはるかに超える事実を考えると、政府の関与は正当化されるとしている。つまり、乳幼児期の教育とケアを「公共財」として捉えているのである（OECD 2011）。

日本における高い乳幼児期の貧困率

乳幼児期の貧困に着目する理由の2つめは、日本の子どもの貧困率のうち、乳幼児の貧困率が他のどの年代よりも高いからである。大竹文雄らが算出した**図1**をご覧いただきたい（ベネッセ教育総合研究所 2008）。２００４年段階の年齢階級別貧困率をみると、「5歳未満」の貧困率がどの年齢階級より飛び抜けて高い。しかも、１９８４年、１９９４年の貧困率と比較すると、年々上がり続けていることがわかる。大竹は、「その親の世代にあたる20～30代の貧困率が上昇していることが原因」としている。

日本における低い乳幼児期への公的社会支出

着目理由の3つめは、子ども・家族に対する公的社会支出のうち、年齢別にみると日本は乳幼児期に最も支出していない国だからである。**図2**は、子どもにかかる公的社会支出について3つの年齢段階ごとに分け、日本とＯＥＣＤ諸国の平均とを比較したものである（OECD 2009）。これを見ると、0歳から5歳に出されている公的社会支出が他の2区分、すなわち6歳から11歳、12歳から17歳に対する公的社会支出に比べて圧倒的に少ないことがわかる。日本の乳幼児期にかけている公的社会支出はＯＥＣＤ諸国平均の半分にも満たない。

投資効果の高い「保育」

なぜ、「乳幼児期」に着目するのか。それは、先進国では多数のエビデンスをもとに乳幼児期の教育とケアが政策的に推進されているにもかかわらず、日本の乳幼児期は最も貧困であり、かつ最も公的社会支出が行われて

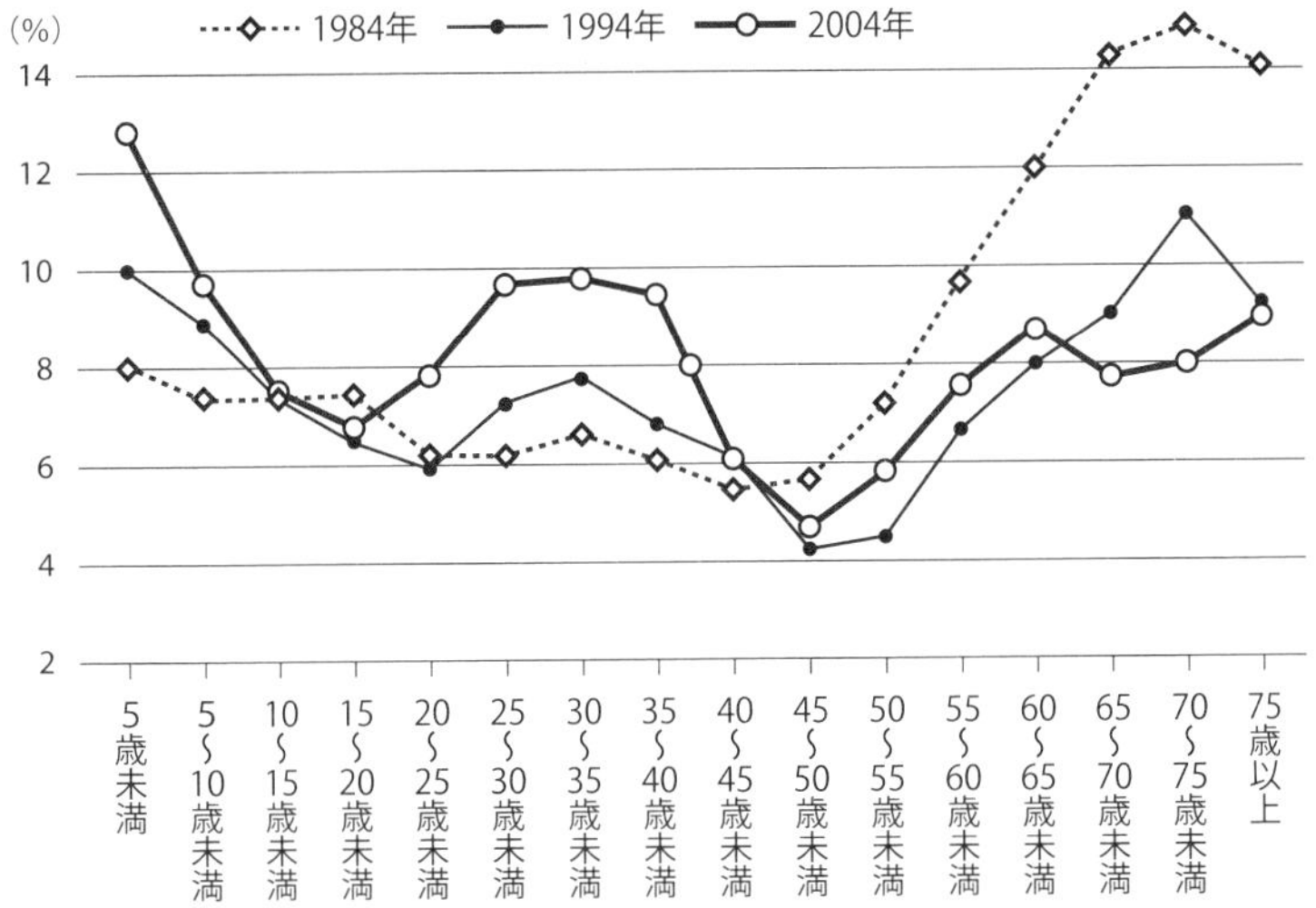

※貧困率とは、世帯規模を考慮した1人当たり可処分所得が中央値の半分以下の人の比率。
各年の貧困ラインは、1984年…104万8千円、1994年…159万7千円、2004年…148万8千円。

図1　日本の年齢階級別貧困率

出典：ベネッセ教育総合研究所「BERD」
http://berd.benesse.jp/berd/center/open/berd/backnumber/2008_16/fea_ootake_03.html」を加筆

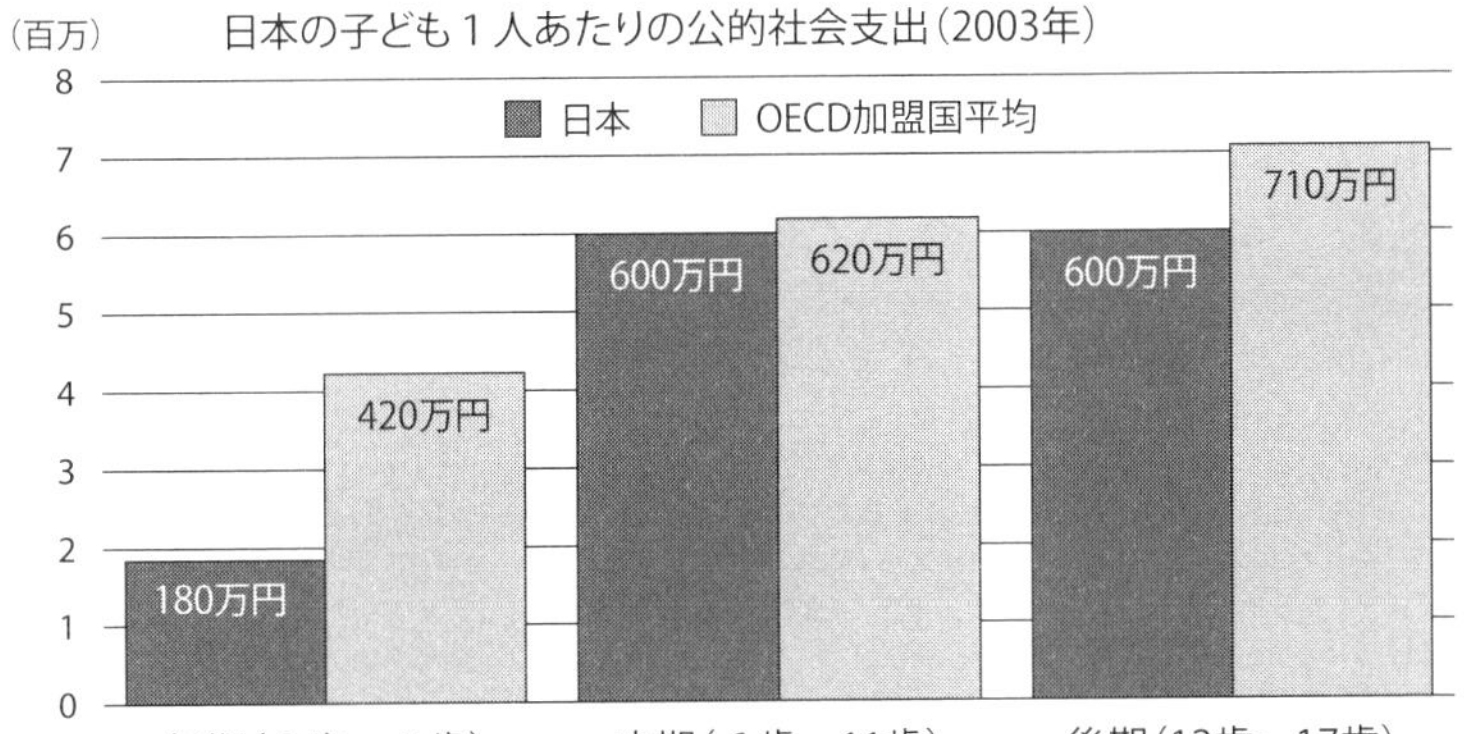

図2　日本における子ども期の各段階における１人あたりの公的社会支出

出典：OECD(2009), JAPAN Country Highlights, Doing Better for Children.
http://www.oecd.org/els/social/childwellbeing

いない時期だからである。

ヘックマンの知見、すなわち乳幼児期の教育とケアがその後の人生に大きな影響を与え、貧困削減の効果があり、かつ将来の社会保障費の軽減や租税負担力も高めるという知見は、日本にもあてはまることがわかっている。柴田悠はＯＥＣＤや日本政府がインターネット上で公表してきた客観的なデータを分析して次のように述べている。「長期的に見れば、保育サービスは『子どもの貧困の親子間の再生産』を減らし、『社会保障の長期的な投資効果』を高める。その点で、保育サービスが『子どもの貧困の予防』に貢献する総合的な効果は、本章の分析で指摘された短期的効果よりももっと大きいと考えられる」（柴田 2016, p.198）。柴田の試算によれば、消費税５％増税後に新たに必要な追加予算は３・８兆円（うち保育サービスには１・１兆円）だとしている。この３・８兆円で潜在的待機児童を完全に解消でき、その結果労働生産性を最大限に伸ばし、子どもの貧困率を先進国平均にまで減らし、財政の余裕を10年間かけて先進国平均にまで増やせるという。

乳幼児期の子どもの権利

周知のとおり、１９８９年11月20日に国連総会で満場一致で採択された国際条約が「児童の権利に関する条約」、通称「子どもの権利条約」である。日本は１９９４年にこれを批准し締約国の１つになっている。２０１５年10月現在、１９６か国が子どもの権利条約の締約国である。２００７年の国連総会では、「子どもが経験する貧困は、子どもの権利条約に明記されているすべての権利の否定と考えられる」とされている。つまり、子どもの貧困を放置することは子どもの権利を侵害することと同じである。

子どもの権利条約は18歳未満のすべての年齢の子どもたちの権利を保障するものであるものの、乳幼児の権利にあっては保護にかかわる事項が主であったことを背景に、国連子どもの権利委員会が採択したのが一般的見解第7号「乳幼児期の子どもの権利」(以下、見解)である(国連子どもの権利委員会 2006, pp.64-71)。見解では、乳幼児が権利の保有者であり、社会の積極的主体であることが貫かれており、「未熟な人間が成熟した大人になるための社会化の期間に過ぎないとする伝統的な信念を切り替えるべきである」としている。また、乳幼児の意見表明・参加を促進するためには、子どもの意見・気持ちに耳を傾けるおとなの能力をするどく説いている。そのために子どもの親・養育者のエンパワメントも必要であるとし、そのための施策について「より直接的な成果をもたらす介入(たとえば母子のための周産期保健医療、親教育、家庭訪問など)」のみならず、「子どもの最善の利益を促進するための親の能力に間接的な影響を与える介入(たとえば、課税と給付、適切な住居、労働時間など)」も含めた統合的な対策が必要であるとしている。

つまり、幼い子どもの声を聴き取る保護者や教育・ケアの専門職は、聴き取る条件・環境におかれなければならない。そのために、保護者には安定した仕事と家事・育児の両立(ワーク・ライフ・バランス)を実現し、他方専門職には適正な職員一人あたりの子どもの数や、子どもが能動的に生活・活動するスペースの確保、さらには労働者として働きがいを持ち続けられる賃金・労働条件がそろっていなければならない。

2 乳幼児期の貧困と保育所の役割

保育所の意義

保育所保育が子どもの貧困予防だけでなく社会保障の投資効果を高めることは先述した。加えて、そもそも保育所が子どもの貧困対策として重要な理由を6点述べたい。

1つは、子どもが発達・生活する場所だからである。保育所ではゼロ歳（なかには産休明け）の幼い子どもたちが暮らしている。仮にこの子らの家庭が貧困であっても生活時間の3分の1は安心した暮らしをおくることができる（菅原 2015, p.41）。2つめは、子どもと保護者が毎日通うからである。先述の「乳幼児期の子どもの権利」を持ち出すまでもなく、乳幼児の育ちを守るためには子ども本人だけでなく、その保護者の暮らしにも介入する必要がある。保育所・幼稚園等における保護者支援はこの文脈で行われている。3つめは、保護者の所得制限なく無差別に通える点である。保育所は所得に関係なく利用できる。保育料の設定は「応能負担」と呼ばれており、所得に応じた設定になっている。4つめは、公立（市町村立）の施設が多い点である。現行保育制度は公立であっても私立であっても保育所に入所する際には市町村の関与が必要とされている。そのうえで、公立保育所は市町村が直接市町村民を保育する仕組みであり、貧困対策を進める際には公立であるがゆえに他の公的機関とも連携がとりやすい。5つめは多様な専門職による支援がある点である。保育士はもちろんのこと、調理師や栄養士は「食」の観点から、看護師や保健師は「健康」の観点からそれぞれ子どもを育てている。さらに、近年、保育士にもさまざまな専門性が求められるようになっている。6つめは、地域子育て支援も担う点である。保育所は、自園を利用する親子だけでなく、地域に暮らす親子にも対応することになっている。園庭開放や子育て講座、一時預かりなどが行われている。

保育所にみる子どもの貧困事例とその構造的把握

ある保育所の年長Tくんの事例を読んでいただきたい。

事例1

〈家庭環境〉

- 父親ブラジル人（行方不明）、母親20代後半。小学校3年生の兄がいる。
- 実祖母と母と2人兄弟の4人で生活。
- 母による深夜のコンビニと水商売が家計収入。
- Tくんが兄にカッターナイフをつきつけられたことがある。
- 目の前で祖母と母が喧嘩。母「好きで産んだわけじゃない」。
- これを聞いたTくん「オレなんかうまれてこなければよかった」。

〈保育所での様子〉

- 友達とうまく遊びが進むときは思いっきり遊びこめる。
- 制作活動も最初うまくとりかかったときは、すごい集中力をみせる（保育者に寄り添う）。

●思い通りにならなかったときに豹変《ひょうへん》。目つきが変わり、保育者を「てめぇ」とよぶ。
●暴れる、殴る、蹴る、ものを投げる。砂場の屋根に登り降りてこない。
●保育者とのマンツーマンのやりとり（口論）が数十分から1時間程度で落ち着いてくる。
●その途中はスキンシップも殴って拒否される。
●体がとても大きいため、他児はおびえ、気をつかって接したり、いいなりになる。
●保育者がおびえて接すると、他児への怒りを保育者に向ける。
●母の機嫌の良いときは思いっきり甘える（「赤ちゃんことば」も出る）。

この事例は筆者が２００９年に研究会で聞いた愛知県内の保育所の事例である。児童養護施設などでみられる要保護児童の事例のように思える。地域にもよるが、保育所でもこうした事例が聞かれるようになってきた。本事例では、子どもや保護者のしんどさばかりか、保育者の困難な状況もよくわかる【注3】。

家庭の貧困が、どのような経路をたどって子どもの健康や発達に影響を及ぼすのかについては重要な研究課題となっていた。なぜなら、その経路がわかれば貧困が子どもの健康や発達に及ぼす影響を未然に防いだり、緩和させたりする方策を考えることができるからである。故・神田英雄はさきほどのような諸事例の検討をふまえて**図3**を作成した。特徴は2点ある。１つは、さきの事例にみられるような「子どもの精神的身体的貧困」は「子どもの生活条件の変化」によって引き起こされるが、その変化は「家族の貧困」からダイレクトに引き起こされるのではなく、さまざまな媒介要因が重なって引き起こされている点である。失業等によって家族が貧困になっても必ず子どもの貧困に陥るとはいえない。たとえば、家族が貧困になったときに、父親や母親が生きるのに無

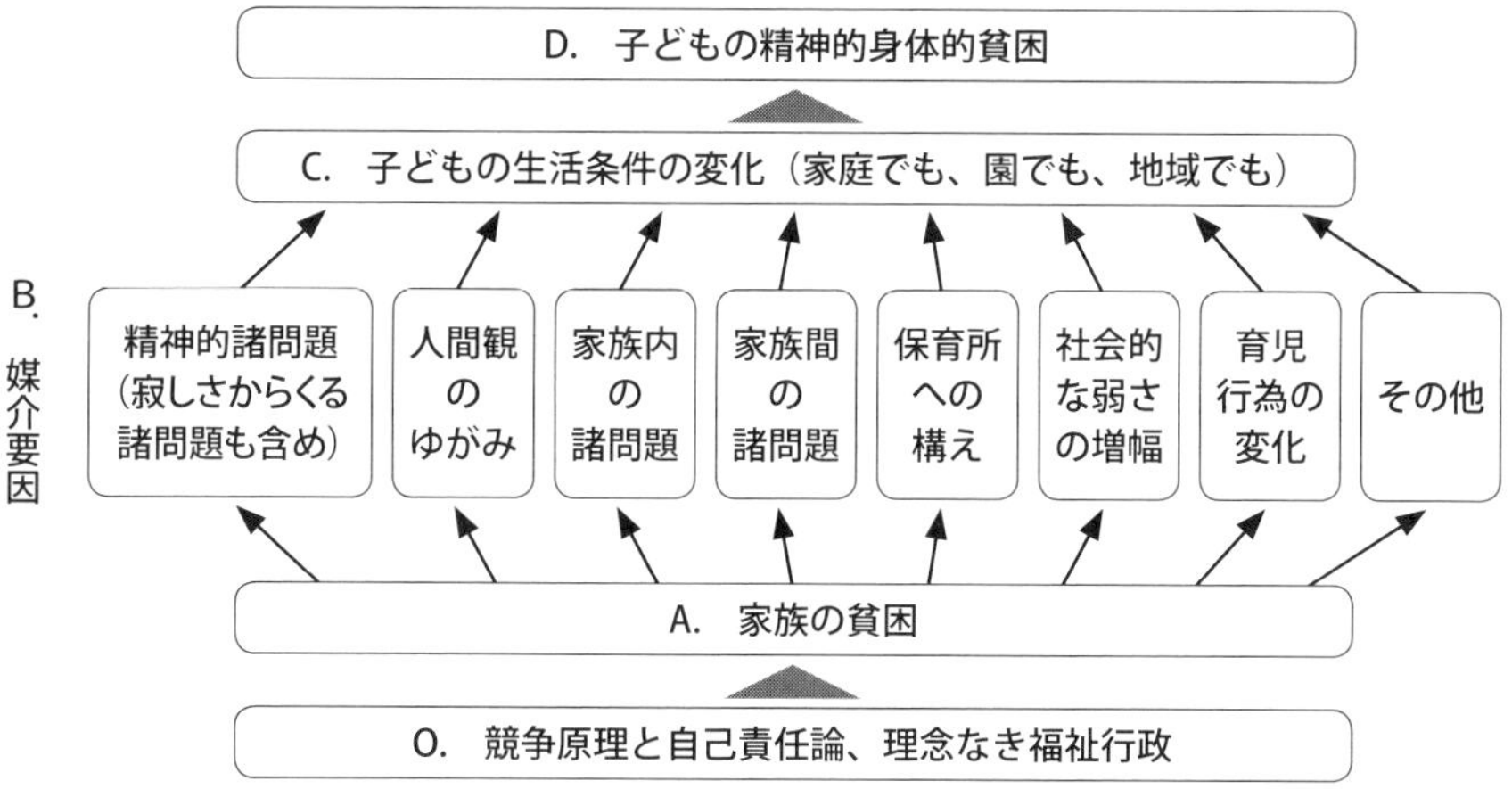

図３　乳幼児期の貧困の構造的把握

作成：故・神田英雄　　出典：原田明美・坂野早奈美・中村強士（2011）「保育ソーシャルワーク論の試み」『あいち保育研究所　研究紀要』第２号、61頁

気力になったり、夫婦間トラブルで離婚したりするなどにより、結果として子どもの貧困に陥るのである。

もう１つは、「家族の貧困」が「競争原理と自己責任論、理念なき福祉行政」と密接に結びついている点である。競争原理と自己責任論は資本主義社会の特徴である。これに対して福祉行政は、資本主義社会が生み出す社会的弱者にかかる競争原理や自己責任論を乗り越えるかたちで歴史的に登場し発展してきた。このような福祉行政がもはや「理念なき」という表現にふさわしいほど、「家族の貧困」を防止することができない点を指摘するのである。

保育所保護者1万3000人調査

筆者は、２０１２年に乳幼児期の貧困実態を明らかにするために、名古屋市内にある公立・私立合わせたすべての保育所保護者（３０６か所・約３万５０００人）を対象に質問紙調査を実施した（回収数は約１万３０００人。有効回収率は39・0％）。調査結果および分析の詳細は他稿に譲る（中村 2016b）。本稿では主なものを3点とりあげる。

1つめは、貧困層（年間所得150万円未満世帯）の約4分の1が社会的に孤立しているという点である。本調査では、「日頃、保育所以外にお子さんを預かってもらえる人がいるか」という問いを複数回答で尋ねた。ここで注目したいのは、日常的にも緊急時にも預かってもらえる親族・友人・知人が「いずれもいない」と答えた回答者が22・6％もいたという事実である。この「いずれもいない」と回答した世帯を「社会的孤立」世帯と定義したとき、所得階層とりわけ貧困層とどのような関係にあるのか。調査では貧困層のうち23・5％が社会的孤立という問題も抱えており、それは他の階層と比べて最も高い割合を占めていることが明らかになった。つまり、貧困層は他の階層と比べて社会的孤立という問題も抱えやすい。彼らは保育所保護者として保育所に日常的にアクセスしているにもかかわらず、社会的孤立を抱えている。

2つめは、貧困層は他階層に比べて保育所利用を消極的に捉えている点である。3歳未満児の子育ての考えを所得階層別にみると、全体としては「母親が育児をすべきだが、必要に応じて子育て支援を受けるのが良いと思う」が58・9％と最も高い。ところが、所得階層別にみると、「本来は母親が育児に専念すべきだと思う」と答えた貧困層が12・2％と他階層に比して高い。他方、高所得層のうち35・5％が「積極的に集団的な保育を受けるべきだと思う」と答えている。つまり、高所得層は積極的に保育所を利用しているのに比べて、貧困層は消極的に保育所を利用している。

3つめは、所得が低くなれば「育児は毎日同じことの繰り返し」「育児から解放されたい」「子どもを育てるために我慢している」という育児ストレスを抱えやすく、そのストレスの発散方法として子どもに「ついついあたった」「ついつい叩いた」「厳しく叱った」という養育態度になった点である。育児ストレスと養育態度については、記述した項目のほか全部で9項目設定した。そのうち、所得階層が低い階層ほど「あてはまる」「どちらかといえばあてはまる」と回答した割合が高くなったのが、先述の「ついついあたった」「ついつい叩いた」「厳しく叱った」の3つであった。また、所得階層とはリンクせず、「あてはまる」と回答した割合が貧困層で高くなった項目が先述の「同じことの繰り返し」「解放されたい」「我慢している」の3つである。

乳幼児期の貧困に対する政策課題

子どもの貧困対策の推進に関する法律に基づいて閣議決定された「子供の貧困対策に関する大綱」（以下、大綱）には次のように述べられている。「幼児期における質の高い教育を保障することは、将来の進学率の上昇や所得の増大をもたらすなど、経済的な格差を是正し、貧困を防ぐ有効な手立てであると考えられる。このため、全ての子供が安心して質の高い幼児教育を受けられるよう、『第2期教育振興基本計画』等に基づき、幼児教育の無償化に向けた取組を財源を確保しながら段階的に進める。子ども・子育て支援新制度における幼稚園・保育所・認定こども園の利用者負担額については、世帯の所得の状況を勘案して設定することとしており、特に低所得世帯の負担軽減を図る。／また、質の高い幼児教育を保障するに当たっては、とりわけ小学校以降における学びとの連続性等の観点から、幼児期に取り組むべき教育の内容について検討を行い、充実を図るとともに、自治体における保幼小連携の推進や教職員の資質能力の向上のための研修の充実等の方策について検討を進める。／さらに、幼稚園教諭・保育士等による専門性を生かした子育て支援の取組を推進するとともに、就学前の子供を持つ保護者に対する家庭教育支援を充実するため、家庭教育支援チーム等による学習機会の提供や情報提供、相談対応、地域の居場所づくり、訪問型家庭教育支援等の取組を推進する」。

つまり乳幼児期の貧困対策について大綱では、①幼児教育の無償化、②利用施設における利用者負担額の低所得者減免、③幼児教育内容の検討、④家庭教育支援チーム等による多様な子育て支援、の4点があげられている。また、湯澤直美は都道府県における子どもの貧困対策計画の策定状況を調査し、「多くの自治体の計画では、大綱に沿って『保育所の待機児童解消』『食育』『保育環境の整備』などを掲げている。しかし、支援を必要とする親子をいかに発見し、機関や事業につないでいくのか、具体策が必要である」と述べている（湯澤直美 2016, p.14）【注4】。例として島根県と沖縄県の計画をあげ、「とりわけ保育所は厳しい経済階層の親子に接近できるという点で子どもの貧困対策における重要な支援拠点である」と述べ、「貧困家庭の早期発見や子ども支援・保護者支援という観点から、保育を子どもの貧困対策に位置づけていくことが重要であろう」と述べている。

子どもの貧困対策に経済的支援を欠かすことはできない。乳幼児期においては、大綱の①・②のような経済的支援を充実させることは大きな課題である。このような経済的支援をしつつ、保育所など乳幼児とその親子を支援する施設等が「学習機会の提供や情報提供、相談対応、地域の居場所づくり、訪問型家庭教育支援」（大綱）を実施するためには何が必要だろうか。その方法の1つが次に取り上げる「保育ソーシャルワーク」である。

3　乳幼児期の子どもとその家族へのソーシャルワーク
――保育ソーシャルワークの提起

保育ソーシャルワークとは

先述したような乳幼児期の子どもの貧困の現実に保護者支援という方法で対応してきたのは、筆者の知るかぎり主に保育所の園長である。保護者への対応を「保護者支援」として行っていても「ソーシャルワーク」として行っているケースはあまりないかもしれない。ただ、保護者支援や地域子育て支援が保育士の役割にされて以降、「ソーシャルワーク」が保育士に求められる技法の1つに位置づけられるようになっている。厚生労働省による「保育所保育指針」の解説書（2008年3月）には「ソーシャルワーク」について次のように説明されている。

生活課題を抱える対象者と、対象者が必要とする社会資源との関係を調整しながら、対象者の課題解決や自立的な生活、自己実現、よりよく生きることの達成を支える一連の活動をいいます。対象者が必要とする社会資源がない場合は、必要な資源の開発や対象者のニーズを行政や他の専門機関に伝えるなどの活動も行います。さらに、同じような問題が起きないように、対象者が他の人々と共に主体的に活動することを側面的に支援することもあります。

保育所において、保育士等がこれらの活動をすべて行うことは難しいといえますが、これらのソーシャルワークの知識や技術を一部活用することが大切です。

このような動きに呼応して、「保育ソーシャルワーク」という概念が知られるようになっている。たとえば、伊藤良高は「子どもと保護者の幸福のトータルな保障に向けて、そのフィールドとなる保育実践及び保護者支援・子育て支援にソーシャルワークの知識と技術・技能を応用しようとするもの」と保育ソーシャルワークを定義する（伊藤 2014, p.26）。また、鶴宏史は「子どもとその保護者・家族のウェルビーイングの増進を目指して、子どもと家族との関係性の支援を図ると同時に、子育て家庭を取り巻く環境を調整する援助の総体である」とし（鶴 2009, p.51）、さらに、橋本好市は「生活上の困難を抱える子どものみならず、子どもの抱える困難という現象そのもの、保護者・家庭・その家庭が存在する地域社会をも対象としてとらえ、対象者の生活の全体性から環境との相互作用に焦点を当て、社会関係の調整と生活改善を図ることを目的とした取り組み」と定義している（橋本 2012, p.15）。２０１３年に日本保育ソーシャルワーク学会が設立されているが、明確な定義がないということが定説になっている。

保育ソーシャルワークの代表的な3つの定義は、「子どもとその保護者・家族にソーシャルワークを行う」点で共通している。これに筆者が付言するなら、ここでいう「子ども」の中核は「乳幼児」ということである。「乳幼児とその保護者・家族に対するソーシャルワーク」が中核に置かれなければならないだろう。乳幼児期は発達や健康、栄養面において他のどの時期よりも重要である。

保育現場に保育ソーシャルワーカーの配置を

菅原は、神田と同様の「子どもの貧困」の影響経路の研究で次のように述べている。「貧困や低所得の子どもの発達に対する影響は直接的なものではなく、第一の経路として親の心理的状態や養育態度、第二の経路として家庭の近隣環境を経由する間接的なもの」の2つがあると指摘している。そして、このような経路研究を進めることによって、「もととなっている経済状況をよくするという抜本的な対策とともに、応急手当として、媒介要因となっている事項（親の心理的ストレスや養育態度、子育て環境の利便性）を改善することで、即効性の高い対策を考えることが可能になるのではないでしょうか」と述べている（菅原 2016, pp.210-211）。経路（媒介要因）に介入

（支援）するのが保育ソーシャルワークであることはいうまでもない。

また、子どもの貧困研究で著名な阿部彩は、子どもの貧困と保育所の役割に関して次のように述べている。「保育所を貧困の最初の砦とするのであれば、家庭の問題に踏み込んで解決できるスタッフの数と専門性が必要であろう。学校にスクール・ソーシャル・ワーカーが必要であり、病院に医療ソーシャル・ワーカーが配置されるべきであるように、保育の現場にもソーシャル・ワーカーの役割を果たす人材が必要である」（阿部 2014, pp.164-165）。

筆者もこれまで保育所に保育ソーシャルワーカーが必要だと述べてきた（中村 2016b, pp.109-110）【注5】。また、そもそも保育所には「家庭環境の充実向上」を目的にソーシャルワーカーが配置されるよう構想されていた【注6】。

子育て世代包括支援センターへの配置から

保育ソーシャルワーカーを配置するためには、こうした保育現場の強い思いと行政の判断が必要不可欠である。よって、とりいそぎ筆者が構想するのは、「子育て世代包括支援センター」に保育ソーシャルワーカーを配置することである。

子育て世代包括支援センターとは、妊娠期から子育て期にわたるまでのさまざまなニーズに対して総合的相談支援を提供するワンストップ拠点として、２０１５年度中に１５０か所整備し、おおむね5年後までに地域の実情等をふまえながら全国展開を目指しているセンターである（「まち・ひと・しごと創生基本方針」２０１５年6月30日閣議決定）。

この構想の母体となったのは、妊娠・出産包括支援モデル事業の「母子保健相談事業」である。これが、子ども・子育て支援新制度における地域子ども・子育て支援事業の1つである利用者支援事業（母子保健型）として拡充された。

子育て世代包括支援センターの目的は、妊娠期から子育て期にわたるまでの母子保健や育児に関するさまざまな悩み等に円滑に対応するため、保健師等が専門的な見地から相談支援等を実施し、妊娠期から子育て期にわたるまでの切れ目ない支援体制を構築することにある。「利用者支援事業実施要綱」（平成27年5月21日）によれば、「職員の配置」について次のように述べられている。「母子保健事業に関する専門知識を有する保健師、助産師、看護師及びソーシャルワーカー（社会福祉士等）（以下「保健師等」という）を1名以上配置するものとする。なお、保健師等は専任が望ましい」。また、同じく「実施場所」として「主として市町村保健センター等母子保健に関する相談機能を有する施設での実施とする」とされていることから、実際に配置されている職員は保健師であることが多い。厚生労働省が発表した「平成27年度子育て世代包括支援センター事例集」に紹介された9市区町村のうち、社会福祉士を配置しているのは三重県名張市のみである。保健師が配置されるのは当然のことであるが、加えてソーシャルワーカーを置くことによって「切れ目のない支援」を実施することができると筆者は考える（中村 2016a）。

4 保育ソーシャルワークの技法——貧困対策をどうすすめるのか

保育ソーシャルワークの原則

保育ソーシャルワークを実施するためには、対象となる子どもとその保護者、とりわけ乳幼児を深く理解しながら、ソーシャルワーク技法を駆使することになる。実践を行ううえでの原則について原田明美・坂野早奈美は次の9原則を提案している（原田・坂野 2012, pp.66-76）。すなわち、①どの親子も同じように大切にする（見放さない）原則、②通園保障の原則、③保護者の自尊心（プライド）を尊重する原則、④園内諸職種間連携の原則、⑤子どもの育ちを集団的に喜びあう原則、⑥保護者集団活用の原則、⑦「福祉の学校」として機能する原則、⑧現場―機関連携の原則、⑨子どもの声（願い）を代弁する原則、の9原則である。ここで詳細には立ち入らないが、少々説明が必要なのが7つめの原則、「福祉の学校」として機能する原則であろう。この原則は、保育所が社会福祉施設として福祉制度やその活用を保護者に教えることだけではない。1つには、保護者が保育所を社会福祉の入口のようにして、社会福祉への認識を高めることである。もう1つには、保育者（保育所）と保護者とがお互いにそれぞれ有している魅力を出し共に学び育ちあうことである。

保育ソーシャルワークのプロセス――事例をとおして

事例2

- 19歳の若年母親と子ども（3歳、1歳）の3人家族。
- 未婚で出産。子どもたちの父親（元彼）とは音信不通。
- 母親と母親の実母（子どもの祖母）との関係は良くない。
- 母親は夜間にホステスとして週3日ほど働いている。
- その間、子どもたちを同じ市内に住む実母に預ける。

●現在の彼氏に預けることもある。
●現在は就労収入でなんとか生計をたてているが、経済的に不安定。
●夜遅くまでの勤務のため朝方眠ってしまい、子どもたちを保育園に送れない日がたびたびある。子どもの衣類等の忘れものが多い。
●保育園での子どもたちは比較的おとなしく手がかからないが、強いていえば食事への執着が気になる程度。

出典：日本保育ソーシャルワーク学会編（2014）『保育ソーシャルワークの世界』晃洋書房、134頁～135頁

保育ソーシャルワークを実践するうえで情報収集を欠かすことはできない【注7】。インテーク場面でここに書いてある内容を打ち明ける人はそういない。ワーカーとしては、これから大事な子どもを預かる責任として必要なことを聴きたいという理由で信頼関係をつくる姿勢が必要である。当初は保育者に警戒している保護者であっても、会話を数回重ねるうちに、あるいは保育所で過ごす子どもの姿（その変化）によって関係が近づくことがよくある。原田・坂野による、①どの親子も同じように大切にする原則や、③保護者の自尊心（プライド）を尊重する原則を欠かすことはできないだろう。19歳の若年女性による育児で不安だらけなはずにもかかわらず、元彼や実母と距離があるゆえに気丈にふるまう可能性もある。関係が近くなれば家庭訪問をするなど、より詳細な情報収集が可能になる。

次にワーカーとして必要なのが「事前評価（アセスメント）」である。この親子の何が問題なのか、どんなニーズがあるのかを検討したい。最も重要なのが、①「子どもたちを保育園に送れない日がたびたびある」という点である。また、「忘れものが多い」「食事への執着が気になる」という点から、②子どもたちに必要な手をかけて

ないのではないだろうかと予測することである。さらに、③「子どもたちは比較的おとなしく手がかからない」とあるが、一面では子どもたちが自身の感情を抑えているかもしれないと予測することであろう。

こうしたアセスメントに基づいて「計画（プランニング）」を立てる。たとえば、問題①を放置しては保育ソーシャルワークにならない。まずは、「通園保障の原則」を守ること、すなわち、送れない日や来る予定なのに来ないときは、子どもの自宅に迎えに行くことが短期目標として求められる。また、②や③の予測が事実だとしたら、その解決には保護者との強い信頼関係がなければ進めることができない。単純に若年母親のため家事・育児のスキルに乏しいだけかもしれない。しかし、週3日は母親の実母が育てている事実がある。②・③の問題を解決するためには他機関の連携を前提にしたやや長期的な計画になるかもしれない。さらに、母親は週3日夜間働いているが、この生活が長く続くとは思えない。就労支援や学習支援（入通学・資格取得）も長期計画に入るだろう。生活保護を受給しながらこれらを進めることもありうる。児童扶養手当や児童手当の制度を知らないがゆえに給付されていない可能性もある。その他、母子家庭への社会保障制度が必要かどうか本人と相談しながら進めることが求められる。重要なことは、子どもは母親ひとりで育てるものではないということを母親自身が理解することである。

さらに健康診断の受診をとおして保健所・保健センターにつなぐこと、あるいは地域の主任児童委員や児童委員にその存在を知ってもらうこと、保育所が困難な穴をファミリーサポートセンター事業で埋めてもらうことなど、このような他機関連携が求められる。ここで付言しておきたいことは、社会開発や社会変革も行うのが保育ソーシャルワークであるという点である。この事例でいえば、19歳の母子家庭の母親を雇用する企業は少ない。母子家庭を対象とした就労支援制度はあるものの、彼女のニーズに合致しないかもしれない。その際には彼女に必要な就労支援、場合によっては就労場所を創り出すことも求められる。また、彼女はいわゆる「母親育児責任論」に縛られているかもしれない。あるいは本人がそう思っていなくても、実母や元彼や現在の彼が「母親育児責任論」に縛られているのであれば、そのズレが彼女にとって大きなストレスになっている可能性もある。こうした価値観は簡単にはなくならないが、「人権」や「社会正義」の観点でこれと闘うのも保育ソーシャルワーカーの役割といえる。

このような計画を実施する段階が「介入（インターベンション）」の段階である。介入した（支援を実施した）結果、当初の問題が解決できたのか、あるいは改善されたのかを検証するのが「事後評価（エバリュエーション）」である。たとえば、先述した②や③の見立てが異なっていたかもしれない。あるいは想像以上に大きな困難を抱えていることがわかるかもしれない。こうした事後評価をとおして、アセスメントを見直すことが求められる。もし問題が解決・改善されたのであれば、保育ソーシャルワークとしては終結する。もっとも、終結したとはいえ、子ども・家族への普段の見守りを欠かすことはできない。保育所や保健所・保健センター、地域の主任児童委員や児童委員が見守り続け、上の子が小学校に上がる際には小学校教職員やスクールソーシャルワーカー、学童保育指導員等にもつないでいく必要もある。

おわりに

乳幼児期はヒトが人間になるにあたって最も重要な時期であり、彼らが過ごす場所である家庭や地域、そして保育所・幼稚園等乳幼児施設はもっと重要視されてよい。他の先進国はすでにこれを認知し政策化している一方で、日本がこれに逆行していることは明らかである。もっとも、待機児童がいること自体が乳幼児を大切にしないことの表れであり、乳幼児とその保護者が持つ諸権利を剝奪している。まして、子どもの貧困率が上昇している事実を深く捉えるならば、その最も効果的とされる乳幼児期への対応は緊急性があると筆者は考える。保育ソーシャルワーカーの配置はそのために必要な数多くのメニューのささやかな（しかし重要な）１つのメニューに過ぎない【注8】。

引用・参考文献

阿部彩（2014）『子どもの貧困Ⅱ――解決策を考える』岩波書店
浅井春夫（2017）『「子どもの貧困」解決への道――実践と政策からのアプローチ』自治体研究社
ベネッセ教育総合研究所「ＢＥＲＤ」（2008）（http://berd.benesse.jp/berd/center/open/berd/backnumber/2008_16/fea_ootake_03.html）
橋本好市（2012）「保育とソーシャルワーク」橋本好市・直島正樹編著『保育実践に求められるソーシャルワーク』ミネルヴァ書房、2～17頁
原田明美・坂野早奈美（2012）「保育ソーシャルワークの必要性とその原則」『あいち保育研究所研究紀要』第3号、66～76頁
原田明美・坂野早奈美・中村強士（2014）「子どもの貧困と保育ソーシャルワーク」日本保育ソーシャルワーク学会編『保育ソーシャルワークの世界』晃洋書房、131～142頁
平松知子（2013）「人生最初の6年間をどの子も豊かに――子どもも親も支える保育園」教育科学研究会編『講座　教育実践と教育学の再生　第1巻　子どもの生活世界と子ども理解』かもがわ出版、107～118頁
保坂渉・池谷孝司（2012）『ルポ 子どもの貧困連鎖――教育現場のSOSを追って』光文社
伊藤良高（2014）「保育制度・経営論としての保育ソーシャルワーク」日本保育ソーシャルワーク学会編『保育ソーシャルワークの世界』晃洋書房、21～32頁
ジェームズ・J・ヘックマン著（大竹文雄解説、古草秀子訳）（2015）『幼児教育の経済学』東洋経済新報社
国連子どもの権利委員会（望月彰・米田あか里・畑千鶴乃訳）（2006）「乳幼児期の子どもの権利」『保育の研究』第21号、62～85頁

小西祐馬（2008）「先進国における子どもの貧困研究」浅井春夫・松本伊智朗・湯澤直美編著『子どもの貧困』明石書店、276～301頁

ＯＥＣＤ編著（星三和子・首藤美香子・大和洋子・一見真理子訳）（2011）『ＯＥＣＤ保育白書——人生の始まりこそ力強く：乳幼児期の教育とケア（ＥＣＥＣ）の国際比較』明石書店

OECD (2009), JAPAN Country Highlights, Doing Better for Children. (http://www.oecd.org/els/social/childwellbeing)（＝ＯＥＣＤ編著（高木郁朗監訳 熊倉瑞恵・関谷みのぶ・永由裕美訳）（2011）『子どもの福祉を改善する——より良い未来に向けた比較実証分析』明石書店）

中村強士（2016a）「利用者支援事業における保育ソーシャルワークの可能性——母子保健型を中心に」『あいち保育研究所研究紀要』第7号、116～128頁

中村強士（2016b）「保育所保護者への調査からみえた貧困——解決策としての保育ソーシャルワーカーの配置」秋田喜代美・小西祐馬・菅原ますみ編著『貧困と保育』かもがわ出版、95～112頁

野澤義隆・大内善広・戸田有一・山本理絵・神谷哲司・中村強士・望月彰（2016）「要支援家庭のための関連機関・団体の連携状況——全国自治体調査結果から」『心理科学』第37巻第1号、40～56頁

柴田悠（2016）『子育て支援が日本を救う——政策効果の統計分析』勁草書房

菅原ますみ（2016）「子どもの発達と貧困——低所得層の家族・生育環境と子どもへの影響」秋田喜代美・小西祐馬・菅原ますみ編著（2016）『貧困と保育』かもがわ出版、195～220頁

菅原ますみ（2015）「養育・保育環境と子どもの精神病理の発達」『発達』No.143、36～41頁

土田美世子（2016）「保育現場におけるソーシャルワーク支援の可能性と課題」『社会福祉研究』第127号、11～19頁

鶴宏史（2009）「保育所におけるソーシャルワーク実践研究」（博士論文）大阪府立大学大学院

吉見静江（1948）「保育所」厚生省児童局編『児童福祉』東洋書館、107～132頁

湯澤直美（2016）「都道府県における子どもの貧困対策計画の策定状況——妊娠・出産期・乳幼児期をいかに位置づけるか」『都市問題』２０１６年６月号、9～27頁

注

1 浅井春夫も乳幼児期の貧困について「現在の子どもの貧困問題は学齢期の子どもたちに注目が集まっていますが、貧困はすでに乳幼児期からの暮らしを覆い、成長・発達に大きな影響を与えている」と述べている（浅井 2017, p.40）。

2　菅原は「こうした家庭（慢性的な困難を抱える家庭─筆者注）の子どもたちの発達早期で家庭外保育が良質である場合には、補償的効果を期待できることを示しており、困難家庭への支援策を講じる上でも大きな意味をもっているといえるでしょう。実践においても研究においても、家庭での養育環境と家庭外での保育環境の両者の重要性を認識し、乳幼児の24時間にわたる環境全体を見通した視点が大切だと考えられます」と述べている（菅原 2015, p.41）。

3　保育所における子どもの貧困事例はすでにいくつか報告されている（保坂・池谷 2012）（平松 2013）。

4　実際に貧困対策に取り組む市町村において、現在さまざまな要支援家庭への支援で最も連携を図っている社会資源が保育所であったという調査結果もある（野澤他 2016）。

5　なお、土田美世子は「保育所にコミュニティワーカー等のソーシャルワーク専門職を配置すること」は「現段階では机上の考えにすぎず」として「保育所職員の中でコミュニティワークを含むソーシャルワーク支援を実施する支援担当者を決める」方法を考察する（土田 2016）。筆者は、園長ほか既存の職種にその役割を付与することは負担強化となり、これを回避するために保育ソーシャルワーカーを配置することを提案し、かつ現実的な対応として本稿で「子育て世代包括支援センター」での設置を提案した。

6　厚生省初の保育課長であった吉見静江は、「保育所の使命」として次のように述べている。「保育所の第一の責任は子の保育にあり、第二はその家庭環境の充実向上にあり、第三には社会環境の開拓改善にある」「第一の保育はもとより保母本来の使命であるが、第二はこれを相当徹底的になすためには専門のケースワーカーを必要とするのであって、（中略）そして保母と緊密なる連絡の下に子どもの入所の決定に際しての家庭調査その他欠席児童の家庭の訪問、そこにある問題の解決に対する助力等ケースワーカーとしての仕事を進めることによってその子の育成を容易ならしめることに努力している」「第三は、保育所の隣保的機能の発揮であって、所長その他施設の責任者はその所在地の児童福祉に対する思想の普及徹底、地区福祉施設の拡充強化等この分野の開拓に努力して地区的児童福祉の増進に努めるべきである」（吉見 1948）。

7　浅井は「子どもの貧困に気づくためのポイント」として以下の10点をあげている。①子どもの表情が暗く乏しい、②給食をガツガツ食べる、③低体重・低身長・肥満傾向、④不衛生な身体状況や服装、⑤子どもと保護者との違和感ある距離感、⑥頻繁な欠席・遅刻、居眠り、問題行動、⑦低い自己肯定感、⑧病気がち、放置された虫歯、⑨保護者が家庭生活や子育てをあまり話そうとしない、⑩保育料の滞納や納入金の遅延（浅井 2017, p.45-47）。

8　日本保育ソーシャルワーク学会は、２０１６年度から「保育ソーシャルワーカー」の認定資格養成研修を実施し、初級ソーシャルワーカーを全国に送り出している。

第3章

子どもの健康支援と貧困

藤原武男（東京医科歯科大学）

1 はじめに──「子どもの貧困」による健康への影響

子どもの貧困対策というと、学習支援や食事支援を思い浮かべる人も多いだろう。しかし、そもそも子どもの貧困によって人的資本としての健康状態に悪影響を与えている現状を考えれば、まず子どもの貧困による子どもの健康への影響を緩和しなければならない。たとえば、子どもの貧困が子どもの健康状態、ひいては成人期以降の健康状態に影響しているとする研究報告は多数あり、世界中で蓄積されている。日本でも貧困家庭で育った子どもはう歯【1】、湿疹《しっしん》【2】、発達障害【3】、ワクチン未接種【4】等のリスクが高いこと、そしてその影響は長期に残り、高齢期における高次機能障害【5】、うつ【6】、残存歯数【7】にまで影響することがわかっている。

しかしながら、子どもは親を選べず、貧困家庭に生まれたらそこで生きていかざるを得ない。そうであるならば、貧困家庭においてもいかに健康で生き抜くか、どうすれば貧困家庭でも不健康にならずにすむのか、という貧困と健康を媒介する要因を明らかにする必要がある。そして、その要因の中で変えられる媒介要因があれば、それを徹底的に叩くしかないであろう。そのためには、病院に来る子どもだけではなく、病院に来ない子どもの健康状態も把握して、貧困の影響や媒介要因を明らかにしなければならない（図0）。

この貧困と健康の関係に着目したのが東京都の足立区である。足立区は、東京都23区の平均より寿命が2歳短く、健康対策が急務であった。そして、寿命が短い原因として糖尿病の高い罹患率に着目し、糖尿病の背景にある子どもの頃からの食事や生活習慣から変えなければならない、と考えるに至ったのである。そのために足立区

図0　子どもの貧困と健康の関係をつなぐ媒介モデル

はまず現状をきちんと把握したうえで対策を立てなくてはいけない、と考え、「足立区　子どもの健康・生活実態調査」を実施した。ここでは、その内容の一端とそこから見えてくる今後の子どもの貧困対策について考えてみたい。

2 「足立区　子どもの健康・生活実態調査」

調査の概要

この調査の詳細はすでに足立区のホームページからダウンロード可能である（https://www.city.adachi.tokyo.jp/kokoro/fukushi-kenko/kenko/kodomo-kenko-chosa.html）。簡単に述べると、平成27年度４月、足立区立小学校への入学を予定していた５４２１名を本調査の対象者とし、このうち入学しなかった者や入学後の転出者、長期欠席者を除き、また、１学期中の健康診断を受診した５３５５名に質問票を配布した。そして４４６７名から回答票を回収し、このうち調査への同意が得られなかった者と回答票が白紙だった者を除いた４２９１名（回答率：80・１％）を対象に解析をしている。

子どもの貧困の定義

子どもの貧困状態はどのように定義すべきであろうか。いわゆる相対的貧困率であれば等価可処分所得の中央値の50％以下となるが、本調査ではそれを採用しなかった。なぜなら、得られているデータは必ずしも等価可処分所得ではなく年収（税込み）であること、手当や年金などの可処分所得を正確には把握していないこと、そして何より、日本全国における中央値の50％を貧困ラインとして東京都足立区に適応していいのか、という疑問があったからである。等価可処分所得を用いた相対的貧困ラインの設定は、本来国際比較において用いるものである。

貧困は、等価可処分所得以外にも、〝剥奪〟として、通常持っているべきものがない状態としても把握することができる。たとえば、お風呂など生活必需品の非所有、またライフラインの支払い困難経験などである。そこで、本調査では子どもの貧困を〝子どもの生活困難〟としてとらえることとし、その状態を3つの視点から把握することとした。すわなち、①低収入、②生活必需品の非所有、③ライフラインの支払い困難経験、である。

①の低収入は経済状況から子どもの生活困難を把握するもので、世帯の人数にかかわらず、世帯年収300万円未満の世帯と定義した。②の生活必需品の非所有は、物質的不利の観点で子どもの生活困難をとらえるものである。生活必需品の中に、「いざという時の5万円の貯金」を入れているところがポイントである。この質問で大まかに経済状況を教育現場でも把握することは可能かもしれない。また、③のライフラインの支払い困難経験についても、絶対的生活困難あるいは剥奪の観点で水や電気、また健康保険といった生活に必要なものが途絶え

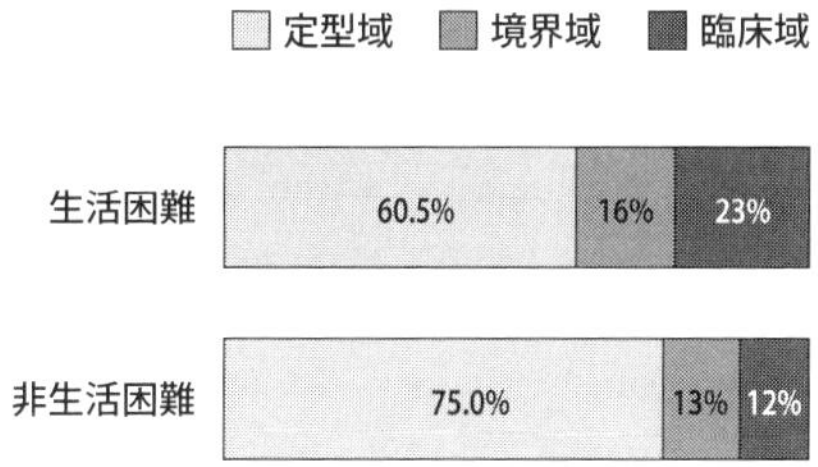

図１　問題行動傾向

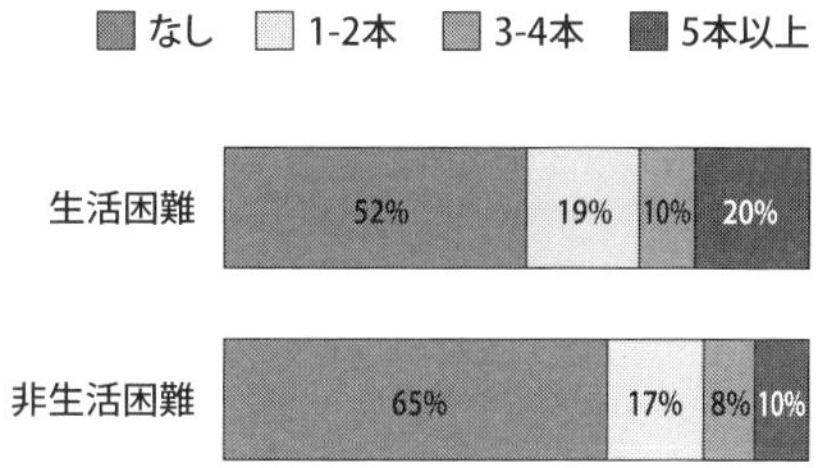

図２　う歯の既往歴

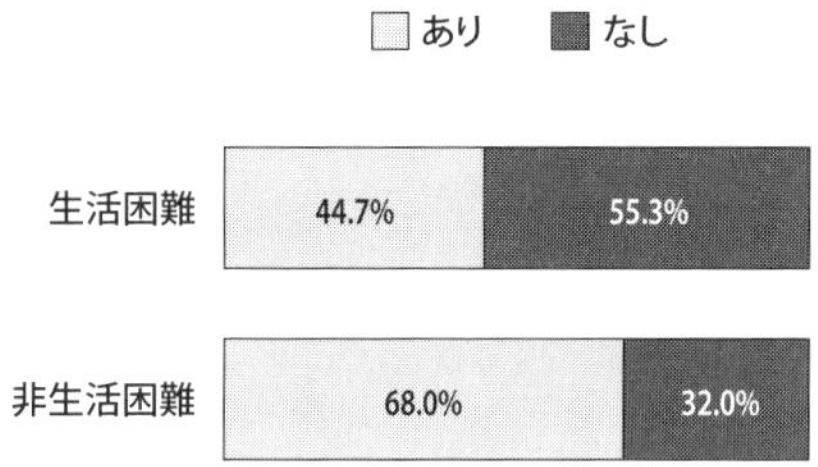

図３　定期ワクチンの接種

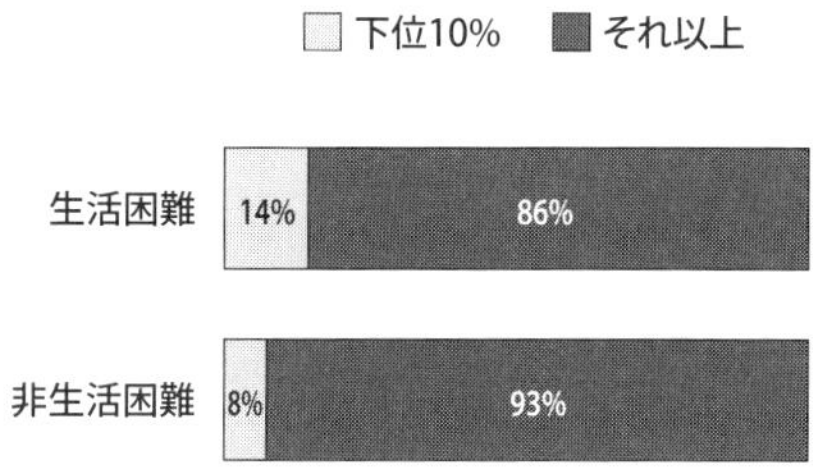

図４　レジリエンス

かねない状況に陥っているかどうかを把握した。これらの剥奪指標において、どの項目を入れるべきか、は議論があるところであろう。

このような定義で「生活困難世帯」を把握した結果、足立区の小学校1年生の世帯では、低収入が11・6%、生活必需品の非所有が15・8%、ライフラインの支払い困難経験が9・2%、これらのどれかに該当する生活困難世帯が24・8%であった。

以下、12の健康指標項目について、具体的に結果をみていく。

①子どもの生活困難と問題行動傾向

子どもの強さと困難さアンケート（Strengths and Difficulties Questionnaire、以下ＳＤＱ）の中の指標の1つである問題行動傾向を比較したところ、臨床域（医者の診断に該当する可能性のあるレベル）に該当する子どもは、生活困難群で23・2%、非生活困難群で12・1%と生活困難群が約2倍であった（**図1**）。

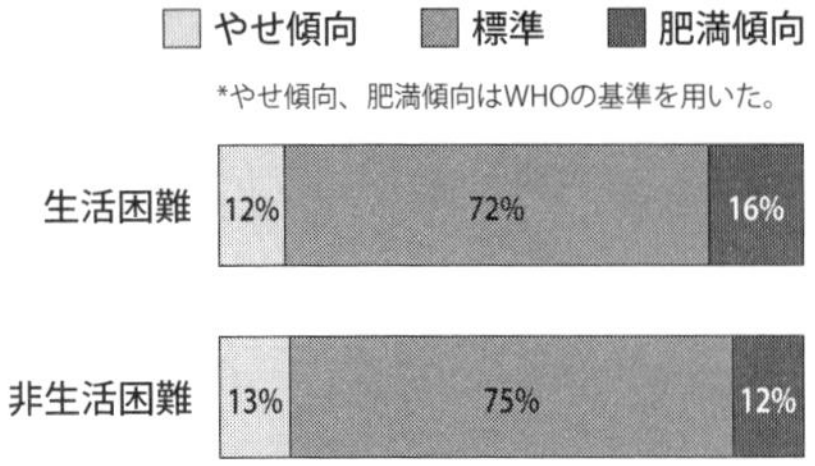

図５　肥満ややせの傾向（BMI）

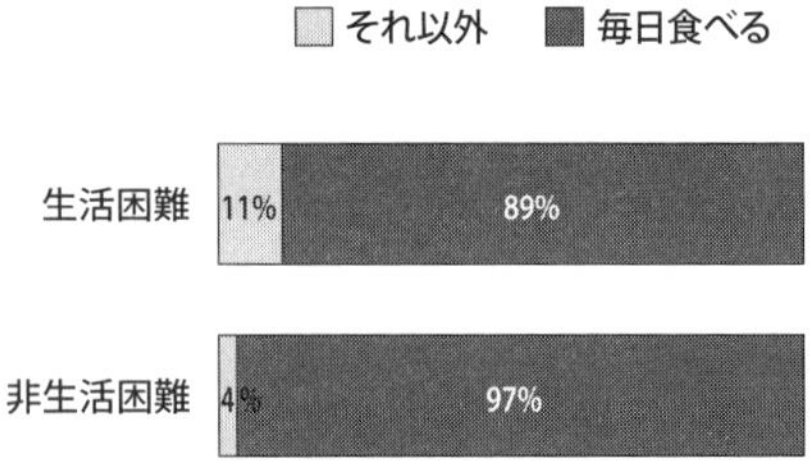

図６　朝食の摂取習慣

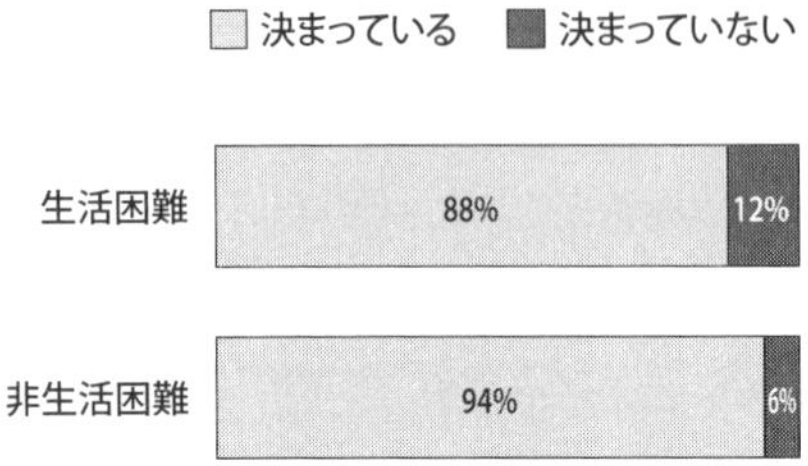

図７　就寝時間の習慣

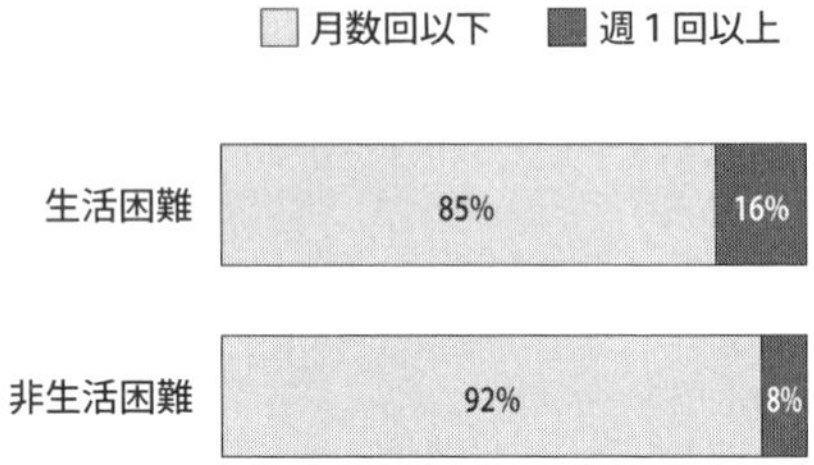

図８　留守番の頻度

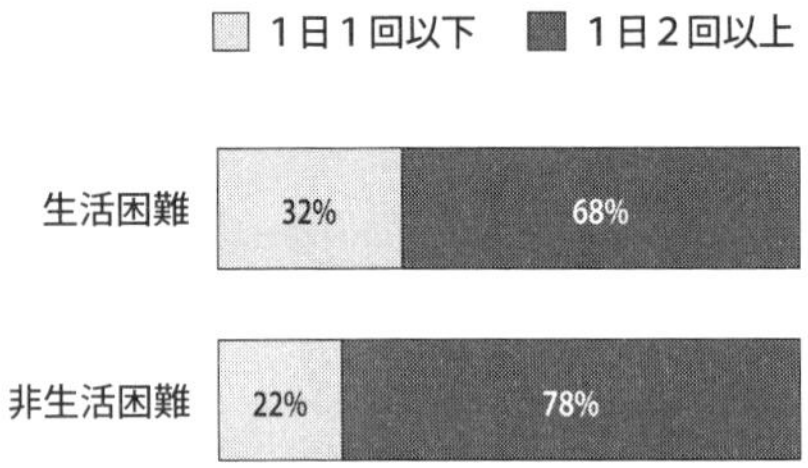

図９　歯磨きの頻度

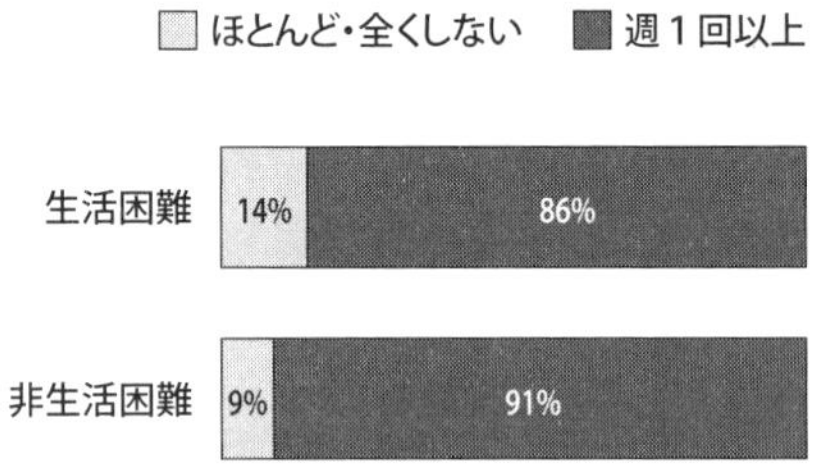

図10　運動習慣

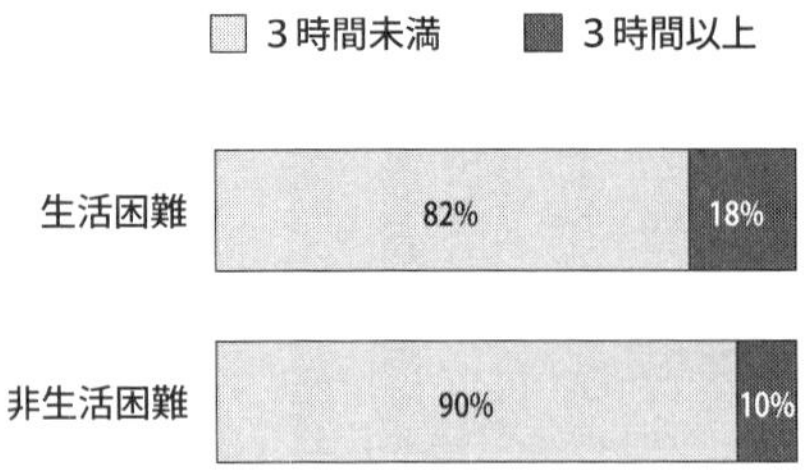

図11　テレビ・動画の視聴時間

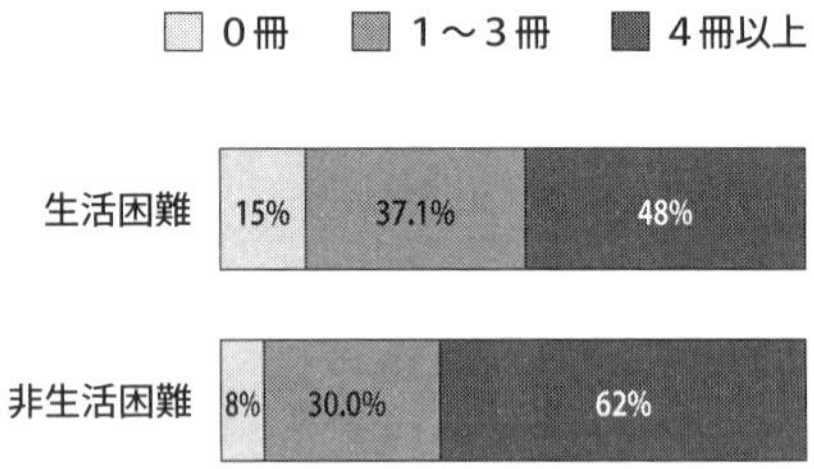

図12　１か月の読書数

②子どもの生活困難とう歯の既往歴

乳歯・永久歯のう歯の既往歴を比較した場合、多数のう歯と考えられる5本以上のう歯があった子どもは、生活困難群で19・7％、非生活困難群で10・1％と生活困難群が約2倍であった（図2）。これは学校健診での歯科健診データを用いたものであり、所得を含む生活困難状況と歯科健診データの関係をみた国内的にも初めての、貴重なデータと考えられる。

③子どもの生活困難と定期接種ワクチンの接種

麻疹・風疹のワクチン接種率を比較した場合、接種を受けていない子どもは、生活困難群では55・3％、非生活困難群では32・0％と生活困難群で多かった（図3）。

④子どもの生活困難とレジリエンス

逆境を乗り越える力であるレジリエンスを測るDevereux Student Strengths Assessment（DESSA）から抜粋した8問で把握した点数で比較した場合、非生活困難群よりも生活困難群の方がレジリエンスが低い傾向にあった（図4）。

⑤子どもの生活困難と肥満ややせの傾向（BMI）

健診データから子どもの身長と体重を把握し、WHOの基準で分類した子どもの肥満ややせ傾向を比較した場合、肥満傾向にある子どもは、非生活困難群で16・2%、生活困難群で12・3%と、生活困難群のほうが肥満傾向の子どもが多かった（図5）。

⑥子どもの生活困難と朝食の摂取習慣

朝食を毎日食べる習慣のない子どもの割合を比較した場合、生活困難群（11・4%）は非生活困難群の約4倍であった（図6）。

⑦子どもの生活困難と就寝時間の習慣

平日に寝る時間が決まっていない子どもの割合を比較した場合、生活困難群（11・9%）は非生活困難群の2倍以上であった（図7）。

⑧子どもの生活困難と留守番の頻度

週1回以上留守番をする子どもの割合を比較した場合、生活困難群（15・5%）は非生活困難群の約2倍であった（図8）。

⑨子どもの生活困難と歯磨きの頻度

歯磨きの回数が1日1回以下の子どもの割合を比較した場合、生活困難群（32・3%）は非生活困難群より10%以上多かった（図9）。

⑩ 子どもの生活困難と運動習慣

運動をする習慣がほとんど・まったくない子どもの割合を比較した場合、生活困難群（14・4％）は非生活困難群の2倍弱であった（図10）。

⑪ 子どもの生活困難とテレビ・動画の視聴時間

1日のテレビや動画の視聴時間が3時間以上である子どもの割合を比較した場合、生活困難群（18・1％）は非生活困難群の2倍弱であった（図11）。

⑫ 子どもの生活困難と読書数

1か月に1冊も本を読まなかった子どもの割合を比較した場合、生活困難群（14・9％）は非生活困難群の約2倍であった（図12）。

3 生活困難と子どもの不健康の媒介要因

生活困難はおよそ2倍程度、子どもの不健康状態の割合を高めていることがわかった。では、どうすればいいのか。それを明らかにするためには、生活困難と子どもの不健康について、変更可能な家庭環境や生活要因がどの

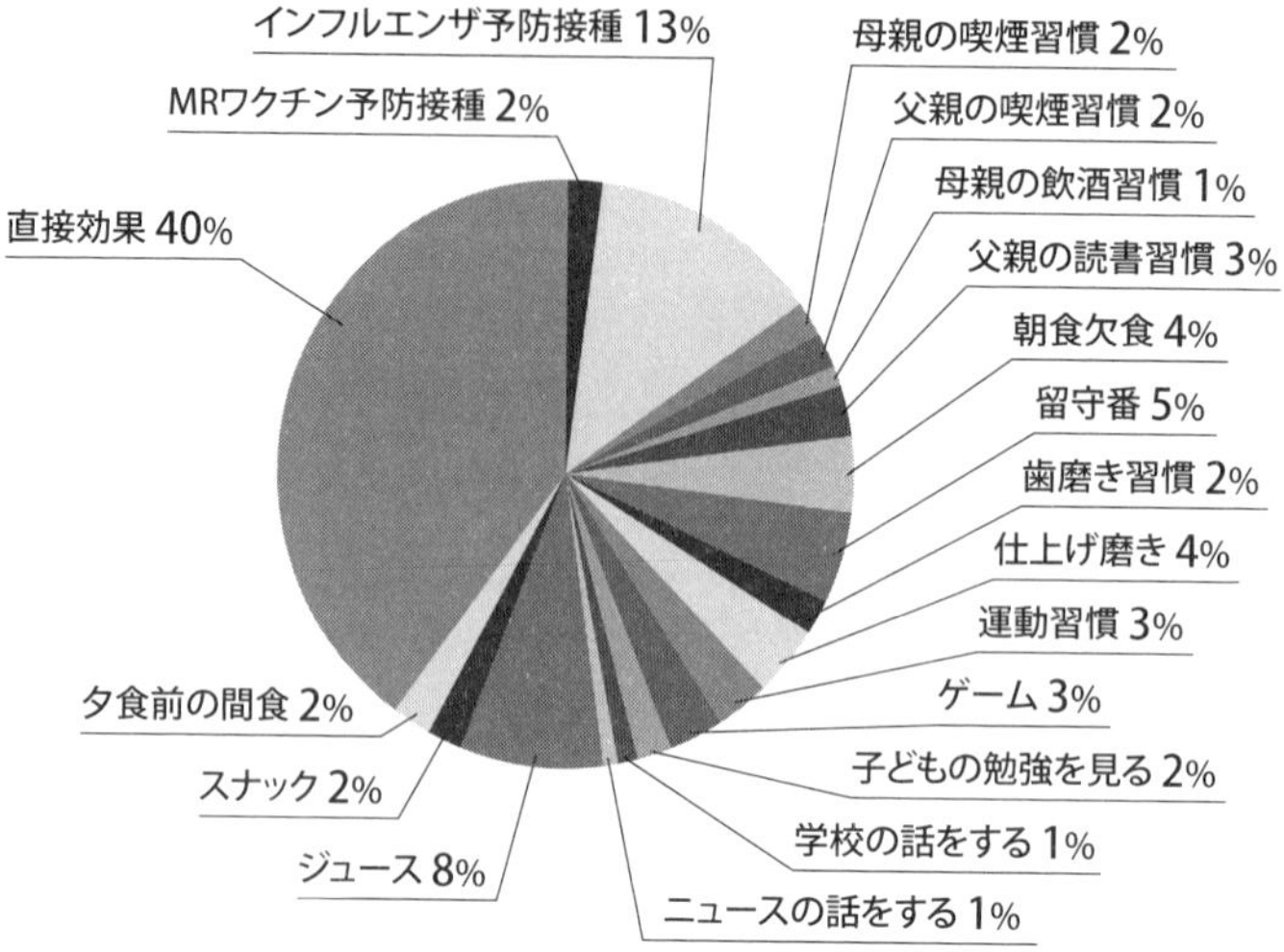

図 13　う歯の媒介要因

程度、媒介しているかを明らかにする必要がある。ここでは、子どもの不健康状態として重要と考えられる、①う歯、②朝食欠食、③レジリエンスの低さ、を取り上げて媒介分析を行った結果を紹介する。

① う歯（図13）

生活困難が子どものう歯5本以上であることに直接的な影響を与えている割合は39・5％で、残りの60・5％は「変えられる」要因（間接的な影響）を経て起きていた。間接的な影響60・5％のうち、割合が大きかった項目は、インフルエンザワクチン未接種（13％）、ジュースの摂取（8％）、留守番（5％）、朝食欠食（4％）で、歯磨き習慣、仕上げ磨きも合わせると6％程度であった。もちろん、インフルエンザワクチンを接種すれば、子どもがう歯にならないというわけではない。インフルエンザワクチンの未接種は、子どもの健康に対する保護者の関心の指標であると考えられる。そのため、生活困難→子どもの健康に対する親の無関心→う歯という影響を想定でき、貧困状況にあっ

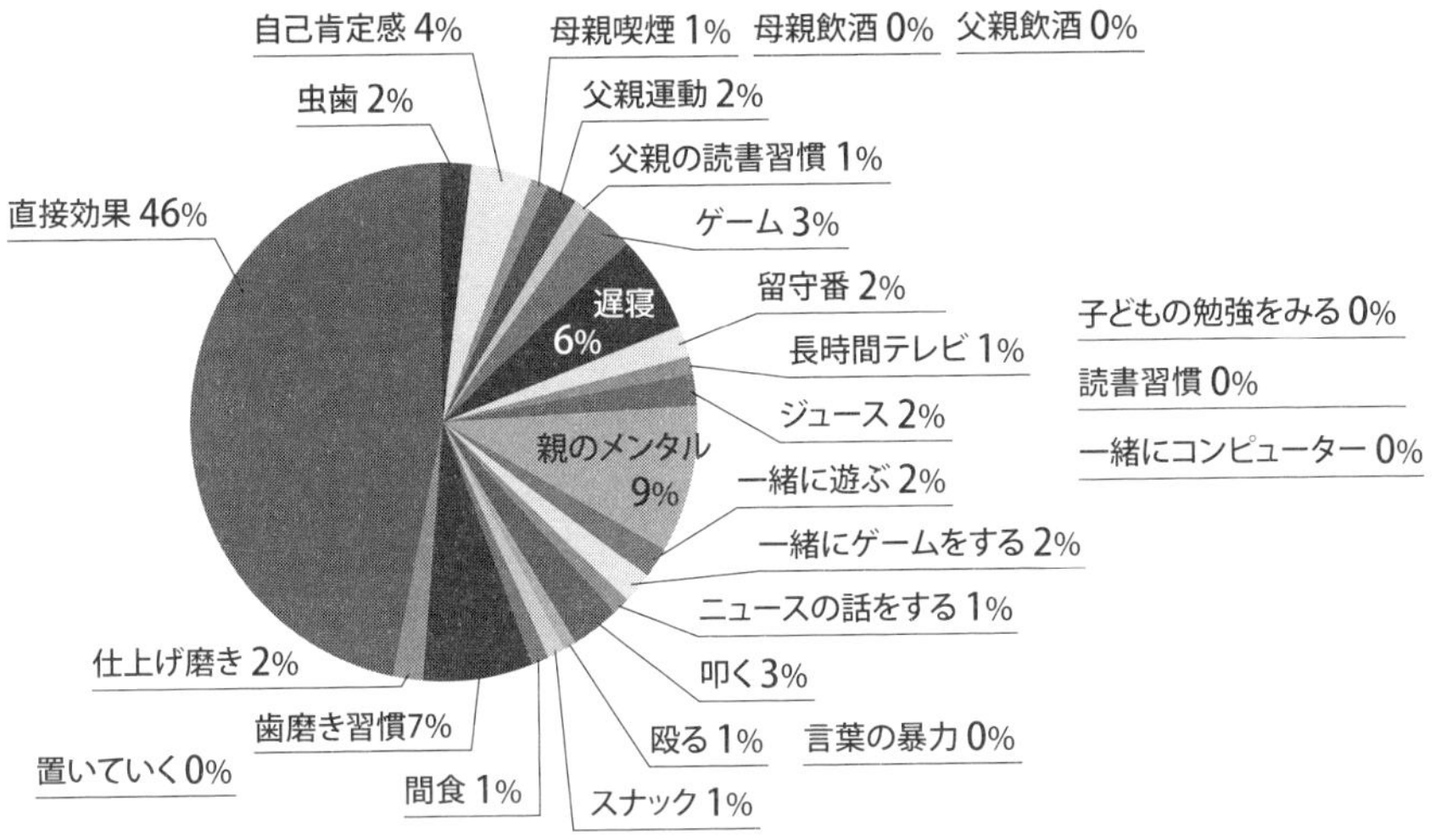

図 14　朝食欠食の媒介要因

ても子どもの健康に対する関心を高めることで子どもの健康を増進できる可能性がある。

② 朝食欠食（図14）

生活困難が子どもの朝食欠食に影響を与えている間接効果は54・2％であった。間接効果のうち、効果が大きかったのは親のメンタルヘルス（9％）、歯磨き習慣（7％）、遅寝（6％）、自己肯定感（4％）であった。この結果から、単に朝食摂取をスローガンとして掲げるだけでは不十分で、親のメンタルヘルスを含めた朝食を準備できない環境を調整しないと、実質的な子どもの貧困対策としての子どもの生活習慣改善にはつながらないことがわかる。

③ レジリエンスの低さ（図15）

生活困難が子どものレジリエンスに影響を与えている間接効果は93・8％であった。間接効果のうち、効果が大きかったのは親のメンタルヘルス（11％）、朝食欠食（8％）、運動習慣（8％）、読書習慣（7％）、相談できる人（5％）、

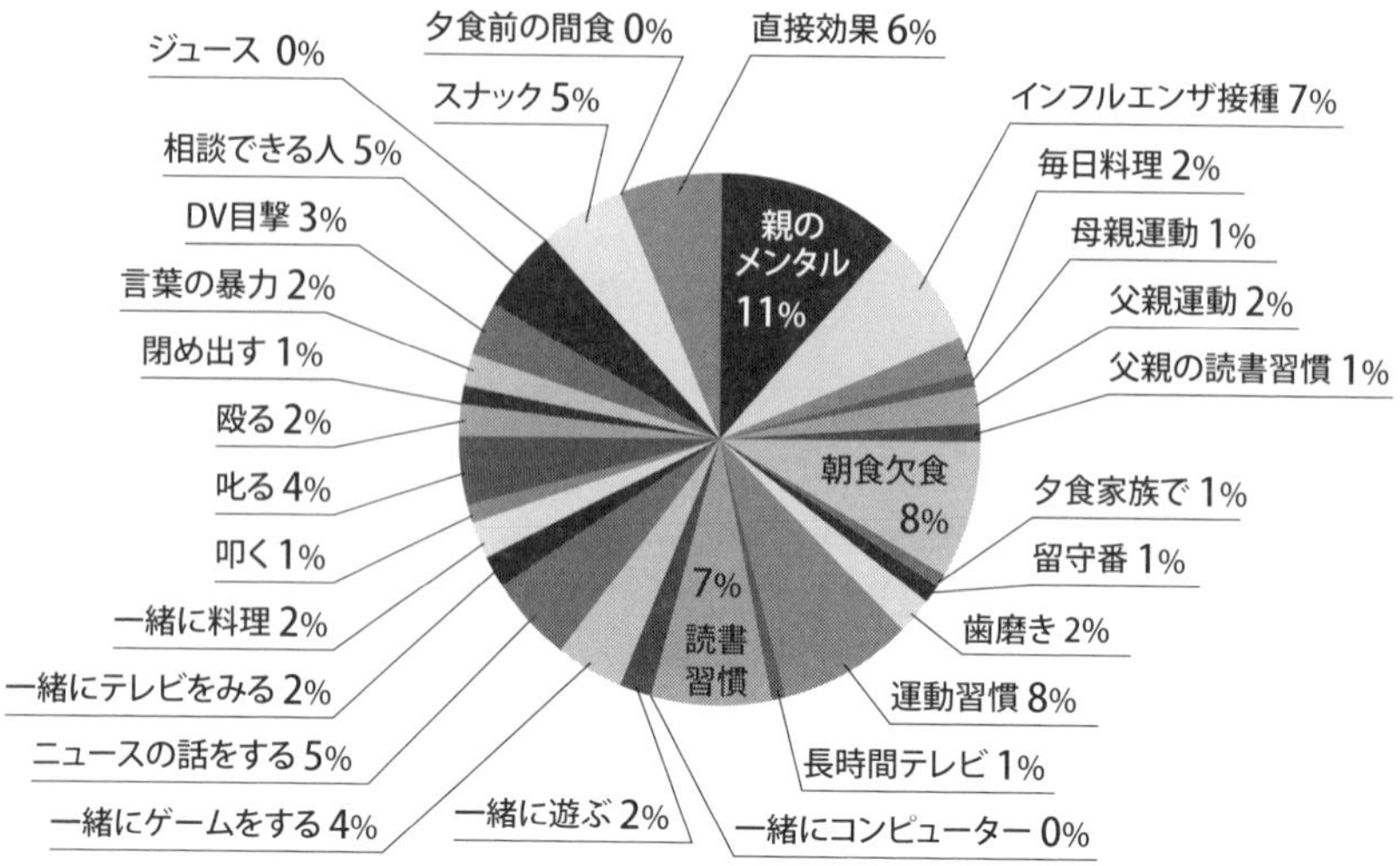

図 15　レジリエンスの低さの媒介要因

スナック摂取（5%）であった。このように、子どもの逆境を乗り越える力はほとんどが変更可能な要因で貧困と関連しており、介入によって変えうることが示唆されている。

4　子どもの健康に着目した貧困の連鎖を断ち切るための政策提言

う歯、朝食欠食、レジリエンスの低さを例に生活困難がどの程度、子どもの不健康状態に影響を与えているかを検討したところ、家庭環境や生活習慣など変えられる要因によって媒介されている割合は50%以上あり、子どもの貧困対策として家庭環境や生活習慣を変えていくことによって、子どもの貧困の連鎖を軽減できる可能性が確認できた。具体的な政策として、以下をあげてみたい。

● う歯においては、親の子どもの健康についての意識改革が重要である。親が子どもの健康により関心を持てるような取組みが有効かもしれない。

●朝食欠食については、親のメンタルヘルスが大きく関与していることから、親の支援をしていく必要がある。メンタルヘルスの悪化傾向にある保護者に関しては、精神科受診のみならず、なぜメンタルヘルスが悪くなっているか、その原因にまでアプローチする必要があるだろう。ソーシャルワーカーによる支援を入れることなどが有効かもしれない。NPO等により、学校で朝食サービスをすることなどもありうるだろう。

●レジリエンスの低さについては、媒介要因でほぼ説明できることから、改善の余地は十分にあると考えられる。具体的には、運動や読書習慣を身につけること、ロールモデルの提示、そして朝食欠食への介入も同時に行うことで、大きく改善できる可能性があると考えられる。

さらに、臨床医との連携についても付記しておきたい。研究段階であるが、米国では臨床現場において衣食住や保険、雇用状況など社会的ニーズをスクリーニングし、対面で必要なサービスにつなげることで子どもの健康を守ることができることが示されている【8】。「子どもの健康」という軸で、学校のみならず多機関の連携で貧困による子どもの健康への悪影響を断つことが求められている。

引用・参考文献

1 Tanaka K, Miyake Y, Sasaki S, Hirota Y. Socioeconomic status and risk of dental caries in Japanese preschool children: the Osaka Maternal and child health study. *J. Public Health Dent.* 2013; 73 (3) : 217-223.

2 Sasaki M, Yoshida K, Adachi Y, et al. Environmental factors associated with childhood eczema: Findings from a national web-based survey. *Allergology international: official journal of the Japanese Society of Allergology.* 2016; 65 (4) : 420-424.

3 Fujiwara T. Socioeconomic status and the risk of suspected autism spectrum disorders among 18-month-old toddlers in Japan: a population-based study. *J. Autism Dev. Disord.* 2014; 44 (6) : 1323–1331.

4 Nagaoka K, Fujiwara T. Impact of Subsidies and Socioeconomic Status on Varicella Vaccination in Greater Tokyo, Japan. *Frontiers in pediatrics.* 2016; 4: 19.

5 Fujiwara T, Kondo K, Shirai K, Suzuki K, Kawachi I. Associations of childhood socioeconomic status and adulthood height with functional limitations among Japanese older people: results from the JAGES 2010 Project. *J. Gerontol. A Biol. Sci. Med. Sci.* 2014; 69 (7) : 852–859.

6 Tani Y, Fujiwara T, Kondo N, Noma H, Sasaki Y, Kondo K. Childhood Socioeconomic Status and Onset of Depression among Japanese Older Adults: The JAGES Prospective Cohort Study. *Am. J. Geriatr. Psychiatry.* 2016; 24 (9) : 717–726.

7 Matsuyama Y, Fujiwara T, Aida J, et al. Experience of childhood abuse and later number of remaining teeth in older Japanese: a life-course study from Japan Gerontological Evaluation Study project. *Community Dent. Oral Epidemiol.* 2016; 44 (6) : 531–539.

8 Gottlieb LM, Hessler D, Long D, et al. Effects of Social Needs Screening and In-Person Service Navigation on Child Health: A Randomized Clinical Trial. *JAMA Pediatrics.* 2016; 170 (11) : e162521.

第４章

スクールソーシャルワーカーを活かした組織的・計画的な支援

――義務教育の学校からのアプローチ

横井葉子（スクールソーシャルワーカー）

義務教育期に関わるスクールソーシャルワーカーの視点から

スクールソーシャルワーカーは、人を支援する福祉の専門職である。学校・教職員向けの生徒指導の基本書『生徒指導提要』には、「スクールソーシャルワーカーは、社会福祉の専門的な知識、技術を活用し、問題を抱えた児童生徒を取り巻く環境に働きかけ、家庭、学校、地域の関係機関をつなぎ、児童生徒の悩みや抱えている問題の解決に向けて支援する専門家」（文部科学省 2010, p.120）とある。

スクールカウンセラーが人の「心」を扱うのに対し、スクールソーシャルワーカーは子どもを取り巻く「環境」を分析して調整を行い、変化をもたらそうとする。これは、「子どもの生活全般を視野に入れて当該個人と環境の調整を図っていくという見方、すなわち福祉的な視点（岩崎 2014, p.ii）」といえる。ここでいう「環境」とは、たとえば児童生徒の家族、学級のメンバーや教職員、学年や学校、地域の人や関係機関、市区町村・都道府県・国の制度・政策や仕組みなど、子どもが身近に接するレベルから国やグローバルなレベルまでの人やシステムを指す【注1】。

筆者は、2009年から首都圏の複数の市町村立小中学校でスクールソーシャルワーカーとして活動し、経済的に困窮する多くの子どもや保護者と関わってきた。本章では、その視点から子どもの貧困の問題にスクールソーシャルワーカーの視点や技法をどのように活かせるのかを述べる【注2】。

1　事例でとらえる「子どもの貧困」

複合・連鎖する課題

まず、学校現場で把握される「子どもの貧困」は、どのような様相をしているのか。架空の事例で見てみよう。子どもを持つ夫婦が経済的に困窮し、さまざまな課題が複合・連鎖して「子どもの貧困」の状態に移行していく過程を、当事者夫婦の視点でたどっていきたい【注3】。

Aさん世帯の事例

X市に住むAさん（男性・30代）は、約10年前の2003年にBさん（女性・30代）と結婚した。Aさんは地元X市の出身、Bさんは隣のY市に実家がある。間もなく2人に長男が生まれ、その翌年には次男が生まれた。自営業のAさんは、子どもの誕生をきっかけにローンを組んで一戸建ての家を新築し、妻と子どもたちとともに移り住んだ。Aさんの仕事には車が必要で、車のローンも毎月返済していた。

長男が5歳、次男が4歳となった2008年、Aさんの会社は世界的な不況の影響を受けて経営不振に陥った【注4】。Aさんの所得は大きく減少し、支出が収入を上回る状態となっていった。妻のBさんが実家に子どもたちを預けてパートタイムで働き始めたが、生計の補助として十分ではない。Aさんはしばらくの間カードローンで生活費を工面したが、じきに返済が滞り、借り入れができなくなった。そこで、Bさん名義のカードや消費者金融を利用し、不足すると家族や友人からも数万円ずつお金を借り続けた。借金がもとで

Aさん夫妻とBさんの実家とは関係が悪化してしまった。

そうした生活が2年近く続いた後、長男が小学校入学の時期を迎えた。Aさん夫妻は、ランドセルや学用品を買いそろえて長男を就学させた。就学後には給食費や学童保育の費用がかかるようになった。

翌年、次男が同じ小学校に入学し、学校や放課後に必要な費用は倍になった。Bさんは収入を増やすため、昼間のパートに加えて時給の高い夜間のパートに出るようになった。Aさんも会社をたたみ、シフト勤務の仕事に就いた。このため、夜間は子どもたちだけで過ごす日が多くなった。子どもたちは2人だけで床につくが、Aさんが帰宅すると起きて遊んでしまう。朝、子どもたちは眠くて起きるのを嫌がるようになり、Bさんは仕方なく子どもたちを置いて仕事に出かける日が増えていった。こうして週に2〜3日の欠席を続けるうちに、子どもたちは徐々に学校に行こうとする意欲を失っていった。

一方、Bさんは昼夜の仕事と育児に疲れ、心身の不調を感じるようになった。Aさんの収入が低いことも不満であった。夫婦喧嘩が増え、Aさんが子どもたちの前でBさんに暴力をふるうことも多くなった。

子どもたちの勉強も遅れがちであった。次男は保護者面談で、落ち着いて席に座っていられないこと、忘れ物が多く宿題もやってこないことを学級担任（以下、担任）から指摘された。担任は、Bさんに、「家庭で親がしっかり子どもの宿題を見てほしい」と話した。また、長男の担任からも、長男がひらがなを読めるようにならないとの話があり、「少人数で個別的に勉強できる特別支援学級に移る方法もある」との説明があった。どちらの担任も、「とにかく、朝は親が子どもを学校に送り出してほしい」と言うのだった。そこで、Bさんは夕食をつくる時間を節約するために店で弁当を買って夕食にし、子どもたちの宿題を見てから夜の仕事に出かけるようになった。欠席させないために、Aさんのシフトが昼間の勤務の日はAさんに車で子どもたちを学校に送ってもらうようにした。しかし、Aさんが子どもたちを送れない日は、子どもたちは登校しない。欠席が続くと、長男と次男の担任が交代で家をたずねてくる。Bさんの気分が落ち込み玄関に出ていかない日が続くと、「このままでは『安否確認ができない』という情報を児童相談所に提供しないといけなくなる」と書いた校長名の手紙がポストに入っていた。主任児童委員と名乗る近所の女性もたずねてくる。「困ったことがあったら相談してほしい」と言うが、信用できない。

長男が3年生、次男が2年生になったとき、Aさん夫婦は離婚した。Bさんは、離婚に伴い長男と次男を連れて学区内のアパートに引っ越した。「夫の暴力から逃れられればそれでよい」と考え、養育費は要求しなかった。多額の負債と心身の不調を抱え、頼れる親族もなく、子どもたちには手がかかり、相談できる人もいない。子どもたちに留守番をさせ、昼夜なく働いて借金を返済する日々である。母子家庭になってから支給されるようになった月額5万円弱の児童扶養手当は、支給された直後に未払金の清算にまわしてしまうほかない。病院にも行きたいが、健康保険料を滞納しているため窓口で健康保険が使えない。

翌年、子どもたちは4年生と3年生になった。子どもたちは学校を休むことがほぼ毎日になり、家に買い置きした菓子パンやカップラーメンを食べて生活している。最近子どもたちはやせてきた。そして、ますます親の言うことを聞かなくなった。子どもたちを叱るBさんの声が近所でも「虐待」と噂になっているようで、Bさんには人の目が怖く感じられる。家の中には常にゴミや日用品が散乱しているが、Bさんには片づけをする気力もない。家庭訪問した担任から、子どもたちの「臭い」のことをさりげなく指摘され、Bさんの心に怒りが湧いた。子どもたちの寝顔を見ていると、ふと「このまま生きていても仕方ない。子どもたちを道連れに死のう」という考えが浮かんでくる。

この事例を教員の立場でとらえてみる。

Aさんの長男（4年生）と次男（3年生）の担任が4月に子どもたちと出会うとき、この子どもたちは「不登校」の状態にある【注5】。前年度の担任からは、「家庭背景」として離別母子家庭であること、母親の留守が多く夜間に子どもだけで過ごしていること、不衛生な住環境などが申し送られるだろう。「不登校」は、教員にとってぜひとも改善しなければならない課題である【注6】。しかし、ほとんどすべての日を欠席しているので、どのような子どもたちなのかさえ把握しにくいのが現状である。登校すれば、「臭い」を理由にいじめられることを防がねばならない。欠席が多いことを批判する、他の子どもへの指導も必要である。担任は、「どんな学級経営をすれば、いじめを防げるのだろう?」と思案することだろう。時間を割いて家庭訪問をしても、昼夜逆転して眠り込んでいる子どもたちに会えることはほとんどない。外から見える、積み重なったゴミの様子も気になる。しかし、「大切な○年○組の一員」として係などの役割を用意し、行事など楽しい活動への誘いの手紙を書いてポストに入れ、「学校にできることは何だろう」と自問自答しながら帰る。

このままでは、Aさん家族も教員も、精いっぱい努力を重ねているにもかかわらず、それらがかみあわずに事態は深刻化するばかりである。しかし、Aさん家族への支援のきっかけをつくれるのは、今の段階では子どもたちを通じて家庭の状況に接している学校の教職員だけである。

アプローチ（接近）の必要性

Aさん家族の構成を「ジェノグラム」と呼ぶ図に表すと、**図1**のようになる。

担任はまだ気づいていないが、孤立したBさんは、最も重篤な児童虐待である「無理心中」を図りかねない心情にある。誰か（できれば学級経営を担う担任とは異なる立場の者）がBさんに接近し、心情を受け入れ、支援の糸口になる必要がある。

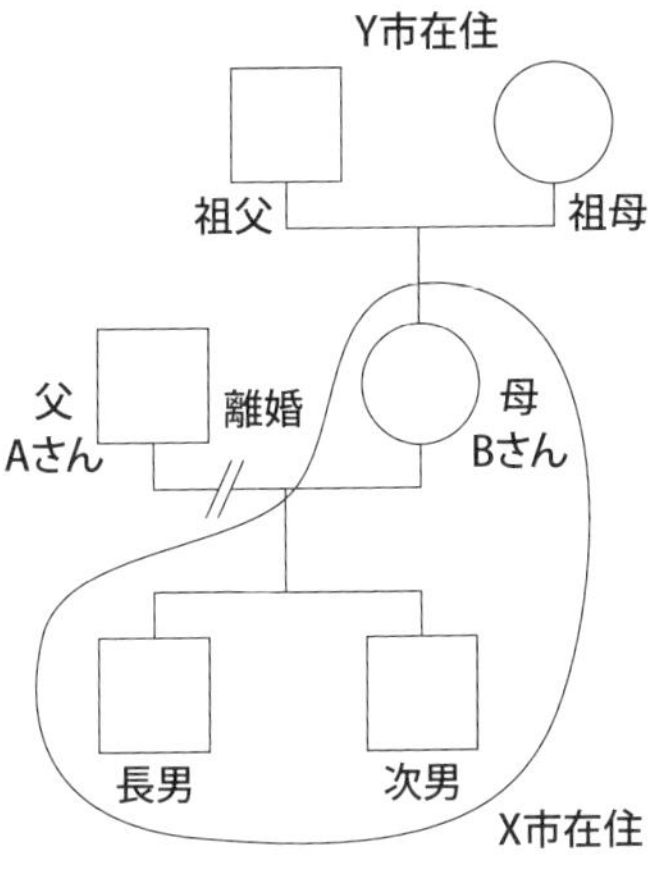

図1　Aさん家族のジェノグラム

ただし、虐待のリスクが回避できたとしても、それだけでは十分ではない。このままでは、子どもたちは教育から遠ざかったまま思春期を迎え、見通しのないまま義務教育期を過ぎ、成人期に移行する。これは、たとえばこの時期に学ぶ繰り上がり、繰り下がりのある計算や九九・小数・分数など、生活に最も必要な学力が不足するということであり、中学校卒業後の進路選択にもさまざまな制限が出てくる。阿部（2014, p.68-69）の調査結果によれば、「貧困の連鎖」の要因には「子ども期の貧困→低学歴→非正規労働→現在の低所得→現在（成人後）の生活困窮（食料困窮）」という「経路」が存在する。また、「それぞれの要因が、それぞれ独立して直接に『現在（成人後）の生活困窮』に影響する経路」も認められるという。Aさんの子どもたちも、この「貧困の連鎖」の入り口にいる。そもそも、Aさん自身がすでにこの「経路」をたどって現在に至っている可能性もある。

Aさんの子どもたちの年齢は学童期にあたり、思春期とは違った意味で重要な時期である。たとえば、児童精神科医の佐々木（2009, p.34）は、エリクソンの発達段階説において学童期が「勤勉性（industry）」獲得の時期であることに照らして、「社会的勤勉に生きていくことができる人格を形成するために、この時期の子どもには、数多くの、そして多様なバラエティに富んだ友達をもつことが重要である」と説いている。同じく児童精神科医の田中（2013, p.74-76）は、「過去・現在・未来がつながっていると理解できるようになるのは、発達の年齢で言うと十歳ぐらい」としたうえで、その子どもが将来のことを考えるときに「今の自分を十年後に投影する、大写しにする」、つまり「小さいときの自分がこうだった、今はこんなふうになっている、だから十年後、二十年後はこんな大人になっているはずだという絵を描けるように」なるのだと説いている。「そのときに子どもが考えるのは、『自分には良いところがあるのか』ということ（田中 2016, p.45）」だという。したがって、「小学校高学年くらいの時期から、良い自分の発見と、それに向かって自分のための努力をすることが可能になる（田中 2016, p.46）」。以上から、子どもが将来の夢や目標を描き、それに向かって努力できるようになるために、学童期の環境が重要であることが理解できる。Aさんの子どもたちは今、それが保障されないまま、まさにこの「十歳」を目前にしている。子どもたちの自立に向けた支援を始めるには、小学校3、4年生の今が「ラストチャンス」である。

阿部（2014, p.123）によれば、「子どもの貧困」対策でエビデンスに基づき特に重要な年齢として有識者の間で考えられているのは「0〜6歳（就学前）」である。しかし、この後に続く義務教育期は、9年間と長い。就学前の子どもを対象とした施策の充実を前提として、小学校1、2年生（就学前からの移行期）を「就学前の取り組みの結果が出てくる時期」、3、4年生を「個別の支援プランに基づき支援を本格化させる時期」、5、6年生（中学校・思春期への移行期）を「小学校での取り組みの結果を評価し、思春期に備える時期」、中学生（思春期）を「進路・自立に向かう時期」ととらえ、義務教育の諸学校で子どもの全数をとらえて、年齢に応じた組織的な支援の取り組みを展開し、青年期への移行につなげることが重要だと考えられる。

Aさん家族への支援

では、Aさん家族への支援としてはどのようなものが考えられるのか。Aさん家族がそれぞれ抱える課題とそれに対応する制度や機関の例を思いつくまま領域別に整理にしたものが**表1**である。全国共通の制度・機関に限って記載した。紙面の都合で制度のひとつひとつを解説できないことをご容赦いただきたい。スクールソーシャルワーカーのはたらきについては後述するので、表からは除いてある。また、スクールカウンセラーの専門領域は「心理」だが、ここでは活用制度としてとらえ、「教育」に含めた。**表1**からは、Aさん家族が抱える課題が複数の領域にまたがり、複合している様子を見て取ることができる。同時に、手詰まりに見えた状態にも課題に応じた支援策が存在し、これらを統合させれば有効な支援を探れることが示唆される。

表を一見して、いくつか明確になることがある。第一に、子どもたち（長男・次男）が抱える課題に対して、教育の領域で対応できることの多さ、豊かさである。その中では、長男と次男のそれぞれの教育的ニーズを明らかにして、個々に合った教育を計画・実行することが根幹となる。そのために、教育支援センターや教育委員会、特別支援学校のコンサルテーションなど、教育の領域の中にサポートを提供できる仕組みが存在する。したがって、特別支援教育コーディネーター【注7】など、支援をコーディネートし、その体制を推進する校内の役割が重要となる。また、子どものニーズの見立てを異なる専門性に立って補い、校内の支援体制を後押しする専門職が求められるようになる。

表1　Aさん家族が抱える課題と対応する制度・機関（領域別）の例

課題＼対応する制度・機関		対応が考えられる主な制度・機関（領域別） 教育（スクールソーシャルワーカーを除く）	福祉（スクールソーシャルワーカーを除く）・保健	医療	法律
Aさん（父）	多重債務		・生活困窮者自立支援法による相談窓口 ・職業訓練、職業紹介（ハローワーク） ・（初期段階で）生活福祉資金貸付金（社会福祉協議会） ・生活保護制度		・日本司法支援センター（法テラス）、弁護士会等による法律相談
	低所得	・就学援助制度			
Bさん（母）	多重債務		・児童扶養手当 ・児童手当 ・職業訓練（給付金付含む）、職業紹介（ハローワーク、マザーズハローワーク・マザーズコーナー） ・母子父子寡婦福祉資金貸付金 ・養育費相談支援センター、母子家庭就業・自立支援センター ・生活困窮者自立支援法による相談窓口 ・生活保護制度		・日本司法支援センター（法テラス）、弁護士会等による法律相談
	低所得・養育費をもらえていない	・就学援助制度			
	配偶者からの暴力（離婚前）		・配偶者暴力相談支援センター		
	孤立	・スクールカウンセラー ・家庭教育支援チーム	・要保護児童対策地域協議会 ・民生委員・児童委員、主任児童委員 ・社会福祉協議会のコミュニティーソーシャルワーカー ・地域包括支援センターの社会福祉士 ・保健所の保健師		
	身体的不調			・（必要に応じて）医療機関	
	精神的不調	・スクールカウンセラー			
	食事が作れない		・家庭生活支援員		
	片づけ・掃除ができない		・社会福祉協議会のコミュニティソーシャルワーカー等による支援ネットワーク構築 ・家庭生活支援員		
	自殺防止	・スクールカウンセラー	・児童相談所 ・市の虐待通告窓口 ・要保護児童対策地域協議会 ・保健所、精神保健福祉センター		
長男・次男	学習の遅れ	・特別支援教育コーディネーター 別室での個別授業やチームティーチング ・（必要に応じて）特別支援教育 ・スクールカウンセラー ・特別支援学校による教員へのコンサルテーション	・生活困窮者自立支援法による学習支援事業（自治体によって任意に実施）等の学習支援 ・児童相談所による発達検査 ・（障害がある場合）放課後等デイサービス	・（必要に応じて）医療機関	
	長期欠席	・教育相談コーディネーター、特別支援教育コーディネーター ・養護教諭 ・保健室、相談室などの別室登校等 ・スクールカウンセラー ・教育支援センター（適応指導教室）等 ・フリースクール、フリースペース等	・児童相談所等の児童相談 ・（発達障害がある場合）発達障害者支援センター		
	いじめられるおそれ	・校内のいじめ防止組織 ・スクールカウンセラー			
	昼夜逆転	・教員による子どもへの生活指導 ・スクールカウンセラー			
	親からの心理的虐待	・教員による虐待の早期発見、早期対応 ・スクールカウンセラー	・市区町村の虐待通告窓口 ・児童相談所 ・要保護児童対策地域協議会 ・主任児童委員 ・放課後児童クラブ（学童保育） ・（障害がある場合）放課後等デイサービス		
	親からの身体的虐待のおそれ	・教員による虐待の早期発見、早期対応 ・スクールカウンセラー			
	子どもだけでの長時間の留守番				
	栄養不良	・学校給食、栄養教諭のかかわり ・養護教諭による保健指導			
	不衛生	・養護教諭による保健指導			

第二に、学校の教員が児童福祉領域などの他領域との連携を余儀なくされることである。子どもたちの面前での配偶者暴力（心理的虐待）、栄養状態や住環境の不衛生さ（ネグレクト）、「怒鳴り声」（心理的虐待や身体的虐待の可能性）が把握されれば、市区町村等への通告が必要である。こうした連携だけでなく、教育活動を円滑に進めるうえでも、保護者に子どものアセスメントを目的とした医療機関受診や児童相談所への相談、障害児を対象とするサービスの利用を勧めたり、それらの機関と保護者の許可のもとで連絡を取ったりする連絡調整が必要となる。しかし、医療や福祉の制度は、「人格の完成」（教育基本法第1条）を目的とする教育とは異なる原理・原則で動いている。1年単位で活動が編成されている学校とはスパンが異なるうえに、毎日子どもと接する教員にくらべれば、医師や福祉従事者は子どもに接する頻度が低い。学校という機関が教科指導、生徒指導、進路指導、学校給食、学校保健など総合的で包括的なサービスを担っているのにくらべて、医療機関や福祉機関の機能は限定的である。教員がこれらの関係機関と連携するとき、その異質性がなかなか腑《ふ》に落ちず、相互理解や合意形成に支障をきたす場合がある。そこで、教員の専門性を異なる分野から補い、学校と関係機関の媒介者となる専門職が求められるようになる。

第三に、保護者（AさんとBさん）が抱える課題には、対応する福祉制度が多くあるということである。また、福祉制度と教育の制度（**表1**では就学援助や家庭教育支援チーム【注8】）、医療サービス、法的支援などを組み合わせた支援を計画することが可能だということである。特に、世帯の困窮のきっかけとなった「低所得」の問題に対しては、初期の段階で生活福祉資金貸付制度または生活保護制度を利用しながら急場をしのぎ、弁護士による法的支援【注9】を受けながら債務整理に取り組むことができた可能性がある。2015年4月からは「生活困窮者自立支援法」が全面施行されており、全国の市区町村で、必須の事業として「自立相談支援事業」および「住居確保給付金の支給」が、任意事業として「就労準備支援事業」「一時生活支援事業」「家計相談支援事業」、世帯の子どもへの「学習支援事業」が実施されている。生活保護制度の基準に当てはまらない場合でも、この窓口をたずねて、利用できる制度の情報提供を受けたり、家計管理を手引きしてもらったりするなど、生活再建の助けとすることができる。母子家庭となったBさんへの支援としては児童扶養手当などの福祉制度が代表的であるが【注10】、並行して養育費の支払いをAさんから受けるための法的支援なども考えられる。このような支援の「組み合わせ」は「コーディネート」や「マネジメント」を必要とするため、これに従事できる専門職が求められるようになる。

こうした背景から、学校の教職員が主体となった取り組みに参画して校内の支援体制の推進を側面的に助け、外部機関と教職員の交渉を補い、子どもや保護者の相談に応じて適切な制度を利用しながら、状況の改善に向けた支援の推進に資する専門職が求められるようになってきた。それがスクールソーシャルワーカーである。スクールソーシャルワーカーは、「この子どもにとって最もよいことは何だろう」【注11】、との問いを中核に置きながら、さまざまな「人や構造」【注12】に働きかけていく。

2 拡充が進む「スクールソーシャルワーカー活用事業」

「スクールソーシャルワーカー活用事業」

ここで、文部科学省の「スクールソーシャルワーカー活用事業」の概要に触れておきたい。

① 問題を抱える児童生徒が置かれた環境への働きかけ ② 関係機関等とのネットワークの構築、連携・調整 ③ 学校内におけるチーム体制の構築、支援 ④ 保護者、教職員等に対する支援・相談・情報提供 ⑤ 教職員等への研修活動

出典：文部科学省「スクールソーシャルワーカー活用事業実施要領」平成28年4月1日一部改正

図２ 「事業実施要領」に記されたスクールソーシャルワーカーの職務内容

文部科学省は、２００８年から「スクールソーシャルワーカー活用事業」を開始し（調査研究事業、補助率10分の10）、２００９年からは補助事業（補助率3分の1）として、現在、事業を実施する都道府県・政令指定都市・中核市に補助を行っている。「スクールソーシャルワーカー活用事業実施要領」（文部科学省 2016）に記されている事業の趣旨は、「いじめ、不登校、暴力行為、児童虐待など、生徒指導上の課題に対応するため、教育分野に関する知識に加えて、社会福祉等の専門的な知識・技術を用いて、児童生徒の置かれた様々な環境に働き掛けて支援を行う、スクールソーシャルワーカーを教育委員会・学校等に配置し、教育相談体制を整備する」ことである。事業の実施主体は、都道府県、政令指定都市、中核市（間接補助事業として行う場合は市町村〈特別区及び市町村の組合を含む〉）である。スクールソーシャルワーカーの採用選考は、「社会福祉士や精神保健福祉士等の福祉に関する専門的な資格を有する者から、実施主体が選考し、スクールソーシャルワーカーとして認めた者とする。ただし、地域や学校の実情に応じて、福祉や教育の分野において、専門的な知識・技術を有する者又は活動経験の実績がある者であって、次の職務内容を適切に遂行できる者のうちから、実施主体が選考し、スクールソーシャルワーカーとして認めた者も可とする」となっており、**図2**の職務内容があげられている。これらの職務内容から、「スクールソーシャルワーカーは、個別ケースへの直接的な援助のほか、教職員の対応スキルの向上、学校の支援といった役割も担っているものと考えられ」る（岡本 2009, p.8）。

		2014年度	【参考】 2013年度
継続支援対象児童生徒の抱える問題と支援状況	①不登校への対応	12,183	11,222
	②いじめ問題への対応	857	1,276
	③暴力行為への対応	990	1,100
	④児童虐待への対応	2,981	2,615
	⑤友人関係	2,875	2,828
	⑥非行・不良行為	2,005	2,186
	⑦家庭環境の問題	13,565	12,913
	⑧教職員等との関係の問題	1,738	1,814
	⑨心身の健康・保健に関する問題	3,333	3,544
	⑩発達障害等に関する問題	7,828	6,946
	⑪その他	3,427	3,753

出典：文部科学省「学校における教育相談に関する資料」平成27年12月27日

図3　スクールソーシャルワーカーの対象児童生徒が抱える課題

２０１３年に施行となった「いじめ防止対策推進法（平成25年法律第71号）」の第22条「学校におけるいじめの防止等の対策のための組織」には、「学校は、当該学校におけるいじめの防止等に関する措置を実効的に行うため、当該学校の複数の教職員、心理、福祉等に関する専門的な知識を有する者その他の関係者により構成されるいじめの防止等の対策のための組織を置くものとする」と定められ、いじめ防止のための取り組みが実効性を増すためにスクールソーシャルワーカーの働きが期待されている【注13】。ここでは子どもの人権擁護とともに、「教職員のスキル向上」や「学校支援」の役割が見てとれる。

事業の実態については十分な紙面を割けないが【注14】、図3のとおり、スクールソーシャルワーカーが継続的に支援する子どもが抱える課題は、２０１４年度で「家庭環境の問題」（１万３５６５件）、「不登校への対応」（１万２１８３件）、「発達障害等」（７８２８件）が多くなっている（文部科学省 2015、項目には２０１６年度から「貧困の問題」も含まれるようになった）。

なお、自治体へのスクールソーシャルワーカー配置の財源は、文部科学省の「スクールソーシャルワーカー活用事業」に限られない。

日本学校ソーシャルワーク学会が２０１４年から２０１５年にかけて全国の都道府県、政令指定都市、市区町村を対象に行った調査結果（調査票の発送１７８８、返送７４５、有効回答数７４２、有効回答率41・５％）によれば、スクールソーシャルワーカーの事業を実施していると回答した都道府県は25、政令指定都市は10、市区町村は２４０であった。このうち都道府県と政令指定都市の財源はすべて補助事業であったが、市区町村の中には単独で予算を確保している自治体も多く、１６６人のスクールソーシャルワーカーが市区町村単独の予算で雇用されている（日本学校ソーシャルワーク学会 2016, p.4-6）。

子どもの貧困対策としてのスクールソーシャルワーカー

このようなスクールソーシャルワーカーを、国は現在、子どもの貧困対策の一環として増員している。２０１３年に制定された「子どもの貧困対策の推進に関する法律（平成25年法律第64号）」にもとづき、翌２０１４年８月29日に「子供の貧困対策に関する大綱」（以下、大綱）が閣議決定された。この大綱には「子供の貧困対策に関する基本的な方針」の１つとして、「５　教育の支援では、学校を子供の貧困対策のプラットフォームと位置付けて総合的な対策を推進するとともに、教育費負担の軽減を図る」と掲げられ、そこに「①学校教育による学力保障、②学校を窓口とした福祉関連機関との連携、③経済的支援を通じて、学校から子供を福祉的支援につなげ、総合的に対策を推進するとともに、教育の機会均等を保障するため、教育費負担の軽減を図る（傍線は筆者による）」と記されている【注15】。

さらに、「４　子供の貧困に関する指標を設定し、その改善に向けて取り組む」の「第３　子供の貧困に関する指標」の中に、「スクールソーシャルワーカーの配置人数及びスクールカウンセラーの配置率（傍線は筆者による）」があげられ、この指標を改善するための「当面の重点施策」として、「特に、学校を窓口として、貧困家庭の子供たち等を早期の段階で生活支援や福祉制度につなげていくことができるよう、地方公共団体へのスクールソーシャルワーカーの配置を推進し、必要な学校において活用できる体制を構築する。このような体制構築等を通じて、ケースワーカー、医療機関、児童相談所、要保護児童対策地域協議会などの福祉部門と教育委員会・学校等との連携強化を図る（傍線は筆者による）」と掲げられている（この重点施策の中には、「大学等進学に対する教育機会の提供」の中の「生活困窮世帯等への学習支援」として「大学・専修学校等へ安心して進学できるようにするため、スクールカウンセラーやスクールソーシャルワーカー等の専門家による教育相談体制の整備充実」もあげられている）。

文部科学省はこの大綱にもとづき、2013年度には全国に1008人のみの配置であったこの事業のスクールソーシャルワーカーを2019年度までの5年間で1万人に増やし、すべての中学校区（1万校区）に1人ずつ配置する目標を掲げた。これは内閣府が開催する子どもの貧困対策会議における「ひとり親多子世帯等自立応援プロジェクト」の施策に位置づけられ（内閣府 2015）、国の方向性として、予算要求上の根拠を持った【注16】。こうして、スクールソーシャルワーカー活用事業の予算額は2014年度の3億9400万円（1466人）から2015年度の6億4700万円（2247人）に拡充され（2247人の内訳：小中学校のための配置2200人、高等学校のための配置及び質向上のためのスーパーバイザー配置47人）、さらに、貧困対策のための重点加配として新規にスクールソーシャルワーカー400人が予算化された（文部科学省 2015）。その後、配置拡充は「ニッポン一億総活躍プラン（平成28年6月閣議決定）」にも掲げられ、2017年度の予算額は12億5800万円（5000人）、貧困対策のための重点加配は1000人となっている（文部科学省 2017a）。2008年以降全国に広がりながらも一般にはあまり知られることのなかったスクールソーシャルワーカーは、以上のような拡充をたどっている。

3 スクールソーシャルワーカーを活かした組織的・計画的な支援

では、スクールソーシャルワーカーを活かした支援方策の実際はどのようなものか。前節までに複合的な課題を抱える子どもの支援には連携やコーディネートが必要であることを示したので、ここでは「チームによる組織的・計画的な支援」をキーワードに、学校の教職員がスクールソーシャルワーカーと協働して取り組めるいくつかの手法を述べる。スクールソーシャルワーカーには、配置されている自治体によって、毎回同じ学校や学校区に通う「単独校配置型」や「拠点校配置型」、事例ごとに要請を受けて教育委員会から学校に派遣される「派遣型」、決まった学校を定期的に巡回する「巡回型」などの活動形態があるが、ここに記す方策は、工夫次第でどの形態にも適用できるものである。

予防と早期発見・早期対応の組織体制づくり

Aさんの事例からわかるように、危機にある子どもをとらえるには、まず学校の中に早期発見の仕組みをつくる必要がある。困難な環境にある子どもは、その辛さを遅刻・欠席、落ち着きのなさ（多動や不注意）やイライラ、無気力、意欲低下、いじめを含む対人関係の問題（インターネット上の関係、異性との関係を含む）や暴力行為、リストカットなどの自傷行為、非行や不良行為、学力低下など、さまざまな形で表出する。これらのほとんどは、通常の生徒指導（以下、「生徒指導」に「児童指導」を含む）や学校保健の中で日常的に把握される。したがって、まずは子どもが大人に援助を求めやすい環境をつくるなどの予防策とともに、校内で情報を一元化し、生徒指導の担当教員、特別支援教育や教育相談のコーディネーターの校務分掌を担う教員、養護教諭、管理職、スクールカウンセラーなどの鍵となる教職員がそれを共有し、それぞれの心理社会的な背景を探りながら緊急度・重篤度を整理しつつ個別の支援につなげていく早期発見・早期対応の仕組みが必要である。よく見られる取り組みの例は、これらの教職員が週に一度などの頻度で定期的に開催する、「支援担当者会議」などの名称の会議である。こうした会議が形骸化せず実効性を持つためには、後述するような支援の「マネジメント」の考え方を参加メンバーが理解しておくことと、推進役の教職員がこれに基づき、会議の目的に沿ってしっかりと場を「取り仕切る」ことが求められる。

子どもが表出するサインの中でも、長期欠席・不登校対策において重要視される「欠席日数」は、貧困はもとより、子どもが抱えるあらゆる課題の早期発見・スクリーニングに非常に有効な指標である【注17】。たとえば、学校や教育委員会ごとに決めた3〜7日程度の欠席日数を基準に、該当する子どもを月ごとにリストアップして月次の欠席日数の推移を記した一覧表をつくり、これを毎月更新すれば、「変化」や「パターン」に気づくことができる。それが、背景をさぐり「チームでの個別支援」を開始する好機となる。また、「欠席日数」だけでなく「繰り返される遅刻」にも着目して同様の推移を把握すれば、いっそうの早期対応が可能になる。

スクールカウンセラーによる教室巡回や子どもへの全員面接、いじめ防止策の一環として定期的に実施される子どもへの「アンケート」や面談から把握できた「気になる子ども」「気になるできごと」も、前述のような会議を情報の受け皿にすることによって情報の共有化ができ、対策につながる。また、こうした取り組みを学級経営のためのプログラムやツールと並行させる方法もある。筆者が担当する地域では、「横浜プログラム」【注18】のアセスメントを導入して支援の必要な子どもを見出し、スクールカウンセラーやスクールソーシャルワーカーとともに子どもたちのアセスメントを深めながら、社会的スキルを高め温かい学級風土をつくる指導プログラムを学級ごとに実施したり、日常の教育活動の中で意図的・計画的に支援を積み重ねている学校が多い。

スクールソーシャルワーカーの活用としては、まずはこれらの取り組みの場にスクールソーシャルワーカーの参画を得ることである（こうした取り組みへの参画は、スクールソーシャルワーカーとスクールカウンセラーの「どちらか」ではなく「どちらも」対象にして、多角的な視点で状況を見極め、方策を検討するのが理想的である）。スクールソーシャルワーカーは、それぞれの子どもの背景と福祉的課題を読み解くことで校内チームの視点を補強し、連携すべき関係機関の選択に資する情報提供を教職員に対して行い、必要に応じて学校組織と関係機関の仲介を果たすことによって、個別の支援チーム体制づくりを手伝うだろう。

もう1つ有効と思われるのが、諸費の未納が続く家庭の一元的な把握である。多くの担任は通常、子どもの様子や話から家庭の経済的困窮を早期に把握する。それを必要に応じて就学援助制度につなぐ必要がある。教員から保護者に生計の話題を切り出す難しさや、保護者にとって申請手続きに必要な書類をそろえることの煩雑さ、教員と就学援助の申請を扱う事務職員との校内連携が必要なことなどが壁になることもあり、生計の状況をたずねたり、課税状況を示す書類を保護者がそろえるのにスクールソーシャルワーカーの関わりが要請される場合もある。いずれにしても、経済的な困窮は、利用可能な制度の情報を求めて保護者がスクールソーシャルワーカーとの面会を希望する貴重な機会となり得る。Aさんの事例でも、未納をきっかけに早期にスクールソーシャルワーカーが関わることで、事態が進む前に就学援助以外の制度にもつなげられたかもしれない。

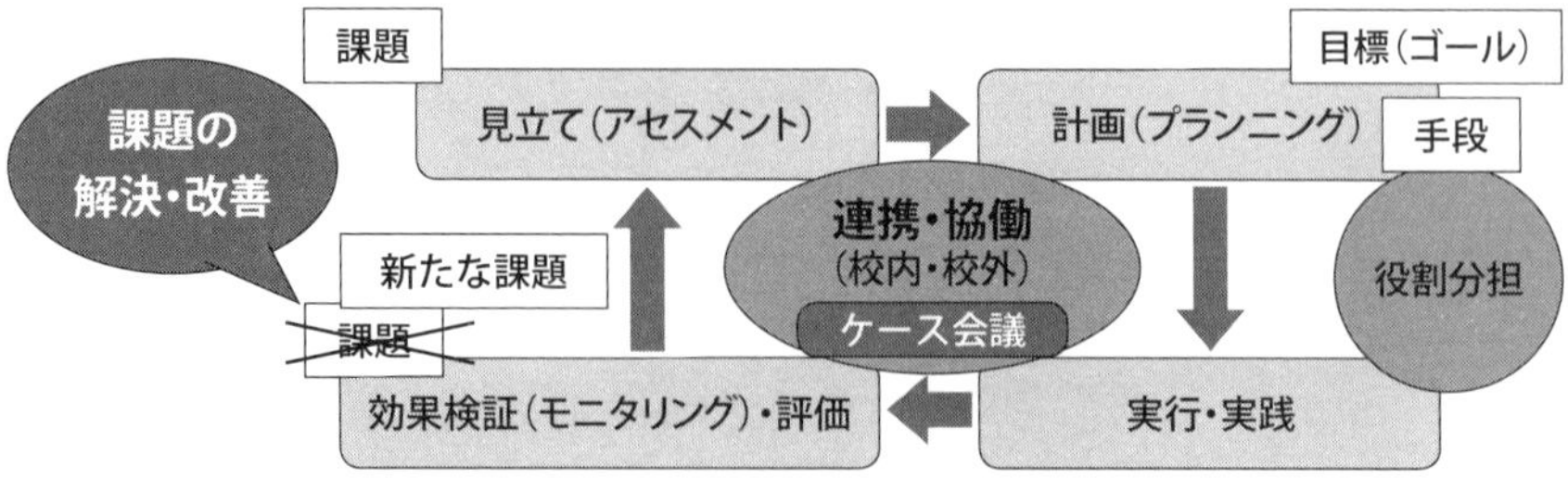

課題と目標（ゴール）をチームで共有し、役割分担のもとで計画を実行する

出典：横井葉子（2016a）「スクールソーシャルワーカーの仕事と校内体制」36頁、横井葉子（2016b）「スクールソーシャルワーカーの視点でとらえたフリースクール」50頁から一部改変して転載。

図4　連携・協働による組織的・計画的な個別支援のサイクル

個別的な支援のマネジメント

Aさんの事例において、校内および関係機関との間での「コーディネート」や「マネジメント」が必要になると述べた。また、早期対応では「チームでの個別支援」に切り替えることが必要だと述べた。これは、具体的にはどのようなことだろうか【注19】。

図4に「チームでの個別支援」のプロセスを示した。①まず、校内で「ケース会議」と呼ばれる会議（少人数でよい）を用いて情報を整理し、最優先に取り組むべき課題を絞り込む（アセスメント）。②次に、課題が短期的にどのような状態に変化すればよいか（目標＝ゴール）を言葉にして共有し、③目標に近づくための手段を考え、「いつまでに、誰が」実行するのか支援計画（プラン）を立てる（プランニング）。課題と目標は、子どもや保護者が実際に困っていることを把握し、その意向を反映させて設定する必要がある。こうした「個別支援計画」は本来、当事者とともにつくり、当事者からの承認を受けて実施すべきものである。④実行の段階では、計画が予定通り実行できているかどうか、実行したことで目標に近づいているかどうかを検証する（モニタリング）。この段階でうまくいっていない場合はアセスメントに戻

り、より多角的な詳しい情報を加えて課題と目標を設定し直す必要がある。実効性のあるプランを描くためには、事実に基づく正確で深い、教職員の気づきを伴うようなアセスメントが必要なのである。⑤設定した期限が来たら関係者で取り組みを振り返り、達成できたことと残った課題を整理する（評価）。この時期と方法（たとえば次回のケース会議の日程）について関係者で合意形成をしておくと計画が立ち消えになるのを防ぐことができる。これらの活動は、校内の教職員同士で、あるいは関係機関の人を加えて連携し、要所でケース会議（3～5人ぐらいの少人数で十分な場合が多い）を持って状況を共有し、意思決定しながら行う。

これはプラン（Plan）－ドゥー（Do）－チェック（Check）－アクション（Action）の過程をくり返す、マネジメント（経営）のサイクルである。学校経営や学級経営と同様、個別的な子ども・保護者等の支援においてもマネジメントが必要なのである。子どもの背景にある課題は、単に家庭訪問や面談などをくり返すことでは容易に解決しない。しかし、多角的な視点で精度の高いアセスメントを行い、関係者が知恵をしぼって短期間に達成可能で具体的な目標を描いて共有し（できれば長期目標も描いておきたい）、目標に沿った手段を洗い出してコーディネートし、合意と役割分担のもとで実行し、その進捗を会議などを使って共同で管理することによって、ひとつひとつの課題を少しずつ改善していくことができる。悪循環から破たんに向かう経路を逆転させ、わずかずつでも良い循環に転じるためには、そうした地道な取り組みを当事者とともに組織的・計画的に継続するほかない。

では、スクールソーシャルワーカーはこのプロセスにどう関わるのか。そもそも、これは「ケースマネジメント」と呼ばれ、多くの福祉制度で用いられる技法である。社会福祉士や精神保健福祉士は、その実務である「個別支援計画の作成」ができるように養成される。したがって、『生徒指導提要』（文部科学省 2010, p.120）は、「学校は、スクールソーシャルワーカーを活用し、児童生徒のさまざまな情報を整理統合し、アセスメント、プランニングをしたうえで、教職員がチームで問題を抱えた児童生徒の支援をすることが重要」であり、「教職員にスクールソーシャルワーク的な視点や手法を獲得させ、それらを学校現場に定着させることも同様に重要」と説いている。個別支援のプロセスの中でも、とりわけ「アセスメント」から「計画」（プラン）に持ち込むところ（特に短期目標の設定）が難しいということであろう。アセスメントには、職種を問わず、知識を得ることと経験することの「往復運動」の積み重ね、そして「場数」（すなわち試行錯誤）が必要なのである。実際、熟練したスクールソーシャルワーカーに対しては、学校からアセスメントを伴うケース会議への参加要請が多くなる。

以上からわかるように、スクールソーシャルワーカーは、単に関係機関に子どもや保護者を紹介したり、申し送ったりするだけでは機能しない。学校の教職員のチームによる具体的で計画的な取り組みに参画することをベースに、そこで掲げられた支援目標と関係機関による支援目標を一致させるべく両者の間で調整を行い、どの機関が全体のマネージャー役を担えばチームが最も課題に即した機能を発揮できるかを見極め、学校のコーディネーター役の教員と関係機関の職員のそれぞれに働きかけて課題解決のための組織編成を促進するといった、網の目を結ぶような働きがスクールソーシャルワーカーには求められるのである。

地域の仕組みづくり

組織的・計画的な支援は、学校内の仕組みづくりにとどまらない。スクールソーシャルワーカーが対象とする「環境」には、市区町村単位の仕組みも含まれる。本書の第10章に掲載された静岡市の実践は、その例である。そこからもわかるように、これには教育行政や市区町村が担う役割が大きい。地域創生の政策動向のもと、学校は地域とビジョンを共有し、連携・協働することを求められている【注20】。そうした中、スクールソーシャルワーカーを単に困窮者の直接的支援に充てるのではなく、政策的な意図を持った仕組みの中に位置づけ、その効果を検証し続ける姿勢が学校設置者である市区町村の教育委員会に求められる【注21】。

4 進む体制の整備

「チームとしての学校」

２０１５年12月21日、中央教育審議会の「チームとしての学校の在り方と今後の改善方策について（答申）」が文部科学大臣に提出された。この答申は、「学校が教育課程の改善等を実現し、複雑化・多様化した課題を解決」するための「チームとしての学校」を作り上げること、その実現のために、必要な教職員の配置とともに、「①専門性に基づくチーム体制の構築」「②学校のマネジメント機能の強化」「③教員一人一人が力を発揮できる環境の整備」の3つの視点から「学校のマネジメントモデルの転換を図っていくことが必要」と提言した。①の中では、スクールソーシャルワーカーについて国に「学校等において必要とされる標準的な職として、職務内容等を法令上明確化すること」「配置の拡充、質の確保」「将来的には学校教育法等において正規の職員として規定するとともに、義務標準法において教職員定数として算定し、国庫負担の対象とすること」などの検討が提言されている。文部科学大臣は、２０１６年1月に、この答申の内容を反映させた「『次世代の学校・地域』創生プラン～学校と地域の一体改革による地域創生～」を公表し、２０２０年までの5年間の改革の工程表を示した。これを受けて職務内容の明確化に向けた有識者会議が設置され、２０１７年1月、「児童生徒の教育相談の充実につスクールソーシャルワーカーは、ソーシャルワークの価値・知識・技術を基盤とする福祉の専門性を有する者として、不登校、いじめや暴力行為等問題行動、子供の貧困、児童虐待等の課題を抱える児童生徒の修学支援、健全育成、自己実現を図るため、児童生徒のニーズを把握し、関係機関との連携を通じた支援を展開するとともに、保護者への支援、学校への働き掛け及び自治体の体制整備への働き掛けに従事すること。

具体的なスクールソーシャルワーカーの職務は、次のものが考えられること。（後略）

出典：文部科学省「学校教育法施行規則の一部を改正する省令等の施行について（通知）」
28文科初等1747号 平成29年3月31日

図5 「局長通知」に記されたスクールソーシャルワーカーの職務内容（抜粋）

いて～学校の教育力を高める組織的な教育相談体制づくり～（報告）」と職務内容や効果的な活用体制が整理された「別紙2 SSWガイドライン（試案）」が公表された。さらに、2017年3月31日に「学校教育法施行規則の一部を改正する省令（平成29年文部科学省令第24号）」が公表され（平成29年4月1日施行）、「学校教育法施行規則」に第65条の3「スクールソーシャルワーカーは、小学校における児童の福祉に関する支援に従事する」（中学校、義務教育学校、高等学校、中等教育学校、特別支援学校にも準用）が新たに規定された。また、この省令の改正に伴い、初等中等教育局長名で「学校教育法施行規則の一部を改正する省令の施行等について（通知）28文科初第1747号平成29年3月31日」が出され、その中にスクールソーシャルワーカーの職務内容が詳しく記載された（図5）。以上により、スクールソーシャルワーカーは、学校の「職員」として法令に明記され、職務内容も明確化された。

不登校をめぐる体制整備

2016年12月14日、議員立法による「義務教育の段階における普通教育に相当する教育の機会の確保等に関する法律（法律第105号）」が公布された。不登校の子どもを含む、年齢、国籍を問わない教育機会確保を定めたこの法律は、子どもの貧困対策とも関連が深いものである。議員による法律制定の動きと並行して、文部科学省も2015年の1月から2つの有識者会議を設置し、不登校対策と長期間欠席する子どもへの教育機会確保について検討を重ねた。そして、この法の制定後、文部科学省は2017年3月31日に法に基づく「義務教育の段階における普通教育に相当する教育の機会の確保等に関する基本方針」を公表した。これは、フリースクールと教育委員会・学校の連携や夜間中学の設置促進等が盛り込まれた画期的なものであるが、ここでも不登校等の子どもへの「継続した組織的・計画的な支援」と「チーム学校体制」の整備が言われている。また、「スクールカウンセラーとスクールソーシャルワーカーは、学校における教育相談体制を支える専門スタッフの両輪」(p.6)として、その資質向上と配置拡充が言われている。

以上のような複数の大きな政策の流れが、「子どもの貧困対策大綱」が公表された2014年以降並行して動いている。これらを通じて、学校の場における子どもへの支援に関する考え方の浸透と体制整備が進められている。

課題としての人材確保

スクールソーシャルワーカー活用の大きな課題として、①財源、②人材確保があげられる。どちらも困難な課題であるが、以上に述べたさまざまな答申や通知などの文書においてくりかえし指摘されているのは、②のほうである。スクールソーシャルワーカーには、これまでに述べたような高い専門性が求められるため、充実した養成課程と現場での再教育が不可欠である。日本ソーシャルワーク教育学校連盟が認定するスクールソーシャルワーカーの養成課程が全国各地にあるが、その数は48(2017年4月1日現在)【注22】と不足している。また、スクールソーシャルワーカーへの指導・助言を担うスーパーバイザーの増員を国は予算化しているが、人材は限られている。今後は養成の仕組みの充実とともに、指導者の養成がいっそう重要になるだろう。支援技術についてもいっそうの理論化が必要である。国がスクールソーシャルワーカーを法令に位置づけ、職務内容を明確化した今、スクールソーシャルワーカーは質が問われる段階に入った。どのようにして地域が抱える課題に即応する人材を育てられるか。今後、地域ごとにそれが追求されなければならない。スクールソーシャルワーカーが貧困の問題に対して効果を持つかどうかは、地域の教育行政、養成校、職能団体、そしてスクールソーシャルワーカー自身による今後の仕組みづくりにかかっている。

引用・参考文献

阿部彩（2014）『子どもの貧困Ⅱ――解決策を考える』岩波新書

岩田美香（2015）「学校から子どもの貧困を問い直す」鈴木庸裕編著『スクールソーシャルワーカーの学校理解』ミネルヴァ書房、25〜37頁

岩永靖（2016）「特別支援教育とスクールソーシャルワーク」山野則子・野田正人・半羽利美佳編著『よくわかるスクールソーシャルワーク』ミネルヴァ書房、146〜149頁

岩崎久志（2014）『教育臨床への学校ソーシャルワーク導入に関する研究 増補版』風間書房

閣議決定（2014）「子供の貧困対策に関する大綱」

閣議決定（2016）「ニッポン一億総活躍プラン」

文部科学省（2010）『生徒指導提要』教育図書

文部科学省国立教育政策研究所 生徒指導・進路指導研究センター（2012）『不登校・長期欠席を減らそうとしている教育委員会に役立つ施策に関するQ＆A』

文部科学省中央教育審議会（2015）「チームとしての学校の在り方と今後の改善方策について（答申）平成27年12月21日」

文部科学省中央教育審議会（2015）「新しい時代の教育や地域創生の実現に向けた学校と地域の連携・協働の在り方と

今後の推進方策について（答申）平成27年12月21日」
文部科学省初等中等教育局児童生徒課（2015）「学校における教育相談に関する資料　平成27年12月27日」（http://www.mext.go.jp/b_menu/shingi/chousa/shotou/120/gijiroku/_icsFiles/afieldfile/2016/02/12/1366025_07_1.pdf 2017.7.25.）
文部科学大臣決定（2016）『次世代の学校・地域』創生プラン～学校と地域の一体改革による地域創生～　平成28年1月25日」
文部科学省（2016）「スクールソーシャルワーカー活用事業実施要領　平成25年4月1日初等中等教育局長決定　平成28年4月1日一部改正」
文部科学省（2017a）「文部科学省における平成29年度児童虐待防止対策関連予算案について」平成29年2月7日　第3回児童虐待防止対策に関する関係府省庁連絡会議幹事会資料
文部科学省教育相談等に関する調査協力者会議（2017b）「児童生徒の教育相談の充実について～学校の教育力を高める組織的な教育相談体制づくり～（報告）平成29年1月」
文部科学省（2017c）「学校教育法施行規則の一部を改正する省令（平成29年文部科学省令第24号）平成29年3月31日」
文部科学省初等中等教育局長（2017d）「学校教育法施行規則の一部を改正する省令の施行等について（通知）28文科初第1747号　平成29年3月31日」
文部科学省（2017e）「義務教育の段階における普通教育に相当する教育の機会の確保等に関する基本指針　平成29年3月31日」
文部科学省（2017f）「いじめの防止等のための基本的な方針（文部科学大臣決定平成25年10月11日　最終改正平成29年3月31日）」
内閣府（2015）「ひとり親家庭・多子世帯等自立応援プロジェクト（施策の方向性）」第3回　子どもの貧困対策会議資料
日本学校ソーシャルワーク学会（2016）『学校ソーシャルワーク研究（報告書）――全国におけるスクールソーシャルワーカー事業の実態に関する調査報告』
岡本泰弘（2009）『スクールソーシャルワーカー活用事業』今後の展開について」『月刊生徒指導』２００９年５月号、学事出版、6～9頁
佐々木正美（2009）「学童期における精神保健」日本精神保健福祉士養成校協会編『新・精神保健福祉士養成講座2　精神保健学』31～36頁
スクールソーシャルワーク評価支援研究所（所長・山野則子）編（2016）『すべての子どもたちを包括する支援システ

ム――エビデンスに基づく実践推進自治体報告と学際的視点から考える』せせらぎ出版
田中哲（2013）『発達障害とその子「らしさ」――児童精神科医が出会った子どもたち』いのちのことば社フォレストブックス
田中哲（2016）『〝育つ〟こと、〝育てる〟こと――子どもの心に寄り添って』いのちのことば社フォレストブックス
山野則子（2016）「平成27年度 家庭教育の総合的推進に関する調査研究――訪問型家庭教育支援手法について」『文部科学省委託調査 家庭教育の総合的推進に関する調査研究報告書』
横井葉子（2016a）「スクールソーシャルワーカーの仕事と校内体制」『新教育課程ライブラリ Vol.6――「チーム学校」によるこれからの学校経営』ぎょうせい、34～37頁
横井葉子（2016b）「スクールソーシャルワーカーの視点でとらえたフリースクール」『教育と医学』64巻7号、慶應義塾大学出版会、48～53頁
横浜市教育委員会（2012）「子どもの社会的スキル横浜プログラム」（http://www.city.yokohama.lg.jp/kyoiku/plan-hoshin/skill.html 2017.5.31.）

注

1 本段落は、拙著（横井 2016a, p.34）からの引用に一部加筆したものである。

2 スクールソーシャルワーカーは、市区町村立の小中学校のほかに、私立の小中学校、高等学校、特別支援学校、大学等の学校にも配置されている実態があるが、本書の構成から、本章では義務教育期の教育支援に焦点をあて、市区町村立の小中学校におけるスクールソーシャルワーカー活用に絞って論じることとする。本章では扱わないが、高等学校や特別支援学校などに通う子どもの福祉的課題への対応の仕組みも重要である。本書の第12章で報告されている都立高校へのユースソーシャルワーカー派遣事業はその例である。また、就学前の段階におけるソーシャルワークの必要性が本書の第2章で論じられている。

3 本事例は、筆者が臨床経験に基づき、どの文献も参照せず想像によって書いたものであるが、典型的な例を想定したため、実在の事例や実践報告、教材として編集された事例と類似する点があろう。

4 本事例ではリーマン・ショックを機に経済的困窮に陥る家族を想定して書いたが、「『子どもの貧困』は決して、リーマン・ショック以降の『新しい』社会問題ではない」（阿部 2014, p.7）との指摘がある。

5 文部科学省は毎年度、「児童生徒の問題行動等生徒指導上の諸問題に関する調査」で年度間に30日以上欠席した児

童生徒数を長期欠席・不登校の統計として公表している。その中で「不登校」は、「何らかの心理的・情緒的、身体的、あるいは社会的要因・背景により、児童生徒が登校しないあるいはしたくともできない状況にある者（ただし、『病気』や『経済的理由』による者を除く）」と定義されている。従来は「欠席理由が２つ以上あり、主たる理由が特定できない者」については「その他」にカウントされ、複合的な要因による不登校の実態が明らかにならない課題があったが、２０１５年度の調査からは「その他」の内訳に「うち、『不登校』の要因を含んでいる者」の項目が加えられ、「不登校」を含む「長期欠席」の数値が報告されるようになった。

6 文部科学省国立教育政策研究所（2012）は、年間30日以上欠席する状態になってから対応策をとるのではなく、市区町村ごとに欠席日数全体を視野に入れて「長期欠席」をとらえ、「未然防止」と「初期対応」によって「新たな不登校を生まない」ことの必要性を説いている。

7 特別支援教育コーディネーターは、２００６年の「学校教育法等の一部を改正する法律」による「特別支援教育のスタートにともない、体制整備の一環として校務分掌に位置づけられた。校内の特別支援教育の推進と、校内および関係機関との連絡調整の役割を担っている」（岩永 2016, p.147）。

8 山野（2016, p.1）によれば、文部科学省は家庭教育支援として２００８年に「地域における家庭教育支援基盤形成事業」の中で家庭教育支援チームを設置し、「学習機会や相談対応、訪問型支援を行う取り組みを開始」している。家庭教育支援チーム数は、２０１５年度は５３２チームで増加傾向にある。市町村によっては、スクールソーシャルワーカーが訪問型家庭教育支援員を担っていたり、家庭教育支援チームのリーダーをスクールソーシャルワーカーが担っていたりする例もあるという（山野 2016, p.41-42）。

9 表1に記載した「法テラス（日本司法支援センター）」については、法テラスのホームページを参照。http://www.houterasu.or.jp/index.html?utm_source=Google&utm_medium=search&utm_campaign=Google_search 2017.5.31.

10 子どもの貧困において、福祉の制度は万全ではない。日本では、税金や社会保険料の支払いや年金等の現金給付を受け取る前（政府による再分配の前）とその後（再分配の後）をくらべると、再分配後の子どもの貧困率のほうが再分配前より高いという「逆転現象」がかねてから問題となっており、現在でも「公的年金の給付を抜いたら、依然として、子どもの貧困率の逆転現象は起こっている」と阿部（2014, p.154）が指摘している。

11 「児童の権利に関する条約」第3条「子どもの最善の利益」の日本ユニセフ協会抄訳を参照した（日本ユニセフ協会ホームページ：http://www.unicef.or.jp/kodomo/kenri/syo1-8.htm. 2017.5.30.）。

12 国際ソーシャルワーカー連盟総会および国際ソーシャルワーク学校連盟「ソーシャルワーク専門職のグローバル定義」２０１４年7月メルボルンにおける総会にて採択。（http://cdn.ifsw.org/assets/ifsw_64633-3.pdf 2017.4.3.）より引用。

13 この法律に基づく「いじめの防止等のための基本的な方針（文部科学大臣決定平成25年10月11日 最終改定平成29年3月14日）」（p.26）には、「心理や福祉の専門家であるスクールカウンセラー・スクールソーシャルワーカー」と職種名が明記されている。

14 配置人数と予算額の推移、保有資格については文部科学省（2015）を参照のこと。

15 岩田（2015, p.34）は、「最近ではスクールソーシャルワーカーへの注目とともに、この『つなぐ』という言葉が肥大化してひとり歩きしているようにも思われる」と警告し、「それぞれの現象を貫く背景も含めた見立て」の重要性を指摘している。

16 「ひとり親家庭・多子世帯等自立応援プロジェクト」に掲げられた平成31年度末までの目標には、スクールソーシャルワーカーの拡充だけでなく、スクールカウンセラーの全公立小中学校（２万７５００校）への配置、家庭教育支援チーム数等の増加（２８３チーム）が盛り込まれている。

17 文部科学省国立教育政策研究所 生徒指導・進路指導研究センター（2012, p.8）は、前年度までの出欠状況の記録（たとえば前年度欠席が30日以上）から今年度も休む可能性が高い子どもを抽出し、休み始めたら即、対応チームを発足させ、個別の支援を開始する「初期対応」の重要性を説いている。

18 横浜市教育委員会が開発した「子どもの社会的スキル横浜プログラム」。「子どもたちがいじめ問題や日常生活の様々な問題を自らの力で解決できるよう年齢相応の社会的スキルを育成することを目的に開発した〈指導プログラム〉と、学級や個人の社会的スキルの育成の状況を把握し、改善の方法を探る〈Ｙ－Ｐアセスメント〉から構成されて」いる（横浜市教育委員会 2012）。

19 本項の内容は、拙著（横井 2016a, p.35-36）からの引用に加筆したものである。

20 「新しい時代の教育や地域創生の実現に向けた学校と地域の連携・協働の在り方と今後の推進方策について（答申）」（中央教育審議会 平成27年12月21日）を参照（http://www.mext.go.jp/b_menu/shingi/chukyo/chukyo0/toushin/1365761.htm 2017.6.1.）。

21 スクールソーシャルワーカーの事業を地域の実情に応じてデザインした実践例や「学校プラットフォーム」をどのようにとらえるかについてはスクールソーシャルワーク評価支援研究所（2016）参照。

22 ソーシャルワーク教育学校連盟ホームページ「スクール（学校）ソーシャルワーク教育課程認定事業 認定課程設置校一覧（平成29年4月現在）」に記載された大学・専門学校の数（http://www.jascsw.jp/ssw/20170401_ssw_school_list.pdf）。

第5章

ケアする学校教育への挑戦

——排除に抗するカリキュラム・マネジメント

柏木智子（立命館大学）

「じゃ、5分だけ、公園で遊んでいいよ！」子どもたちは、ダッシュで走り始め、とても楽しそうにブランコをこぐ。男女とも仲良く、みなで交代してブランコをこぎ、誰が一番高くこげるか、誰が一番遠くまでとべるか、短い時間を目一杯楽しんでいる。その中でもひときわ目立って楽しそうに遊んでいるのは、担任の佐藤先生である。「いくよー」「一緒にこごう！」子どもたちは小学校6年生であるが、佐藤先生と気心の知れた仲間のように戯れている。

1　学校における排除の文化とケアする学校

学校は、子どもの貧困対策の「プラットフォーム」として位置づけられ、その解決にあたることが期待されている。そして、多くの学校が地域の拠点となって貧困問題に取り組み、子どもへの支援を実施しつつある。もちろん、これまでも、学校はさまざまな不利や困難を抱える子どもに対してできるかぎりの支援をしてきた。

しかしながら、学校には子どもの抱える問題や困難を見えにくくし、いつの間にかそうした子どもを排除してしまう文化や仕組みがあると指摘されている。末冨（2016）は、それらについて、①教員中心主義・指導万能主義による子どもの多様な背景やあり方への理解不足、②平面的平等観にもとづく指導・資源配分による画一的、硬直的学校組織、③点数学力の重視による子どもの学級不適応の促進の3点から説明する。子どもの貧困が今ほど問題視されていない時代に、生活困難層の青年の学校不適応の様相について調査した久冨ら（1993）は、教師が子どもを平等に扱うがゆえに、階層格差や生活困難を意図的に「ないもの」として対処しようとし、子どもの経験している生活困難や不幸の重なり、保護者の願い等がヴェール一重で隠され、教師に見えていない点を問題視した。西田（2012, pp.193-194）も、構造的背景からではあるが【注1】、「貧困・生活不安定層の子どもたちに必要なサポートを提供せず、教室場面では疎外的な経験を強い、早期に学校から離れて行くことを放置する、あるいは押し出す存在としての、教師の姿」を排除する学校・教師として描く。

これらから、日本の学校は、基本的に排除の文化を生成する仕組みを有していることがわかる。そのため、子どもの貧困問題に対処するためには、排除の文化に陥りがちな学校の仕組みを変えることが求められる。先に述べた①と②に対しては、学校が学内・学外においてさまざまな専門家や諸組織、地域諸団体と連携・協働しながら、子ども一人ひとりの差異を承認し、異なる処遇を通して教育の質を高めていく方向性が期待される。その際に求められるのは、③に対する方策としての、学校や学級の受容的・共感的態度や雰囲気の創造であろう。

学校・学級適応感に関するこれまでの研究では、当該児童・生徒と教師や友人との関係を学校・学級適応感の下位要因とするものが多く（たとえば、石田 2009、樋掛・内山 2011）、関係性における満足感や帰属感と学習への積極性が測定されてきた。その中で、本稿にとって重要なのは、「先生のそばにいると、なんだか温かいように思う」「組の友だちが困っていると、助けようと思う」という項目で示されるような、学校あるいはクラス内での人と人とのかかわりにおける温かさや安心感、相互支援、居心地のよさが学校・学級適応感の下位要因の尺度構成に含まれており（浜名・松本 1993）、そうした学級適応感の高まりが学習意欲の向上に結びつく点である（真田ら 2014）。さらに、露口（2016, pp.21-23）では、子どもの学力や学習意欲が、家庭環境のもたらす影響よりも、児童相互のつながりや教師と児童達のつながり（友人紐帯や授業適応感）によって直接規定される結果が明らかにされている。これらから、学校・学級適応感が子どもにとって、特に困難を抱える子どもにとって重要であるのがわかる。子どもの学級適応感を高めるのは、被受容感であり（真田ら 2014）、それは教師の受容的・共感的態度によって高められることが実験的に明らかにされている（浜名・松本 1993）。

自分が受け入れられている、大切にされていると感じる被受容感は、自己肯定感の向上にもつながる。自己肯定感は、子どもが貧困に負けない力をつけるために重要であるとされ、そこに焦点をあてた取り組みの必要性が指摘されている（矢野 2016）。自己肯定感には、他者から好かれることや承認される点を重視する側面があり、それを高めるためには、自分のことを理解し、ほめてくれる親や教師の存在が重要とされる。大阪の同和教育の課題と自尊感情について論究した池田は、それを「包み込まれ感覚」と表現している（池田 2000, p.31）。自分の身近にいる人が自分を温かく包み込んでくれている、自分を愛してくれているなどの気持ちとされる。子どもの自己肯定感を高めるためにも、教員の受容的・共感的態度をいかに形成し、それを子どもが感じられるために、いかに取り組んでいくのかが求められる。

こうした取り組みは、一人ひとりの子どもをケアする学校文化の創造（柏木・仲田 2017, pp.17–20）へとつながる。ケアする学校を提唱するマーティン（2007, p.59）は、学校に家庭の道徳的等価物としての役割が求められているとする。たとえば、金井（2010）は、児童相談所サイドの意見として、学校には多様な問題を抱える子どもの生活を支える場としての役割があるとする。それは、子どもが家庭の問題を持ち込み、甘えたり問題行動を起こしたりする子どもの居場所になることを含むものとされる。

ケアは、個人を基軸とする概念であり、最も重視されるのは一人ひとりのウェルビーイング（幸福）である。それゆえ、ケアする学校とは、子ども一人ひとりのウェルビーイングを目標に、それぞれの「生」を支える総合的な働きかけや発達保障に取り組む学校と定義づけられる【注2】。それは、これまでの日本の学校の単位の原則に変更をせまるものである。つまり、学校集団を基準とする教育から個人を単位とする教育への変換を要請するものなのである。苅谷（2006, p.278）の言葉を借りるなら、「差異を前提に、異なる処遇を行なうことで教育の平等を実現しよう」とするものとなる。加えて、ケアする学校では、人格形成や社会化の基盤となる家庭的な安心や安らぎをも与えることが期待されているといえる。それは、プラットフォームとしての学校の重要な役割である「学校生活への包摂」（阿部 2014, pp.202-206）を可能とさせるものである。

2 ケアする学校づくりとそのための視点

貧困問題を考えるうえで重要なのは、自己責任を問うのではなく、貧困問題を生み出した社会構造や社会のありようを問う視点である。それは、社会的剝奪や社会的排除といった言葉で示される。社会的剝奪は、社会で標準になっているような生活習慣の下で暮らしていくことが奪われているかどうかに注目するもので、食事の内容、衣類、耐久消費財の保有といった物的・文化的側面に加え、友人たちとのつきあい、社会活動への参加といった社会関係的側面における貧困の影響にも目を向けるものである（岩田 2007, p.42）。その中でも、社会的排除は、後者に焦点をあてる「人と人、人と社会との『関係』に着目した概念」（阿部 2011, p.93）である。金銭的・物品的な資源の不足をきっかけに、社会における仕組み（たとえば、社会保険や町内会など）から脱落し、人間関係が希薄になり、社会の中心から、外へ外へと追い出され、社会の周縁に押しやられる事態を意味する。社会的排除の帰結として、安心感や自尊心、希望、存在価値を失い、精神的な安定が得られない点が問題とされる。社会的排除は「低い生活水準にされた状態」（阿部 2011, p.124）を示し、問題が社会の側にあると理解しようとする。両概念に共通するのは「奪われる」という視点であり、社会の責任を問い、その対策を社会に求める姿勢である。

社会的剥奪と社会的排除を、学校という枠組みの中で位置づけなおすと、学校で標準になっているような生活慣習の下で過ごしていくことが奪われている「学校的剥奪」と学校での諸活動に参加できない「学校的排除」の状態が見いだされる。これらが、先に述べた排除の文化と一致する。学校的排除は、関係性の中で生じるものであり、ヴェールで覆われて見えにくい。排除の文化をなくし、ケアする文化を形成するためには、社会的剥奪ならぬ学校的剥奪の視点を持つことが有効なのではないだろうか。それは、剥奪状態を、物的側面、知識や規範や生活様式などの文化的側面、活動や関係性への参加の側面の3セットから考える視点である。

モノと文化と参加の剥奪状況をいかに把握し、それにどう対処しようとしているのか。そこに排除の学校文化を乗り越え、ケアする学校づくりのポイントがあると思われる。その際に必要なのが「子どもの背景」を捉えようとする姿勢である。西田（2012, pp.258）は、学校・教師が守備範囲を拡大し、親や家庭の問題に正面から取り組むことを求める。守備範囲の拡大とは、親や家庭の問題にかかわれない、かかわるべきではないという教員の意識を取り払うことを意味する。それは、家庭での子ども、地域での子ども、学校での子どもといったように、子どもを場所や空間で区切って見るのではなく、時間的・空間的に連続した統合体として子どもを見ようとするものである。

子どもが学校にノートを持ってこない場合、通常、忘れ物をしたと処理される。それは、学校の中だけの姿である。ノートを忘れたのは、昨日、母親の帰宅が遅くて準備をできなかったためかもしれない、そして昨日の夕方にはご飯の買い出しに行き、公園で兄弟の面倒を見ている姿があるのかもしれない。家庭の中での子どもの姿、地域で見られた子どもの姿を合わせると、「忘れ物をした」と断定することはできないし、ましてや「なんで忘れ物をするの」と怒ることもできない。子どもの背景を捉えられれば、「ノートを持ってきたくても持ってこれなかった」と推察でき、昨日の子どもの状況に対して「がんばったね」という言葉が添えられるかもしれない。実際に、下野新聞子どもの希望取材班（2015）では、母親の遅い帰宅と不安で勉強が手につかず、眠ることもできない子どもの姿が描かれている。こうした背景が考慮されず、単に忘れ物をしたとしてのみ処理され、そこに自己責任としての対応が求められるならば、子どもはノートがない状態（モノの剝奪）で、それを持ってくる習慣やルールを身に付けるための方法を見つけられないまま（文化の剝奪）、結局学習に参加できずに、クラスでは居心地の悪い状況で過ごさなければならない（参加の剝奪）。

本章では、こうした学校的剝奪を克服してケアする文化を創り上げた学校を紹介する。その取り組みからケアする学校づくりのための契機を見いだそうと思う。具体的にはケアの組織的展開を可能とする「子どもの背景」の捉え方と問題対処の方法、それを支える学校の仕組みについて提示する。これらは、教員がいかに子どもの被受容感や自己肯定感を高め、一人ひとりのケアを行おうとしているのかを示すものでもある。本章では、学校づくりを学校経営の視点から捉え（小島 2016, pp.7–39）、その中でもカリキュラム・マネジメントとしてのカリキュラム開発とその実施、およびそのための条件整備活動に着目し、ケアする学校づくりの一端を明らかにする。

3 調査対象校の概要

D小学校の地域的・家庭的背景

D小学校は、大正時代に尋常小学校として創立され、201X年に閉校となった歴史ある小学校である。校区に日雇い労働者の集住するT地区を有し、日雇い労働者のための簡易宿泊（ドヤ）・寄せ場が多数ある。しかしながら、近年では、日雇い労働者の減少や居住形態の変化により、かつてドヤ街と呼ばれていた地域の姿は変わりつつある。日本に中長期滞在を予定する外国からの客やバックパッカーのような旅行を好む人びとが、1泊2000〜3000円という比較的安価な値段での宿泊を提供している簡易宿泊所に寝泊まりするようになり、外国からの宿泊客に人気のスポットとなっている。実際にD小校区周辺を歩くと、多くの外国人客に会う。D小校区がこうした変貌をとげつつある主要な要因として、その利便性と地域美化や治安の向上に関する施策導入がある。ただし、依然として厳しい現実がそこにはある。さまざまな対策が打たれてはいるが、日雇いとして雇われなかったおじさんたちは日中から校区を歩き回っている。あるいは、学校周辺の花壇の横に座っている。また、そうしたおじさんたちが毎日の食料にも事欠いている様子がありありとわかる。野宿者も少なくはない。子どもたちはそうした中を歩いて登下校する。

子どもたち自身の環境も同様である。D小学校の生活保護率は6割、就学援助率は7割を超えていた。閉校年度の児童総数は48人で、1学年3人という学年もあった。一方、教員数は他校と同様に確保されており、管理職を含めて計14人配置されていた。単純に計算すると、教員1人あたりの児童数は3・4人となる。

調査の方法

D小学校の地域学習とキャリア学習の時間を参与観察した。D小では、総合的な学習の時間を主軸に、特別活動、社会、国語、英語の時間を用いて、地域学習とキャリア学習の教科横断的なカリキュラム作成に取り組んでおり、子どもたちが学内外で体験的な学習ができるように計画されていた。筆者がD小学校で調査を開始したのは、閉校直前の1年間であり、計17回訪問し、半日あるいは1日学校にいて、複数の学年をまたいでの調査を行った。調査対象の学年は、3・4・5・6年である。

その他、教職員へのインタビュー、地域住民へのインタビューを実施した。また、配付文書や子どもの学習記録等を収集した。それらを分析対象とする。なお、下記の分析では、紙幅の都合上、3・4・5年生の学習活動について述べる。また、会話等を省略するときは「…（略）…」、会話等に補足説明を加えるときは（＊）を表記する。

4　201X年度D小学校の総合的な学習——地域学習とキャリア学習

子どもたちの抱える問題と学習の目標

D小学校の子どもたちが抱える問題には、2つの背景がある。1つは厳しい家庭背景である。経済的な側面だけではなく、保護者が十分に子どもの育ちを支援できないがゆえの問題が発生する。たとえば、朝起きて学校に来ることが難しい、家で宿題をできる環境が少ない、持ち物を持ってくるのが難しい、洗濯した衣服を着るのが当たり前ではないといったものである。

もう1つは厳しい地域背景である。先に述べたように、D小校区にはT地区があり、日雇い労働者が多く、差別や偏見の目で見られる場合も少なくない。そのため、当時校長であった田中先生（以下、氏名は仮名）によると、子どもたちが自分の生活圏としての地域を誇りに感じられず、卒業生であっても出身地を堂々と言えないという問題が見られていたという。ところが、同じD小学校区内にあっても、子どもたちの居住区は、T地区から少し離れた住宅地にある場合が多く、大人も子どもも「T地区を知らない。T地区に足を踏み入れたことがない大人っていうのは結構たくさんいらっしゃいます」と田中校長は話す。つまり、子どもたちも保護者も、日雇い労働者の街としてのイメージの強いT地区をそれほど知らないにもかかわらず、世間が偏見とともに捉えるその否定的なイメージを自己の出身地のものとして内面化し、誇りを持てないという状況に陥っていたといえる。

このように、D小に在籍する多くの子どもが有する問題は、家庭および地域背景の厳しい中で、自分や地域を誇りに思えないことだと田中校長は指摘する。加えて、家庭背景と地域背景の双方にかかわり、田中校長先生は次のように話す。

田中校長：子どもにとって、保護者が働いていないというのはとてもしんどい。労働や職を身近に感じられないですし、将来の展望が持てない。周りを見ても福祉のおっちゃんがいてて、働くのが目に見えないし、感じられないんです。働くのが想像できないんです。

このような問題をふまえて、D小学校では、地域学習とキャリア学習を組み合わせた総合的な学習に取り組んできた。地域学習に限っては、D小で15年以上の勤務経験がある前校長の藤井先生によると、そのルーツは1983年にさかのぼる。それが少しずつ工夫され改善され現在の形に至ったという。

田中校長：（どちらの学習も）根っこは同じところにあって。子どもが出身地を隠すのではなく、胸をはってここと言えるところにするために、地域学習は、この地域を正しく知ろう。子どもにとっての地域…このまちにあるもの、ここをどうしていくか将来についての調査もする。前向きな理解をさせたい。…働くっていうことをしっかりとさせたい…体験的な活動を通したうえで、その人々の努力みたいなものに触れさせられたら。

D小では、「子どもの背景」を家庭と地域から捉えたうえで、地域への肯定感（以下、地域肯定感）も自己肯定感も低い中で、将来の展望をなかなか持てずにいる子どもたちの問題状況を課題とし、それに対して学習活動を通じてアプローチしていったといえる。それは、子どもたちが地域に誇りを持ち、自分に自信を持って、将来社会を創る担い手となることを目標とするものであった。次項からはその具体的内容について触れていく。

3年生：「考えよう、わたしたちのまちⅠ」～地域の施設の見学を通して～

3年生では、D小学校に最も近い施設である「T地区総合センター」【注3】について学ぶ。単元目標の1つめは、地域に住む日雇い労働者の生活や様子についての理解と、地域に対する関心を深めることであり、2つめは見学のまとめ作業を通じての情報を整理する力と発表を通しての表現力を高めることである。201X年度は、6月にセンター訪問を実施し、7～10月にかけてその内容をまとめて壁新聞を作成した。そして11月に学習発表会が行われた。

「T地区総合センター」内には、主要な2つの施設がある。その1つが「労働福祉センター」であり、担当者の三木さんによって、センターが創られた歴史的経緯、日雇い労働者の厳しい日常生活、おかれている過酷な状況、かれらを支援するセンターの日々の業務等が説明される。歴史的経緯では、日雇い労働者を大量に生みだし、またそうした人々の生活を長年にわたり放置した社会構造と政策のあり方への批判とそれを是正するための運動がわかりやすく伝えられる。また、労働中のけがや病気の手当や保障があり、最低限の生活が保障されるべきことやそうした保障がない場合は訴えることも可能であるという基本的人権に関する内容も学習できる。施設側の応対は非常に丁寧で、慣れている様子がうかがえる。地域学習の取り組みを長年やってきたことによるものであろう。

子どもたちは、三木さんの話す内容を一生懸命メモしていた。しかしながら、3年生には少々難しい内容であるのと、学習支援の必要な子どもが半数近くいることから【注4】、メモをするのは相当な困難を伴うものであった。それでも、子どもたちからの質問は次々となされていた。

子ども：なぜT地区労働福祉センターっていう名前なんですか?

三木さん：（まず、T地区の場所を地図で説明したうえで）労働っていうのは、お仕事すること、働くことです。福祉っていう言葉の意味は、体が悪い人とか歳をとった人でも世の中のみんなが安心して生活できるようにすることです。

3年生担任：福祉っていうのはどんな人でも助けるっていうこと。

三木さん：ちょっと難しい話になってますが大丈夫ですか。それで、労働と福祉といいましたけど、労働福祉っていうのは、働く人たちが安心して安定して働き続けることができるようにしましょうということです。

子どもたちは、施設を見学し、そこで働く人の声を通して、労働や福祉の意味を理解していく。前節で働くことを理解できない子どもの課題について触れたが、それは机上の学習のみでは克服しにくい。教員以外の人びとの姿や声を通して、多様な体験を積みながら徐々に理解していくものであろう。同時に、福祉についての理解も深めている。家庭が福祉に頼らざるを得ない状況にあるが、子どもたちはそれが何なのか、どういった意味を持つのかはわかっていなかった。センター訪問後、11月の発表までの学習の中で、担任の先生が、三木さんの言葉をヒントに労働や福祉の言葉の意味をかみくだいて何度も説明していた。

もう1つの施設の「医療センター附属病院」見学後においても、担当職員の方からの説明に対して、子どもたちはたくさんの質問をした。そして、怪我や病気をすると収入が入らずに医療費を支払えなくなる日雇い労働者のための料金後払いシステムや、入院時に生活支援と就労支援を並行して実施する仕組みを整えるなど、地域で生きる人びとの実情に合わせたセンターの医療内容と福祉的機能について学んだ。

2つの施設見学後、子どもたちはそれぞれの施設について、新聞をつくり、発表を行った。そこでは、次のような感想が子どもたちから出された。以下、「子ども」は3人とも異なる子どもである。

子ども：僕たちが住んでいるまちには、労働福祉センターがあり、その役割を初めて知りました。…（略）…知らないことを知ることができて、とてもうれしかったです。

子ども：労働福祉センターでは、仕事を探している人がいました。中には、疲れて寝ている人もいます。階段の上にはパソコンや機械がある部屋があります。その中にいる人は（日雇い労働者の）仕事を探すために一生懸命がんばってかっこよかったです。

子ども：労働福祉センターが、…（略）…日雇い労働の人たちを救っているなんて知りませんでした。僕たちのまちを支えているのはすごいと思いました。

子どもたちが、困ったときには福祉で支えてもらう権利があること学びながら、一方で社会的弱者を生む社会構造にも目を向け、社会のあり方を変えてきた象徴としてのセンターの役割を知り、まちについて前向きな理解をし始めているのがわかる。それは、校区の施設で働く人びとに触れ、彼（女）らを通してその意義を聞いた経験によるものが大きいと思われる。

4年生：「考えよう、わたしたちのまちⅡ」～地域の施設の見学を通して～

4年生では、D小学校の近隣施設である「NPO：自転車リサイクルプラザ」「更正相談所」「ナイトシェルター」を見学する。単元目標は、次の2つからなる。1つめは、施設の見学を通して、施設がつくられたわけを知るとともに、地域に住む日雇い労働者の思いや暮らしぶりについて理解を深める。2つめの目標と学習の流れは3年生と同様である。4年生の2～3学期では、日雇い労働者を雇用する自転車リサイクルプラザでの学びを活かし、NPOの方々に手伝ってもらいながら、子どもたちが実際に自転車をリサイクルし、それを売る体験をする（中古自転車を購入したのはD小学校である）。

4年生の学習については、紙幅の都合上、学習の成果発表時の子どもの声を以下に記すにとどめる。以下の「子ども」はそれぞれ異なる子どもである。

子ども：僕がすごいと思ったところは、自転車のさびを落とすところです。…（略）…僕もやらしてもらいました。さびは力を入れないとなかなか取れませんでした。こんな大変な作業をしているんだなと思いました。

子ども：僕はおじさんたちががんばって仕事をしているのがすごかったです。

子ども：シェルターのスタッフは思いやりがある人たちです。また見学しに行きたいです。

子ども：私は、シェルターってどういうところなのかと、公園で遊んでいるとき、あそこ何やろうとか思っていたけど、今日行っていい人ばかりでいいところだったということに気がつきました。…（略）…いつもセンターのところに並んでいるから、何でかなと思っていたけれど、（まち）全体にもっとシェルターができればいいなと思いました。

4年生の感想からも、まちにある施設についてあまり知らない子どもたちの姿がうかがえる。「T地区を知らない」という校長先生の言葉にあった通りである。そして、実際に話を聞き、見学をし、仕事を手伝うことによって、子どもたちは日雇い労働者である「おじさん」たちを認めつつ、おじさんたちを支援するまちで働く人びとに対して、尊敬の念を抱き始めているのがわかる。また、まちのよさを見出しつつあるといえる。

5年生：「こんなにいいまちやったんね」～地域のよさを発見し、伝える活動を通して、自分も友だちもまちも大好きになろう～

5年生では、まちのよさを見出し、子どもの自尊感情を高め、相手を思いやる気持ちを育む取り組みとして201X年度から本学習活動を始めた。本学習は、地域学習とキャリア教育に英語学習を組み合わせたもので、国際理解教育の研究授業として発表されたものである。学習活動案では、児童観として「全体的に自尊感情が低く、自己到達目標の設定が低い」こと、教材観では「子どもたち自身、生まれ育ったまちに誇りを持ちたいが、持てる要素を日常生活の中から見いだすことがなかなか難しいのが現状である」と書かれている。こうした課題をふまえ、次のようにねらいが示されている。「地域のよさを再発見する今回の学習を通して、自尊感情を高め、相手を思いやり、相手意識を持って思いや考えを表現できる力をつけていきたい。このまちに対する既存の悪いイメージや人びとの偏見などを見聞きしても、それらのレッテルに動じず、はねのけられるくらいの確固たる自信を学習を通して身につけさせたい」。

ねらいの中で、地域肯定感を通じて自己肯定感を高めようとする教員の企図が示されている。学習が始まり、まちのイメージを子どもたちから出してもらうと、次のような言葉が並んだという。

5年生担任：おじさんがこわい、汚い、寝てる人がいてる。まちのイメージを付箋紙に書いて出させたら、そうした言葉が並んだんです。…（略）…まちを好きでいたい、けれども自信を持って言えない。

すでに述べたように、子どもたちは世間が偏見とともに捉えるその否定的なイメージを自己の出身地のものとして内面化し、誇りを持てず、自己肯定感も持てないという状況に陥っている。否定的なイメージは、まさしく子どもたちが出した「こわい」「汚い」という言葉で語られるものである。しかしながら、そうした「おじさん」の姿がすなわちD小学校の地域ではないというのが教員の共通見解である。3・4年生で学習したように、まちにはおじさんの人権を守り、支援するための施設があり、おじさんを大切にしながら働いている方々からも話を聞いた。子どもたちはそうした施設の意義や人びとの働きに素直に共感し、尊敬の念を抱いていた。また、おじさんたちの仕事ぶりや働きを目の当たりにし、おじさんへの認識を変えつつあった。しかしながら、それでも子どもたちの心から、まちやおじさんへの否定的イメージはぬぐいきれていなかった。

5年生担任：おじさんの施策があるのを知ってる。…（略）…自分たちにとってというところになるとしゅんとする。子どもが好きになる証拠になることを見たり聞いたりしていない。教員がそれをつなぎあわせて、ええまちやって心から思えるようにしてやりたい。

そのために、次の3つの活動が行われた。外国人を対象としているホテルを見学し、その経営者や従業員に話を聞く。また、新しくゲストハウスを開いた方からも話を聞く。経営者たちからは、このまちの魅力とともに、このまちでホテルやゲストハウスを営む理由について語ってもらう。そこでは、経営者たちが、このまちの問題を克服し、素敵なまちにするために努力をし、挑戦してきた過去が話される。さらに、NPO法人を訪ね、このまちを活動の場に選んだ理由を聞き、まちの魅力や困難を抱える人々を包摂する社会について理解を深められるようにする。最後に、近隣のまちの中心街へ出かけ、海外からの旅行客にインタビューし、このまちへ観光に来た理由を尋ねる。

見学と聞き取りでは、日本人の経営者だけではなく、そこに宿泊する外国人からも話を聞いている。そうした外国人は、このまちはまったく怖いまちではないこと（外国の怖いと言われるまちと比較して）、汚くもないことを話してくれる。長期滞在している外国人からは素敵なお店や人びととの交流なども語ってくれ、子どもたちはホテル・宿泊所経営者や外国人客の言葉を通して、このまちのよさを学ぶ。以下は、子どもたちの感想である。

●アメリカにすんでいるひとたちがいました。ドイツのひともいました。ぼくはそれをきいてびっくりしました。

●みんな（＊ホテル・宿泊所経営者や外国人客のこと）とホルモンやさんとかおみせやさんをいっぱいしゃべりました。

●この町のいい所がよくわかった。お金もうけだけが大切ではなくてお店をしている人がみんながなかよくなってほしいという気持ちがあるから外国人とかがこの町がすきなんだと今回の見学でわかった。

●「きたない」とか「へんなおっさんが多い」とかわるいイメージがあったけど、今日の田辺さんのはなしをきいたらちょっとわるいイメージからいいイメージになりました。

●鈴木さんが、今日まちのいいところをたくさんいったおかげで、私もこのまちが好きになりました。

●このまちのいいところやわるいところをみんなでわかりあった。おじさんはいっぱいいるけどやさしい人もいっぱいいる。

●この町には、いい人がいっぱいいるってきいただけで、うれしい気持ちになる。

●こまっている人がいたら、むしせずにそうだんをしながら、こまっている人をたすける。そうしたら自分も相手も気持ちよくなるから。それが、この町のいいところ。

●この町のおじさんたちが、とてもやさしくって、だれでもきがるに声をかけてくれる。

●れきしをしらなかった…おっさんは万博をつくってくれたらなっとく。

●おじさんたちは…みちにまよっている人がいたら声をかけてくれたり外国人がいたら〇〇（＊宿）をしょうかいしてくれたりもする（＊案内してくれる意）。

●おじさんたちがしごとをみつけてほしい。

●ふりかえることでこのまちのすてきがわかり、またそういう気持ちでまちをあるくとちがうまちのようにかんじる。

●みんなそれぞれ考えるこの町のいいところはたくさんあって、いいなと思いました。わたしは、この町に住んでいてよかったなと思いました。

●「このまちのいいところを教えてください」って聞かれたらあんまり思いつかないけど、逆に悪いところを教えろってきかれたら、「きたない」「変な人が多い」…とかいろいろ思いついてたけど、今日の日野さんの話を聞いてたら、「まあそこそこいいまちやねんな」って思いました。だから、きかれるかわからんけど、いいところを教えろってきかれたら「親切」って答えてみようかなーと思いました。

●いろいろみんな（＊地域住民や外国人客のこと）この町のいい所いっぱいいいっていいて、私も、この町のいい所をたくさんいいたいです。

●D小学校のことをもっとたくさんしりたいです。

●こうゆう外国人がおちつける宿があるからこそ、この町が外国人にあいされてるんだと思います。田辺さんがえいごをがんばってと言っていたのでがんばろうと思いました。

●わたしは、この町に住んでいていいと思った。…わたしも、シェアハウスやゲストハウスをしてみたい（＊経営する意）と思った。

外国人客に好まれ、地域住民からもよさが見出され、発展しつつあるまちを捉える過程で、従来の否定的イメージを徐々に好転させ、まちの発展に向けての主体的なかかわりを見出そうとしているといえる。また、おじさんに対する捉え方も、否定的なものから肯定的で受容的なものへと変化している。

6年生については、紙幅の都合上詳細は割愛するが、それまでの学習の集大成として、まちに出かけて掃除をしたり、まちで商業体験をしたりと、実際にまちづくりや仕事にかかわる活動を企画し、実行する。これらのカリキュラムは、すべてその当時の担任がこれまでの学習をふまえて改善したものである。そのため、どれも形骸化することはなく、担任の思いが詰め込まれたものとなっている。その際に、いずれの担任もまずは自分が地域にでかけ、地域の方々と話し、交渉し、協力依頼をし、地域の理解を深めていたことを添えておきたい。

しんどい子をケアする学習環境づくり——ケアのための条件整備活動

D小学校では、子どもたちの学習がスムーズに行われるよう、子どもたちの背景に応じたケアがなされていた。

それについて、学習環境としての物的環境、学習習慣の育成の2点から、三谷先生は次のように語る。

三谷先生：しんどい実態の子どもたちが多かったっていうこともあって、学校でサポートしてたんですよ、割と。上靴忘れたら、貸上靴《かしうわぐつ》があったし、体操服忘れても貸体操服《かしたいそうふく》があったし。で、上靴忘れて履いたら、それを学校で先生と一緒に洗って干して返すみたいなね、小っちゃい学校で先生も沢山おったからそういうサポートはできた…（略）…忘れた時とか、失くした時のサポートっていうのが、すごく大きかったんだと思うんです。持ってこれない前提っていうか、買いそろえれない前提で学校に必要な備品とかは、コンパス、三角定規、分度器とかから始まって、えっと、絵の具のセットとかまであったんじゃないかな。色んな所がT地区の学校やってことで…寄贈してくれてたみたいなんです。だからそんなのもあって、ノートも大量にあったんです、学校には。

D小学校では、学校で必要とされる学習用品を子どもたちが持ってこられないという前提があり、すべての用品がとりそろえられている部屋があった。そして、いつでもそれを貸し出せるシステムがつくられていた。藤井前校長によると、寄付ばかりではなく、事務職員と協力しながら、かつては学校に配分されていた特別予算で購入したものもあるそうだが、いずれにしても、教科書をはじめとしてすべての学習用品を貸し出せるよう準備し、モノがないために子どもが学習に参加できないという状況にはせず、必ず手当をする。もちろん、忘れ物をしないように、持ち物を持ってくるようにとの指導はあるものの、学習用品を持ってこられなかったために学習が滞るような状況にはない。そこには、子どもが忘れ物をしても、それは忘れたのではなく持ってこられなかったのかもしれないという思慮が当たり前の認識として共有される文化が形成されており、子どもたちの物的環境を下支えしている。

このことは、保健室に備わっていたタンスからもわかる。当時、養護教諭であった福永先生によると、タンスにはさまざまなサイズの体操服・制服・ジャージ・パジャマ・Tシャツ・カバンなどがしまわれていた。体操服や制服は洗い替えとして、ジャージやパジャマや大きなカバンは修学旅行や林間学校用としてである。日頃使用する学用品や普段着をそろえられない状況の中で、修学旅行や林間学校のときのみに使用する大きなカバンを買えない子どもは各学年で何人かいる。また、持ってこられるジャージやパジャマがなく、新たに買えない場合もある。そうした子どもたちが安心して行事に参加できるようにするための仕組みが、タンスである。教員たちは、そこで一通り必要なものを取りそろえて子どもに渡す。

しかし、子どもが持って帰ってしまうと返ってこない。その後始末は歴代の養護教諭がしてきたという。藤井前校長によると、お風呂に入れない子どもにシャワーを浴びさせたりするケアも、1980年代から行われていたことだという。家で歯を磨かない子どもがいるため、歯ブラシとコップは学校で購入して常備し、食後に歯を磨く習慣をつけさせる。そして、汚くなった上靴や体操服を洗えない子どもたちは、学校で養護教諭と一緒に洗うという作業もなされていた。

また、宿題については、終わりの礼をしたのちにもう一度着席し、みんなが宿題をし始めるのが通例になっていたという。

三谷先生：D小の子、学校で宿題をしてたんです、ずっと。私が行った時から、宿題は学校でして帰っておいでって親から言われてたって。家ではできひんから学校であんたしておいでって言われてるみたいやったんです。

D小では、宿題を通しての学習習慣の育成も学校で担っていた。それは、家で宿題をする環境にない子どもたちへのケアの一環であった。朝の登校についても、教員が出勤する途中で家により着替えさせて連れてくるのも日常的になされていた。服や靴を洗うこと、自分もきれいにすること、宿題をすること、朝起きて学校に来ること、日本では当たり前とされているそうした文化を身につけていない子どもに対するケアする習慣ができていた。

そうした場面で子どもにかけられる教員からの言葉は、子どもの背景を理解し、彼（女）らの抱える困難を一緒に受け止めたうえで紡ぎ出されるものであり、とても温かいものであった。先の総合的な学習の時間でも同様である。教員たちは、多様な背景を持つ一人ひとりの違いを認め、励まし、ほめる言葉をシャワーのように浴びせていた。加えて、家庭への福祉的支援で関わるスタッフや、学校の学習や教育活動に関わる地域の人々、さらには一部のおじさんまでもが、子どもたちにそうしたメッセージを発し続けていた。貧困の連鎖では、保護者が子どもにどう言葉をかけ、どう接したらいいのかがわからないという養育ロールモデルの欠如問題も指摘される。文化的剝奪の克服は学校生活だけではなく、日常生活の習慣やルールを教えるところから、さらには親と子に始まる人と人との温かなぬくもりや関係性を伝えるところから始まる。それは、子どもの背景を捉えるという主体―客体の二分されたようなものではなく、子どもの背景を受け止め、ありのままをまるごと包み込むようなものでもある。冒頭の場面は、そんな教員と子どもたちの姿である。

そのため、日頃の授業の中でも、子どもにとって理不尽な怒声や言葉はほとんどなされない。遅刻しても「よくがんばってきたね」と声がかけられ、他の子どもたちもそっと見守る。月曜日には、休日に溜めたストレスを抱えながら登校する子どもがいる。彼（女）らは、音楽の時間になると、音楽室からこっそりと抜けて担任の先生に話をしに行く。みんながいないところで、一対一で話を聞いてもらいたいのだ。担任の先生が、子どもの話をよく聞いて、乱れた服を整え、頭をなでると、すっとした表情でまた音楽の教室に戻っていく。もちろん、音楽の先生が「なぜ抜けるの」と怒ることはない。また、帰り際に筆箱が机の上に残っている、教科書が机の中に入れっぱなし、これも日常の光景である。というのも、家に持って帰るとどこに行ったのかわからなくなったり、壊されたりするからである。子どもの抱える事情は多様である。学校の有する標準的な規範にあてはめようとするだけではなく、個々の子どもに応じた学校生活のあり方を一定容認し、それに対応することこそが子どもの学習や関係性への参加を可能とするといえる。子どもたち一人ひとりへのこうしたケアの結果として、D小学校の子どもたちは荒れることもないし、不登校に陥ることもほとんどなかった。

教員を支える同僚性と管理職のマネジメント

さまざまな困難を抱える子どもたちに、どのような支援をいつ行うのかに関する見極めや、日常のちょっとした場面での対応をどうすればいいのかという悩みに対しては、教員間の日常的な会話を通じて相互支援がなされていたという。

松谷先生：職員室でどうしようこうしよう、それはどうしたらいいというのが日常的に話されているんです。誰かにこんなことがあってと話したら、違うところから返事がくるみたいな。みんなで1人の子を見てます。

吉田先生：(新任採用で子どもの抱える問題を）よく知らなかったのですが、職員室にいるとそういう話をずっと聞けるので、いろいろなことがよくわかるようになって、勉強になりました。

最後に、カリキュラムの不断の開発とその実施、そして学習環境づくりをどうマネジメントしていたのかを田中校長と藤井校長に尋ねた。その結果として両者から同じような回答が返ってきた。

田中校長：きまりごとや言い伝えがあるわけではないんです。そうせざるを得ない地域があって、あそこへいったら教員はそうなるんです。何かしたわけではないです。

藤井校長：何もしてない。

確かに、カリキュラム作成と実施の際に、校長が主導的な動きをしていたわけではない。ただし、両校長ともに地域を歩き回り、地域行事に顔を出して、地域と協力できる下地をつくり、学校内外を自主的に掃除し、子どもの支援を自ら行いつつ、教員が主体的に動ける雰囲気づくりを行っていた。そして、校長自身が教員の話をよく聞き、共感し、安心感を与えたうえで、エンパワーされるよう配慮しており、そうした校長の学校づくりが基盤となって教育活動が創られていたと考えられる。

5 D小のケアする学校づくり

D小では、家庭と地域の両背景を統合して捉え、子どもの地域肯定感と自己肯定感、そしてそもそも働くという意識が弱い点を問題として提示していた。この問題の克服を課題とし、地域における体験と、地域の人々の語りを通して、まずは地域肯定感を高めるカリキュラムを地域ネットワークを活かしながら開発していた。自己肯定感が自分を価値ある人間だと思う、自分が好きだ、誇りに思えるというものであるなら、地域肯定感は、自分の住んでいる地域を価値ある地域だと思う、地域の将来が楽しみだ、自分の住んでいる地域は好かれている、地域には素敵な人がたくさんいる、というようなものと考えられる。自己肯定感のみを捉えると、子どもの内面のみに焦点をあてやすくなり、社会との接点が失われたり、自己にのみ執着してしまう場合がある。そうではなく、地域肯定感を自己肯定感の基盤として位置づけることで、自己と他者との相互作用を通じて自己肯定感を向上させ、さらに社会の担い手として社会を創り上げる意欲をも高められるカリキュラムの開発が可能となると考えられる。もちろん、この地域肯定感は、地域の偏ったイデオロギーを支持するものではない。地域の多様なありようや価値を認めるものであり、それを通じてそこで生活する多様な背景を抱える子どもたちの自己肯定感と社会参加の意欲を高めるものとして解釈できる。

D小の子どもたちは、地域ネットワークに支えられた地域学習を通じて、日雇い労働者の背景について考える必要性と、多様な背景を有する人々を承認し、彼（女）らの社会的役割や居場所づくりに努める人々の存在に気付きつつあった。そのうえで、まちのよさを語る他者の視点を獲得していた。それは、なかなかぬぐいきれないまちへの偏見と否定的イメージを、4年間にわたる多面的な学習を通じて何度も何度も行ったり来たりしながら、徐々に好転させていくものであったといえる。こうした学習を通じて、子どもたちは、自分の住んでいる地域が外国人客から好かれている、自分の住むまちには困難を抱える人々を包摂しようと、あるいはまちを発展させようと取り組む素敵な人が多くいる、価値のあるまちだと思うようになり、地域肯定感を高めつつあったのではないかと思われる。こうした地域肯定感は、そこで生活する自己への肯定感にも結び付く可能性があり、社会参加を可能にさせつつあったといえる。また、地域肯定感から自己肯定感を高める過程では、社会的包摂を実践する人々の言動が、困難を抱える人々に対する子どもの受容感を高めるものであった点が重要であろう。それゆえに、困難を抱える子ども自身の存在価値を承認し、彼（女）らをも包摂し、子どもの被受容感を高めることにつながっていくのではないかと考えられる。

学校と社会で承認され、包摂された子どもたちは、次に自分がまちで何をしたらいいのか、まちづくりをどうするのかを考え、実行するようになっていた。文部科学省の施策として「社会に開かれた教育課程」が進められようとしているが、社会的剥奪と排除にさらされやすい貧困世帯の子どもたちにとって、社会参加の価値と方法を学ぶこうした学習活動は非常に重要である。ハーグリーブス（2015）は、子どもたちの生まれつきの社会的背景によって、学習内容が異なりつつある点を鋭く指摘していた。すなわち、基礎的な知識とスキルを主として学ぶ下位層と基礎的学習に加えて柔軟性や創造的思考までを学べる上位層という学習内容の分化である。そして、すべての子どもが高次の批判的思考や問題解決思考を駆使し、複雑な学びができる学習の必要性を説いていた。D小学校の総合的な学習の時間のカリキュラムは、まさに高次の学びを可能にし、そして子どもたちが社会の創造に参加できるようにするものであったと考えられる。最終学年では、商業体験をし、子どもたちは、社会をよりよく変えるための批判力をもちつつ働く意味を学んだといえる。

D小学校のこうしたカリキュラムは、経済的上位・中位層の多い学校でも、次の2つの理由から取り組むべきであろうと考えている。1つめは、いつどのような状況に陥るのか先行き不透明な社会の中で、生存権や社会的包摂および社会構造への批判的検討を学ぶ学習は、あらゆる子どもたちの将来への備えとなるからである。2つめは、子どもたちが、自分とは異なる他者への関心や共感力を養い、想像力を働かせながら社会的包摂の意義と実践について学ぶことは、経済的社会階層によって分断されつつある社会をつなぐための布石となるからである。

また、こうしたカリキュラムを下支えしていた学習環境づくりとしての条件整備活動は非常に重要である。それは、一人ひとりの子どもに異なる処遇を行うことを可能とするものであり、子どもが被受容感を感じ、安心して授業や学習に参加可能にするものであった。具体的には、貸し出し部屋やタンスに象徴されるようにモノの剥奪をしないための仕組みをつくり、家庭を基盤として身につけているはずの日常生活における習慣やルールを共有し、子どもの事情に応じた学校生活を許容するところから文化的剝奪を防いでいた。本章の最初に学校の排除の文化について指摘したが、困難を抱える子どもや家族が自らまとうヴェールによって、教師が彼（女）らの困難を見つけられない場合もある（湯澤 2008）。恥ずかしかったり、見栄《みえ》をはったり、素直に言いたくなくてなど、いろいろな理由から本当のことを話さない子どもたちは少なくない。また、客観的にはとても困っている状況にもかかわらず、本人がそうとは認識していないような場合もある。みなでやってしまう貧困隠しの罠にはまらないためには、剝奪を防ぐ前提で誰もが利用できるモノと文化を提供するこうした仕組みは有効であるかもしれない。

このようなケアする学校文化を創造する条件整備活動の中には、子どもの背景をそのまま受け止め、ありのままをまるごと包み込むような教員の姿があった。そのため、ケアする学校づくりは、教員の多忙化やバーンアウトをもたらすのではないかという心配もあるかもしれない。しかし、ここで述べたような条件整備活動がシステム化されると、教員が個人で抱え込んでいた子どもへのケアの組織的展開が可能となり、過剰な負担は分散される。また、人間志向的で献身的な教員がそうできないことによるバーンアウト（安藤 2000, p.115）を減じることも可能であると考えられる。その支えとなるのが、子どもの問題をいつでも話せる仲間としての教員であり、ケアリング・コミュニティ（ハーグリーブス 2015）としての同僚性であった。

加えて、ケアする学校づくりにおける校長によるマネジメント方法は、教員をもケアするサーバント・リーダーシップ（露口 2010）に相当するものであったと考えられる。また、カリキュラム開発においては、分散型リーダーシップ（露口 2010）を発揮し、それぞれの教員がリーダーシップを行使できる状況にあったといえる。ケアする学校文化の下位要因として、ケアリング・コミュニティとしての同僚性とサーバント・リーダーシップを位置づけることができる。

本章では、ケアする学校文化を築き上げたD小学校を取り上げ、ケアする学校づくりのための契機をカリキュラム・マネジメントに着目して見出してきた。D小ではスクールソーシャルワーカーが配置されておらず、教員がそうした役割を担っている部分もある。ただ、今後スクールソーシャルワーカーが各校に1人配置されたとしても、たとえば各クラスに5~6人いる困難を抱える子どもたち全員をケアできるわけではないし、排除は授業中や休み時間に、あるいはちょっとした会話の中で起こりうる。また、浜田（2016）は「ゼネラリスト」としての教職の重要性と専門性について言及し、教員が困難を抱える子どもの指導と支援から解放されるわけではない点を指摘する。長時間勤務の問題があり、献身的教員像の見直しが図られているが、教員1人あたりの時間量の問題を学校全体のケアの量や質の問題と混同してはならない。心理・福祉等の専門スタッフや地域住民と協働しながら、教員による子どもへのケアの質は高めるべきであるし、教員のフレキシブルな働き方の考案などを含め、学校全体としてのケアの量を増やす工夫は検討されてもよい。困難を抱える子どものケアは学習の時間外で行えばいいものではなく、教員が学習と学習環境づくりを通じて行うことが重要であり、そこでは、一人ひとりの差異を承認し、あらゆる方向から被受容感を高める学校文化の創造が求められる。

ケアする学校の目ざすところは、助け合える自立の姿勢であり、全面的な依存状態とは異なる。本章では詳しく論じられなかったが、教師たちは子どもや保護者の自立と依存とのバランスをとろうと苦労していた。ただし、まずは子どもたちや家族のありのままを受け容れ、そこから自分たちの足で立とうとし、歩き出すための方法を一緒に探し、支援しようとしていたといえる【注5】。こうしたケアする学校づくりは、包摂的な社会づくりの一歩となり、すべての子どもにとってのセーフティネットになりうると考えられる。

引用・参考文献

阿部彩（2011）『弱者の居場所がない社会――貧困・格差と社会的包摂』講談社現代新書

阿部彩（2014）『子どもの貧困Ⅱ――解決策を考える』岩波新書

安藤知子（2000）「『教師の成長』概念の再検討」『学校経営研究』第25巻、99～121頁

浜名外喜男・松本昌弘（1993）「学級における教師行動の変化が児童の学級適応に与える影響」『実験社会心理研究』第33巻第2号、101～110頁

浜田博文（2016）「公教育の変貌に応えうる学校組織論の再構成へ」『日本教育経営学会紀要』第58号、36～47頁

Hargreaves, A., 2003, *Teaching in the Knowledge Society: Education in the Age of Insecurity*, Teachers College, Columbia University.（＝木村優・篠原岳司・秋田喜代美監訳（2015）『知識社会の学校と教師――不安定な時代における教育』金子書房）

樋掛優子・内山伊知郎（2011）「児童・生徒の学校適応に関する日本の研究の動向について――学級適応に関する理論的視点の整理（1）」『新潟青陵学会誌』第4巻第1号、71～78頁

池田寛（2000）『学力と自己概念――人権教育・解放教育の新たなパラダイム』解放出版社

石田靖彦（2009）「学校適応感尺度の作成と信頼性、妥当性の検討」『愛知教育大学教育実践総合センター紀要』第12号、287～292頁

岩田正美（2007）『現代の貧困――ワーキング・プア／ホームレス／生活保護』ちくま新書

ジェーン・R・マーティン、生田久美子監訳（2007）『スクールホーム――〈ケア〉する学校』東京大学出版会

金井剛（2010）「児童相談所からみえる学校の風景」『こころの科学』No.151、54～59頁

苅谷剛彦（2006）『教育と平等――大衆教育社会はいかに生成したか』中公新書

柏木智子・仲田康一（2017）『子どもの貧困・不利・困難を越える学校』学事出版

小島弘道（2016）「日本の学校経営思想」小島弘道・勝野正章・平井貴美代『学校づくりと学校経営』学文社

久冨善之（1993）『豊かさの底辺に生きる』青木書店

三井さよ（2004）『ケアの社会学』勁草書房

西田芳正（2012）『排除する社会・排除に抗する学校』大阪大学出版会

真田穣人・浅川潔司・佐々木聡・貴村亮太（2014）「児童の学習意欲の形成に関する学校心理学的研究――学習規律と学級適応感との関連について」兵庫教育大学『教育実践学論集』第15号、27～38頁。

下野新聞子どもの希望取材班（2015）『貧困の中の子ども――希望って何ですか』ポプラ新書

末冨芳（2016）「子どもの貧困対策のプラットフォームとしての学校の役割」日本大学文理学部人文科学研究所『研究紀要』第91号、25～44頁
露口健司（2010）「スクールリーダーのリーダーシップ・アプローチ」小島弘道・淵上克義・露口健司『スクールリーダーシップ』学文社、137～163頁。
露口健司（2016）『ソーシャル・キャピタルと教育』ミネルヴァ書房
矢野裕俊（2016）「子どもの貧困と自己肯定意識」『国際経済労働研究』71（3）、17～24頁
湯澤直美（2008）「現代家族と子どもの貧困」浅井春夫・松本伊智朗・湯澤直美『子どもの貧困――子ども時代のしあわせ平等のために』明石書店、216～273頁

注

1　西田は、構造的背景について、学校の再生産に寄与するメカニズム、多数の子どもたちからなる教室や授業場面の秩序を維持し、学習を成立させなければならない教師の職業役割、教師の階層的背景から説明する。
2　ケアを「他者の『生』を支えようとする働きかけの総称」と捉える三井（2004, p.2）を参考にした。
3　T地区の日雇い労働者の就労斡旋と福祉の向上を目的に設置された福祉施設。
4　学年の人数は10人をきっているため、半数といっても5人以内の人数である。
5　困難を抱える子どもや家族の支援は、学校だけではなく、行政諸組織と地域のNPOや諸団体が学校と連携しながら柔軟に行っていたことを補足しておく。

第６章

就学援助制度の「課題」

――就学援助率はどのような変数の影響を受けているか？

末冨 芳（日本大学）

1　問題設定

「子供の貧困対策に関する大綱」（平成26年8月29日閣議決定）においては、「国として就学援助の実施状況等を定期的に調査し、公表するとともに、『就学援助ポータルサイト（仮称）』を整備するなど、就学援助の適切な運用、きめ細かな広報等の取組を促し、各市町村における就学援助の活用・充実を図る」（p.12）と位置づけられている。国として、子どもの貧困問題の改善のためには、就学援助制度を利用促進することが、重要であるという考えにもとづいた提言である。

就学援助制度とは、教育基本法第4条に定める教育の機会均等および学校教育法第19条「経済的理由によって、就学困難と認められる学齢児童生徒の保護者に対しては、市町村は、必要な援助を与えなければならない」の規定に基づき、義務教育段階の子どもを持つ生活保護世帯およびそれに準じる程度に困窮している世帯に対し、就学に要する経費（学用品費、体育実技用具費、新入学児童生徒学用品費等、通学用品費、通学費、修学旅行費、校外活動費、医療費、学校給食費、クラブ活動費、生徒会費、ＰＴＡ会費）を市町村が補助する制度である。簡単にいえば低所得世帯の子どもたちの義務教育に必要な経費を、市町村が負担する仕組みである。ただし、就学援助制度の利用のためには、保護者からの申請が必要である。

文部科学省・就学援助ポータルサイトで把握すると２０１４（平成26）年度時点では、１４９万５４８５人の義務教育段階の児童生徒が就学援助制度を利用しており、制度の利用率（就学援助率）は15・39％となっている。

就学援助率は2012年度の15・64％をピークとして3年連続で減少傾向にあると指摘されているが（文部科学省 2015）、この結果が単純に貧困状態にある子どもの減少を意味しているかどうかは、慎重に判断されるべきだろう。

その理由は就学援助制度の利用率に自治体間格差が存在するということにある。従来、就学援助制度は、義務教育段階の子どもを持つ保護者でも制度の存在を知らないケースがあることや、就学援助制度の手続きが難しいことから、制度利用をあきらめてしまう保護者が存在しているといった課題が指摘されてきた。東日本大震災の被災地域を含む東北地方の保護者の2割が、就学援助制度を知らない、という調査結果も示されている【注1】。ひとり親世帯では、就学援助制度を説明する新入学保護者説明会に欠席し、家でも子どもが持ってくる就学援助制度のお知らせのプリントを見落としてしまったり、制度利用をためらってしまう保護者がいることが、学校事務職員から指摘されている（柳澤 2016, pp.159-164）。就学援助制度の保護者への周知や手続きのサポートに熱心に取り組む学校現場でも「捕捉率は100％ではないだろう」（柳澤 2016, p.164）と、指摘される実態がある。

小西（2004）、湯田（2009）など、研究者によっても、2000年代以降、就学援助の利用率に著しい自治体間格差があることが指摘され今日に至っている。子どもの貧困対策の視点からは、自治体間格差を縮減し、日本全国どこで生まれ育っても就学援助制度を利用できることが望ましい。

本章では、2節で市町村レベルでの就学援助率に関するデータを用い、就学援助率の市町村格差および市町村間格差が生じる要因を自治体レベルで検証していく。そのうえで3節において、分析結果をふまえて就学援助制度を必要とするすべての世帯が利用できるための国や自治体レベルでの取組みの必要性について検討を行う。就学援助制度や周知方法そのものの改善とともに、就学援助制度が子どもの貧困の改善にどのように貢献しているのかをより明確に検証するためのデータ整備の方向性についても提言を行う。

2 就学援助制度の市町村格差

就学援助率（要保護・準要保護率）の市町村間格差

本稿では、文部科学省による「平成26年度就学援助の実施状況（市町村別実施状況）」を用いる。2013（平成25）年度の市町村別就学援助率（要保護・準要保護率）が5％未満から30％未満まで、5％刻みで示されている。また2014（平成26）年度の就学援助の制度周知状況、収入認定基準などのデータも掲載されている。データはウェブ公開されており、従来、都道府県別にしか把握できなかった就学援助制度の利用状況や制度運用の実態を、市町村別に丹念に状況把握した意義の高い情報公開である。

就学援助制度の利用率は、要保護・準要保護率という用語で示されるが、要保護率が生活保護制度における教育扶助の利用率（義務教育段階の児童生徒合計に対する制度利用者比率）、準要保護率は学校教育法第19条に定める就学援助の利用率、という違いがある。文部科学省「平成26年度就学援助の実施状況（市町村別実施状況）」では、要保護率と準要保護率を合わせたパーセンテージが5％刻みで示されている。

表1（144頁）に市町村別の要保護・準要保護率の分布を都道府県ごとに示した。都道府県単位での要保護・準要保護率の違いは、すでに公開されているが、市町村ごとに要保護・準要保護率が大きく異なることが把握でき、かつそれは都道府県や地域ごとに一定の特色が確認できるケースがあることも把握できるだろう。

たとえば北海道に所在する179市区町村のうち、2013年度の要保護・準要保護率が0％なのは1・7％（3市町村）、5％未満が2・8％（5市町村）、10％未満が16・8％（30市町村）、15％未満が24・6％（44市町村）、20％未満が25・7％（46市町村）、25％未満が15・6％（28市町村）、25％以上50％未満が12・8％（23市町村）となっている。

要保護・準要保護率5％未満と低い市町村が比較的多いのは、栃木県、群馬県、千葉県など関東北部の県である。富山県、石川県、福井県などの北陸地方の県、岐阜県、静岡県、佐賀県なども要保護・準要保護率が低い自治体が多いことが判明する。大きくいえば、東北、北関東、中部地方では、要保護・準要保護率が0～10％未満と低い水準の市町村が目立つ傾向にある。

一方で、東京都、大阪府、山口県、福岡県では要保護・準要保護率25％以上50％未満となる市町村が2割以上となっている。要保護・準要保護率が20％台を超える自治体が多いのは、このほかに北海道、京都府、高知県、鹿児島県などである。

現在の要保護・準要保護率が低いからといって、低所得世帯が少ないと考えるのは早計である。1節にも述べた通り就学援助制度は、保護者からの申請にもとづくものであり、次に見るように自治体ごとの制度や運用の格差も大きい。要保護・準要保護率が高い市町村は、学校での就学援助制度の周知等に力を入れるなど、低所得世帯に対するアプローチが丁寧である可能性も高い。逆に、低所得世帯が地域に多くとも、就学援助制度が周知されていなかったり、収入基準を厳しくするなど制度の利用へのハードルを上げていれば、要保護・準要保護率は低いままで推移する。

要保護・準要保護率が、地域の子どもや世帯の貧困状況を反映しているとはいえない現状がある可能性が高い

表1　2013（平成25）年度　要保護・準要保護率の分布（都道府県別の市町村数比率，N=市町村数）

	0%	～5%未満	～10%未満	～15%未満	～20%未満	～25%未満	25%～50%未満	参考：都道府県別要保護・準要保護率（震災特例交付金による就学援助実施率を含む）
北海道（N=179）	1.7%	2.8%	16.8%	24.6%	25.7%	15.6%	12.8%	23.1
青森（N=41）	0.0%	4.9%	9.8%	29.3%	41.5%	9.8%	4.9%	18.9
岩手（N=33）	0.0%	6.1%	39.4%	42.4%	9.1%	0.0%	3.0%	13.7
宮城（N=35）	0.0%	8.6%	51.4%	37.1%	2.9%	0.0%	0.0%	16.5
秋田（N=25）	0.0%	8.0%	44.0%	32.0%	12.0%	4.0%	0.0%	13.2
山形（N=35）	0.0%	28.6%	68.6%	2.9%	0.0%	0.0%	0.0%	8.1
福島（N=51）	3.9%	17.6%	45.1%	33.3%	0.0%	0.0%	0.0%	14.4
茨城（N=44）	0.0%	31.8%	56.8%	11.4%	0.0%	0.0%	0.0%	7.0
栃木（N=25）	0.0%	48.0%	48.0%	4.0%	0.0%	0.0%	0.0%	6.7
群馬（N=35）	5.7%	48.6%	42.9%	2.9%	0.0%	0.0%	0.0%	6.7
埼玉（N=63）	0.0%	1.6%	28.6%	52.4%	15.9%	1.6%	0.0%	13.2
千葉（N=55）	0.0%	41.8%	49.1%	9.1%	0.0%	0.0%	0.0%	8.7
東京（N=62）	3.2%	0.0%	14.5%	21.0%	24.2%	12.9%	24.2%	22.4
神奈川（N=33）	0.0%	3.0%	30.3%	24.2%	33.3%	6.1%	3.0%	15.6
新潟（N=30）	3.3%	6.7%	30.0%	46.7%	10.0%	0.0%	3.3%	19.4
富山（N=15）	0.0%	33.3%	66.7%	0.0%	0.0%	0.0%	0.0%	7.0
石川（N=19）	0.0%	21.1%	42.1%	31.6%	5.3%	0.0%	0.0%	13.5
福井（N=17）	0.0%	23.5%	70.6%	5.9%	0.0%	0.0%	0.0%	8.1
山梨（N=28）	7.1%	7.1%	50.0%	32.1%	3.6%	0.0%	0.0%	10.1
長野（N=83）	1.2%	19.3%	55.4%	20.5%	2.4%	1.2%	0.0%	10.9
岐阜（N=46）	0.0%	34.8%	60.9%	4.3%	0.0%	0.0%	0.0%	7.5
静岡（N=37）	0.0%	56.8%	40.5%	2.7%	0.0%	0.0%	0.0%	6.4
愛知（N=54）	1.9%	13.0%	64.8%	16.7%	3.7%	0.0%	0.0%	10.4
三重（N=30）	0.0%	10.0%	46.7%	30.0%	13.3%	0.0%	0.0%	11.6
滋賀（N=19）	0.0%	5.3%	42.1%	47.4%	0.0%	5.3%	0.0%	12.7
京都（N-25）	0.0%	0.0%	8.0%	44.0%	20.0%	16.0%	12.0%	20.0
大阪（N=43）	0.0%	0.0%	4.7%	14.0%	23.3%	30.2%	27.9%	25.2
兵庫（N=44）	2.3%	9.1%	31.8%	34.1%	18.2%	4.5%	0.0%	16.4
奈良（N=40）	7.5%	7.5%	27.5%	50.0%	7.5%	0.0%	0.0%	11.8
和歌山（N=31）	0.0%	3.2%	22.6%	48.4%	25.8%	0.0%	0.0%	14.6
鳥取（N=20）	0.0%	0.0%	35.0%	40.0%	15.0%	10.0%	0.0%	14.8
島根（N=19）	5.3%	0.0%	15.8%	36.8%	31.6%	10.5%	0.0%	14.6
岡山（N=28）	3.6%	3.6%	25.0%	53.6%	10.7%	3.6%	0.0%	15.0
広島（N=23）	0.0%	0.0%	4.3%	43.5%	39.1%	4.3%	8.7%	22.3
山口（N=19）	0.0%	0.0%	5.3%	31.6%	15.8%	26.3%	21.1%	24.6
徳島（N=24）	0.0%	0.0%	16.7%	45.8%	37.5%	0.0%	0.0%	14.7
香川（N=18）	0.0%	5.6%	27.8%	50.0%	16.7%	0.0%	0.0%	13.5
愛媛（N=21）	0.0%	9.5%	47.6%	38.1%	4.8%	0.0%	0.0%	11.6
高知（N=35）	0.0%	2.9%	20.0%	22.9%	22.9%	14.3%	17.1%	25.4
福岡（N=61）	0.0%	0.0%	8.2%	24.6%	23.0%	16.4%	27.9%	22.6
佐賀（N=20）	0.0%	25.0%	50.0%	20.0%	5.0%	0.0%	0.0%	11.3
長崎（N=21）	0.0%	9.5%	19.0%	47.6%	14.3%	4.8%	4.8%	17.3
熊本（N=46）	0.0%	10.9%	45.7%	32.6%	10.9%	0.0%	0.0%	13.9
大分（N=18）	0.0%	5.6%	22.2%	38.9%	27.8%	5.6%	0.0%	15.7
宮崎（N=26）	0.0%	7.7%	30.8%	38.5%	19.2%	3.8%	0.0%	14.8
鹿児島（N=42）	0.0%	0.0%	4.8%	31.0%	33.3%	16.7%	14.3%	20.7
沖縄（N=42）	2.4%	7.1%	11.9%	26.2%	35.7%	9.5%	7.1%	19.7
合計（N=1760）	1.2%	12.1%	32.8%	27.6%	14.8%	6.0%	5.5%	15.7

ことを念頭に置いたデータの読み解きが重要といえる。

制度の市町村間格差——収入基準・制度周知状況・支給費目と制度の運用

就学援助の市町村間格差は、制度の周知状況や収入基準等においても生じている。文部科学省・就学援助ポータルサイトでは、2015（平成27）年度の「就学援助実施状況等調査」において、市町村の就学援助制度等の状況について全体的な傾向が把握されている。

就学援助制度の周知方法として、「毎年度の進級時に学校で就学援助制度の書類を配付」「入学時に学校で就学援助制度の書類を配付」している市町村の比率はそれぞれ70・5％（1243自治体／1762自治体）、69・6％（1226自治体／1762自治体）となっており、7割前後の自治体で周知がはかられていることが把握できる。

しかし、**図1**（146頁）に示されるように就学援助制度のうち準要保護認定基準について、生活保護基準額の1・1倍以下等の厳しい基準を採用している自治体は206自治体（11・7％）存在し、たとえば横浜市や川崎市等の大規模自治体でも生活保護基準の1倍が準要保護基準（生活保護世帯と同等の収入水準の場合のみ就学援助制度利用が認められる）となっている**【注2】**。最頻値は生活保護制度の1・3倍程度の基準額を設定する626自治体（35・5％）であるが、後述するように、就学援助率（要保護・準要保護率）と制度周知状況や収入基準額、生活保護基準額に対する就学援助の倍率基準等との関連性は低い。

また支給対象となっている費目も、市町村別に格差が大きい。文部科学省「平成26年度就学援助実施状況等調査」等結果（p.5）によれば、学用品費、新入学児童生徒学用品費、修学旅行費は100％に近い自治体で支給されていることが判明する。一方で、体育実技用具費、クラブ活動費、生徒会費、ＰＴＡ会費等の支給率は3割よ

認定基準の主なもの	H27自治体数（複数回答）
生活保護法に基づく保護の停止または廃止	1,329 (75.4%)
児童扶養手当の支給	1,294 (73.4%)
市町村民税の非課税	1,291 (73.3%)
生活保護の基準額に一定の計数を掛けたもの	1,260 (71.5%)
市町村民税の減免	1,116 (63.3%)
国民健康保険法の保険料の減免または徴収の猶予	1,085 (61.6%)
国民年金保険料の免除	1,078 (61.2%)

自治体における基準の倍率	H27 自治体数
～1.1 倍以下	206 (11.7%)
～1.2 倍以下	225 (12.8%)
～1.3 倍以下	626 (35.5%)
～1.4 倍以下	26 (1.5%)
～1.5 倍以下	161 (9.1%)
1.5 倍超	11 (0.6%)
その他	5 (0.3%)
計	1,260 (71.5%)

※パーセンテージは、回答市町村数（H27：1,762市町村）に対する割合である。
※その他は、複数の基準を併用している場合などがある。

図１　就学援助制度の認定基準（文部科学省「平成 26 年度就学援助実施状況等調査」等結果，3 頁）

り低く、自治体によって就学援助の支給範囲に差異が生じていることが判明する【注3】。

また就学援助制度の認定・支給時期や支給額に課題が多いことも、学校現場で就学援助制度の運用に関わる学校事務職員からは、継続的に指摘されてきた。

就学援助制度の認定時期は、文部科学省の２０１５年度「就学援助実施状況等調査」では、４月以降が95・２％となっている。しかし、入学・進級時期である４月時点で就学援助制度が支給されず、一時的に多額の保護者負担が必要であるために、４月時点で小学校の学用品や中学校の制服等が購入できない世帯が発生することが、課題と指摘されてきた（現代学校事務研究会 2011, p.119）。これに対し、東京都板橋区では、小学校６年生の就学援助世帯が中学校進学する場合に入学準備金を支給する制度を２０１１年３月より開始している（木村 2012, p.65）。また政令市では福岡市でも同様の取組みが行われている。しかし、４月以降の支給を行っている市町村の方が圧倒的に多数派であり、改善の余地は大きいといえるだろう。

支給額も、たとえば就学援助制度におけるクラブ活動費の国の要保護補助金額（２０１５年度で年２万９６００円）だけでは、賄えない部活動があることも指摘されている（北嶋 2012, pp.108-109）。２０１４（平成26）年度・文部科学省「子どもの学習費調査」でも部活動費用を含む中学校の教科外学習費が公立中学校で年３万２６４８円とされており、市町村が国の基準額通り支給していれば公立中学校の生徒の平均的な金額に近い水準となるものの、国の基準通り支給している市町村比率は調査回答自治体の55％にとどまっている（文部科学省「平成26年度就学援助実施状況等調査」等結果, p.6）。

つまり多くの自治体ではそもそも就学援助制度の中で部活動費を国の基準額通り支給しておらず、また、とくに活発な活動を行い多額の保護者負担が必要な運動部を中心に、国の基準額でも不足する状況が発生していると考えられる。２０１３年に実施されたベネッセ「第２回 放課後の生活時間調査 報告書」（基礎集計表11）では、中学生の部活動加入率が69・７％となっている。多数派の中学生が放課後に部活動を経験する中で、経済的事情のため部活動に参加したくともできない中学生がいれば、社会的排除が発生していることになる。部活動以外にも卒業アルバムを就学援助制度の対象としている自治体は、新宿区、台東区などわずかな自治体が確認されているにすぎず、毎年３月の卒業式の日に義務教育最後のダメ押しともいえる社会的排除が学校現場において生まれていることも指摘しておかなければならない。

「中学を卒業した娘と同じ学年のある男子生徒は、卒業アルバムを購入しませんでした。母親が病気がちで生活保護世帯とのこと。卒業アルバムを手にした子どもたちは写真を見ながら楽しそうに話していましたが、彼が購入できなかったとわかると『彼の前でははしゃげない』と気遣う場面があったと娘は言っていました。卒業アルバムや修学旅行などは学生時代の大切な思い出の１つだと思います。お金のことで子どもたちにさみしい思いだけはさせたくありません」(西村 2012, p.17)。

就学援助制度そのものが、実際の義務教育の実態と照らし合わせたときに、子どもたちの間の格差を縮減するために十分な仕組みかどうか、問い直されなければならないのである。

3 市町村別の就学援助率はどのような変数の影響を受けているか?

就学援助率に市町村別格差が存在し、制度の周知方法や収入基準にやはり市町村格差が存在することを指摘してきた。それでは市町村別の就学援助制度の利用率は、どのような変数の影響を受けているのだろうか。

就学援助率に市町村格差が存在する要因は、2節にも述べた基準額や周知方法の制度上の課題による可能性が指摘されてきており、就学援助の受給率と市町村の財政力に関連性がないことが指摘されている(湯田 2009, p.141)。また高津(2016, p.205)では、就学援助制度に関する要因のほかに母子世帯率、三世代世帯率が、就学援助率に影響を及ぼす可能性もある要因として示唆されている。ここからは基礎自治体レベルでのデータベースを作成し、就学援助率に影響を与える変数を検討する。

文部科学省の実施した2013(平成25)年度の市町村別就学援助率(要保護・準要保護率の計)のうち市部データを被説明変数とした。データベースの作成に際し、就学援助率は小規模自治体・学校では少数の児童の制度利用状況に左右されてしまう状況が存在することから(日下田・北條 2012, p.66)、小規模自治体や子ども数の少ない町村部を除外し市部のデータに限定した分析を実施することが妥当と判断される。

説明変数は自治体関連変数と、就学援助関連変数から構成されている（表2：150頁）。自治体関連変数は、自治体財政力指数、人口総数、5～14歳人口比率、納税者1人あたり平均所得、人口1人あたり児童福祉費、人口1人あたり生活保護費および母子世帯比率（平成22年度）、父子世帯比率（平成22年度）である。就学援助関連変数は、就学援助認定基準の生活保護基準に対する倍率（就学援助倍率）、就学援助認定を受けられる収入目安額（就学援助収入目安額）および制度周知スコアとした【注4】。制度周知スコアは「平成26年度就学援助の実施状況（市町村別実施状況）」に示された「ア．教育委員会のホームページに制度を掲載／イ．自治体の広報誌等に制度を記載／ウ．就学案内の書類に記載／エ．入学時に学校で就学援助制度の書類を配付／オ．毎年度の進級時に学校で就学援助制度の書類を配付／カ．各学校に対して制度を書面で周知／キ．教職員向け説明会を実施／ク．保護者向け説明会を実施するよう各学校へ指導、ケ．その他」に対し、「行っている」と各市町村が回答した数の合計を得点化している。ア～ケの8つの選択肢をすべて「行っている」場合には8点となる。

就学援助制度は自治体財政力との関連が低いことはすでに湯田（2009, p.141）で指摘されているが、それ以外にも人口総数に代表される自治体の人口規模、子どもの人口比率（5～14歳人口比率）や、自治体の豊かさを表す指標の1つである納税者1人あたり平均所得との関連があるかもしれない。また人口1人あたり児童福祉費や、人口1人あたり生活保護費を人口に対し高い水準で支出する、子どもや社会的弱者の支援に手厚い自治体であれば就学援助率が高い可能性もある。母子世帯比率、父子世帯比率については最新のデータが2010（平成22）年国勢調査であったので、やや古いデータであるが、利用している【注5】。シングルペアレント世帯の多い自治体では、就学援助率が高い可能性を検証するためである。高津（2016, p.205）には母子世帯比率のほかに三世代の同居率も就学援助率に影響を及ぼす変数である可能性が示唆されているが、国勢調査では三世代同居世帯につい

表2　記述統計量

	度数	最小値	最大値	平均値	標準偏差
H25就学援助率	813	1.31	41.57	13.52	7.00
自治体財政力指数	813	.11	1.47	0.62	0.23
人口総数	813	4123.00	3707843.00	143642.53	254270.61
5-14歳人口比率	813	4.34	13.00	8.87	1.14
納税者1人あたり平均所得	813	1212.72	9017.47	2915.23	568.93
人口1人あたり児童福祉費_市のみ	808	8397.00	168481.00	51390.79	11767.92
人口1人あたり生活保護費_市のみ	809	2158.00	135860.00	21852.60	17621.49
母子世帯比率_H22	797	0.47	3.63	1.53	0.21
父子世帯比率_H22	797	0.05	.48	0.19	0.04
就学援助倍率	608	0.00	2.60	1.28	0.18
就学援助収入目安額	610	9.76	590.00	311.18	63.86
制度周知状況スコア	813	1.00	8.00	3.39	1.48

ての市町村データが得られないことから今回の分析の対象外としている。

記述統計量を**表2**に示した。

表3（151頁）は変数間の相関係数を示したが、市部の就学援助率と人口1人あたり生活保護費、母子世帯比率との相関が0・5以上と突出して強い。それ以外の自治体財政力や納税者1人あたり平均所得といった自治体の経済的余裕度に関連する指数との相関は弱い。先行研究での指摘と同様である。就学援助関連変数のうち、就学援助倍率や収入目安額と就学援助率の相関係数は低いが、制度周知状況スコアは0・265とやや弱い相関となっている。

重回帰分析の結果、自治体の就学援助率に一貫して高い説明力を有していたのは、人口1人あたり生活保護費、母子世帯比率、就学援助の制度周知スコアとなった（**表4**：151頁）【注6】。人口1人あたり生活保護費が高い自治体は、生活保護申請に対して認定が行われやすく、低所得世帯への福祉アプローチも充実している自治体である可能性があるとも判断される。母子世帯比率が就学援助率に影響を及ぼすのは、母子世帯の相対的貧困率が高く、低所得世帯が多いためであろう。**図1**（146頁）で、ひとり親世帯への児童扶養手当の支給世帯を就学援助制度の認定基準としている自治体が、7割程度存在することも確認できる。就学援助関連

表３　市部就学援助利用率と関連変数との相関係数

	被説明変数	説明変数：自治体属性関連変数								説明変数：就学援助関連変数		
	就学援助率	自治体財政力指数	人口総数	5-14 歳人口比率	納税者１人あたり平均所得	人口１人あたり児童福祉費	人口１人あたり生活保護費	母子世帯比率_H22	父子世帯比率_H22	就学援助倍率	就学援助収入目安額	制度周知スコア
就学援助率	1	-.044	.224**	-.016	.064**	.114**	**.693****	**.517****	.191**	-.095**	.160**	.265**
自治体財政力指数	-.044	1	.323**	.480**	.596**	-.031	-.117**	.098**	.018	.107**	.251**	.374**
人口総数	.224**	.323**	1	.101**	.345**	.028	.320**	.043	-.075**	-.015	.199**	.321**
5-14 歳人口比率	-.016	.480**	.101**	1	.269**	.239**	-.239**	.426**	.285**	-.005	.048	.236**
納税者１人あたり平均所得	.064**	.596**	.345**	.269**	1	.185**	.106**	-.049*	-.095**	.018	.299**	.293**
人口１人あたり児童福祉費	.114**	-.031	.028	.239**	.185**	1	.145**	.101**	.020	-.029	.015	.045
人口１人あたり生活保護費	.693**	-.117**	.320**	-.239**	.106**	.145**	1	.359**	.127**	-.106**	.160**	.122**
母子世帯比率 _H22	.517**	.098**	.043	.426**	-.049*	.101**	.359**	1	.469**	-.071*	-.032	.184**
父子世帯比率 _H22	.191**	.018	-.075**	.285**	-.095**	.020	.127**	.469**	1	-.050	-.096**	.045
就学援助倍率	-.095**	.107**	-.015	-.005	.018	-.029	-.106**	-.071*	-.050	1	.101**	.008
就学援助収入目安額	.160**	.251**	.199**	.048	.299**	.015	.160**	-.032	-.096**	.101**	1	.222**
制度周知スコア	.265**	.374**	.321**	.236**	.293**	.045	.122**	.184**	.045	.008	.222**	1

** 相関係数は 1% 水準で有意 (両側) です。　* 相関係数は 5% 水準で有意 (両側) です。

表４　就学援助利用率を被説明変数とした重回帰分析の結果（ステップワイズ法，市部のみ，N=591）

	モデル１		モデル２		モデル３		モデル４		モデル５		モデル６		モデル７	
	調整済み R2 乗 0.514		調整済み R2 乗 0.535		調整済み R2 乗 0.548		調整済み R2 乗 0.557		調整済み R2 乗 0.563		調整済み R2 乗 0.567		調整済み R2 乗 0.572	
	ベータ	t	ベータ	t	ベータ	t	ベータ	t	ベータ	t	ベータ	t	ベータ	t
(定数)		19.4		5.391		1.248		3.346		1.646		0.876		-0.182
人口1人あたり生活保護費_市のみ	0.718***	22.305	0.665***	19.902	0.649***	19.536	0.591***	15.642	0.561***	14.436	0.539***	13.51	0.537***	13.521
母子世帯比率_H22			0.157***	4.702	0.165***	5.001	0.208***	5.871	0.232***	6.414	0.272***	6.782	0.253***	6.242
制度周知状況スコア					0.119***	3.805	0.138***	4.362	0.133***	4.225	0.123***	3.886	0.13***	4.116
5-14歳人口比率							-0.114*	-3.153	-0.122**	-3.389	-0.14***	-3.812	-0.085*	-1.975
収入目安額									0.092	2.848	0.078*	2.388	0.084*	2.584
納税者1人あたり平均所得											0.082*	2.273	0.136**	3.24
自治体財政力指数													-0.114*	-2.476

*** p<0.001,**p<0.01,*p<0.05

変数としては、就学援助の制度周知スコアについては、前述したように、教育委員会のホームページや自治体広報紙、入学時や毎年度の就学援助制度の書類配布、教職員や保護者向け説明会実施等を多く行っているほど就学援助率は高くなる。自治体として可能なあらゆる手段を通じて、就学援助制度の周知を行う自治体では、やはり就学援助率が向上する傾向が確認できる。**表4**（151頁）のベータ値は、絶対値が1に近いほど就学援助率に対して影響が大きいことを意味し、人口1人あたり生活保護費の影響力がもっとも強く、次に母子世帯比率、そして制度周知状況スコアとなっている。

要するに、教育委員会による就学制度の周知の努力もさることながら、母子世帯が多い自治体であることや、生活保護が認められやすい自治体であるということの影響のほうが大きいということになる。

この結果をどのように考えればよいのだろうか。人口1人あたりの生活保護費を押し上げる要因は、高齢者世帯での生活保護率の上昇のほかに、離婚率と母子世帯率の上昇、生活保護受給基準の自治体独自の緩和や運用など、生活保護行政に対するスタンスなどがあげられている（厚生労働省 2005、周・鈴木 2011）。人口1人あたり生活保護費が高い自治体は、高齢者世帯や母子世帯など困難を抱える世帯が多く、かつセーフティネットとしての生活保護制度の運用に積極的な自治体であると考えられるだろう。そうした自治体では、生活保護や母子世帯の相談窓口等を通じて、就学援助制度の周知が丁寧に行われているとも推測できる。生活保護が受給できなくとも、相談におとずれることで就学援助制度の利用が行われやすくなる可能性もある。ただし**表2**（150頁）を見るかぎり、人口1人あたり生活保護費と就学援助の制度周知スコアとの相関は低い。文部科学省「平成26年度就学援助の実施状況（市町村別実施状況）」では、生活保護や母子世帯向けの相談窓口など、教育委員会や学校以外で就学援助制度が周知されているかどうかは把握されてはいないので、あくまで可能性の指摘にとどまる。

このほかに、5〜14歳人口比率、就学援助制度の収入目安額、納税者1人あたり平均収入、自治体財政力が、弱い影響を及ぼす結果が得られているが（**表4**のモデル7）、ベータ値が小さかったり、モデル4以降の変数増加の中で統計的有意性が若干不安定になっており、本章の分析では就学援助率との明確な関連が確認できるとまではいえないだろう。

またこの推計は、母子世帯比率が2010（平成22）年とやや古く、データベースに一定の制約がある。就学援助率に自治体レベルで影響を及ぼす変数を検証したければ、同一年度の国勢調査と就学援助率等のデータベースを用いた推計や、国勢調査年の時系列分析等が行われることが望ましい。

4 就学援助制度の「課題」

本節での分析から、就学援助制度の「課題」の改善点を4点指摘しておきたい。すでにこれまでも就学援助に詳しい学校事務職員や先行研究によって指摘しつくされてきたことだが（湯田 2009、高津 2009、柳澤 2016）、それでも制度改善につながっていないことから、本稿でも繰り返し指摘しておく必要がある。⑴就学援助制度の利用基準における自治体間格差の改善、⑵ワンストップサービスの中での就学援助制度の周知、⑶最貧困層の捕捉漏れや手続きバリアの改善、⑷就学援助制度の効果検証、について述べていく。

(1) 就学援助制度の利用基準における自治体間格差の改善

1節で指摘したように、就学援助制度の利用率は地域によって大きく異なっている。また自治体間での就学援助制度の運用については、収入基準について生活保護の基準額への倍率が自治体間で大きく異なっていることを指摘した。このことは、同じ収入の世帯がある場合に、ある自治体では就学援助が受給できるが、近隣の自治体ではそうではないケースがあることを示唆する。**表2**（150頁）に示した市部での就学援助制度の収入目安額については平均値が311万円であるが、最大値が500万円を超える自治体もあるという状況が把握できる。より手厚い方向に、就学援助制度の基準額を設定する自治体も存在するということである。

2005年の小泉政権下での三位一体改革の際に、就学援助制度の財源も地方分権化された。これによって、就学援助制度の運用の地域間格差が拡大したことが、小林（2010）によっても検証されている。学校教育法第19条において、「経済的理由によって、就学困難と認められる学齢児童生徒の保護者に対しては、市町村は、必要な援助を与えなければならない」とされており、また子どもの貧困対策の推進に関する法律第1条では「この法律は、子どもの将来がその生まれ育った環境によって左右されることのないよう、貧困の状況にある子どもが健やかに育成される環境を整備するとともに、教育の機会均等を図るため」に子どもの貧困対策を総合的に推進すると規定されている。

子どもが生まれ育った自治体によって、受けられる支援の内容や水準に大きな格差が発生している現状は、早急に改善されなければならない。就学援助制度の場合には、たとえばすべての自治体の就学援助制度の利用基準を、生活保護基準の1・3倍以上に改善していくことなどを当面の目標とするなど、明確な改善基準の設定と周知が国に期待される役割である。

またこの際に、一般財源化によって、就学援助制度の運用の地域間格差が拡大した経緯があることから、地方自治体財政からの就学援助への支出を確実に実施していくためのスキームが必要となる。就学援助制度は義務教育段階の子どもの貧困対策では要となる制度の1つであり、従来から主張されているように国庫補助の対象とする（高津 2009, p.115、湯田 2009, p.148）、あるいは就学援助の利用率が自治体の実態に照らし合わせて著しく低い地方自治体の教育委員会に文部科学省・大臣が指導や改善勧告を行うなど、現行法制のもとでも可能な方策も検討されるべきかもしれない。

(2) ワンストップサービスの中での就学援助制度の周知

「母子家庭がつかえる制度は、役所が積極的に教えてくれることはないので、必死に探している」（公益財団法人あすのば 2017, p.6）、九州・沖縄地方に住む中学校1年生の子どもを持つ母親のインタビュー調査である。この母子世帯の場合には、公立中学校で就学援助制度を利用はしているが、母子世帯の住宅費減免制度については知らないときは受けていなかったという。

このように、子どもを持つ低所得世帯や母子世帯が、利用基準を満たしていてもその制度を知らないために利用できていない実態を、子どもの貧困対策に関わる行政や学校の関係者は深刻に受け止めなければならない。1節にも指摘したように、就学援助制度の捕捉率は100％ではなく、受給漏れが生じている可能性が指摘される状況が続いている。生活困窮の度合いがもっとも強い世帯でも8％（892世帯）が就学援助未受給であったことが、2016年度に実施された大阪府子どもの生活実態調査でも指摘されている（公立大学法人大阪府立大学

2017, p.173)。

なぜ困窮度合いが強い世帯でも就学援助制度を利用していないのかという分析は、より精密に行われる必要があり、大阪府や大阪府調査に協力した市町村をはじめ、自治体での子どもの貧困調査の解析が待たれる。2節の分析からは、人口1人あたり生活保護費と、母子世帯率が、就学援助率と関連の強い変数であることを指摘した。生活保護や母子世帯の相談窓口で、就学援助制度の案内を受け取れたり利用申請ができれば、あるいは学校の就学援助申請とともに他の支援制度の紹介や利用申請もできれば、就学援助制度やその他の支援制度の捕捉率は上昇するはずである。「役所が積極的に教えてくれることはない」状態だと低所得世帯や母子世帯が、厳しい生活状況の中で、市役所の窓口をまわったり、いちいち電話やメール等で問い合わせをしなければならない。そうではなく、1つの窓口で子どもや保護者が必要な支援につながっていけるようなワンストップサービスが実施され、その中で就学援助サービスの利用が行われる必要もある。厚生労働省はひとり親の相談窓口においてワンストップ化された寄り添い型支援を行う政策をすでに実施しているが、教育関連については教育委員会の所管となり、就学援助制度の情報が届くかどうかはわからない体制になっている。自治体内における教育と福祉の所管の壁をなくし、子どもを持つ世帯に必要な支援をワンストップで届けられる仕組みの実現が求められる。この際、子どもに日々接する学校の窓口でもワンストップサービスが実施できることが望ましく、学校事務職員やスクールソーシャルワーカーの連携が求められる。

(3) 就学援助の制度的バリア・社会的バリアの改善

利用基準を満たすにもかかわらず就学援助制度を知らない、もしくは利用していない世帯が存在するのには、制度利用に至る2つのバリアが存在する可能性が考えられる。1つは就学援助申請が行政書式のため漢字や必要書類が多く、日本で生まれ育った住民を含め漢字識字能力の低い保護者が利用しづらかったり手続きが難しく利用を断念してしまうという可能性である。もう1つは、就学援助制度を知ってはいるが、制度利用を「世間体が悪い」「制度利用を知られてしまうと、知り合いからのバッシングがあるのではないか」などの理由でためらってしまうことである。前者を制度的バリア、後者を社会的バリアと分類することもできるだろう。

前者の制度的バリアについては、書式にルビをふる、また外国語に対応した書類を作成するなどの改善が行われているケースも多い。しかし、申請手続きについては、所得証明書や非課税証明を取得する必要がある自治体も多い。生活困窮世帯ではしばしば保護者自身の発達障害や、家庭内暴力（DV）等による精神疾患等の発症があり、就学援助申請を含め行政書式への記入の能力を十分に持たないという手続きに対する制度的バリアが存在する場合もある。

こうした制度的バリアの改善については、学校現場では学校事務職員や教員、スクールソーシャルワーカーが書式記入をサポートする場合もある。また所得証明書や非課税証明書については、マイナンバーによる現況確認を実施する自治体もある。マイナンバー利用であれば、家庭はマイナンバーカード（もしくはマイナンバー通知カードと身分証明書）および銀行口座のコピーを学校や自治体に提出すれば、バリアはある程度改善される。大都市圏を中心に、マイナンバーを利用した就学援助利用の制度的バリアの改善もすでに実現されているものの、そうではない自治体も多い。その実態の解明と、全自治体での書式改善やマイナンバー利用の促進なども国に求められる役割であろう。

このほかに、就学援助が年2回から4回のまとめ支給であり、とくに新入学生がもっとも学用品費が必要な入学前の3月に就学援助世帯がカードローン利用などにより、追い詰められる状況が報道された【注7】。こうした状況に対し、福岡市や熊本市、大分県日田市などでは、新入学生の世帯に対する就学援助制度のまとめ支給を開始しているが【注8】、ごくわずかな導入率にとどまると推測される。就学援助の手続き前の制度的バリアだけでなく、就学援助利用後の制度的バリアも早急に改善されるべき課題と指摘できる。

社会的バリアについては、就学援助制度は義務教育をすべての子どもたちに保障するための制度であり、保護者が利用をためらうべきではないという制度の周知も必要である。しかし、就学援助の案内を学校から受け取った後に、わざわざ学校の事務室や自治体の窓口に出向いての書類の受け取り等があると、「制度利用を知られてしまう」という社会的バリアは改善されない。筆者の住む東京都杉並区では、毎年、公立小中学校の全世帯を対象に就学援助制度申請書の配布があり、制度利用が不要な場合も含めて全世帯から申請書を回収する。行政コストはかかるものの、利用者の社会的バリアの解消としては有効であり、また制度を知らない住民を減少させることのできる有効なアプローチである。

このように就学援助制度利用の制度的バリア・社会的バリアの改善も、すべての自治体に浸透することが望ましい。近隣自治体同士の就学援助書式統一や外国語書式の共有なども有効な手法と考えられる。

(4) 就学援助制度の「捕捉率」と「効果」検証のために

最後に就学援助制度についての「課題」を研究者の立場から指摘しておかなければならないのは、就学援助制度の「捕捉率」と「効果」の検証のためのデータ整備と分析体制の確立の重要性である。

就学援助制度については文部科学省「平成26年度就学援助の実施状況（市町村別実施状況）」により、市町村別の就学援助率（5％刻み）や、制度周知状況、収入目安額等が公開されたことは、就学援助制度の現状と課題を明らかにするうえで重要であり、また子どもの貧困対策の視点からも、画期的な出来事といえる。しかし、実際の市町村の子どもを持つ世帯の状況と比較した「捕捉率」の検証や、低所得世帯が就学援助制度を利用できていることの「効果」の検証に対応した世帯単位、子ども単位のデータベースの整備は今後の課題である。

また自治体単位でのデータについては本章でも指摘したように、生活保護の相談窓口やひとり親の相談窓口での相談業務のワンストップ化の中に就学援助制度が含まれているかどうか、学校で就学援助制度以外の自治体行政制度案内や申請のワンストップ化が行えているか、外国語の就学援助案内や申請書式の整備や、マイナンバー認定等の実施率も、就学援助制度のバリア改善と「捕捉率」向上のために調査対象とされるべき事項ではないだろうか。

また「効果」の検証に際しては、就学援助制度を利用している子どものある年のテストスコアが上昇するかどうかのような近視眼思考ではなく、家族ストレスの緩和や、親の子どもに対する進路期待、子どもの心身の健康などの多元的な指標で、時系列分析されることが望ましい。全国の自治体で実施されている子どもの貧困に関する調査の総合的評価や、国としての長期時系列データベースの整備などが期待される。

引用・参考文献

現代学校事務研究会編（2011）「学校環境整備と就学支援」『学校事務』２０１１年7月号別冊付録
日下田岳史・北條雅一（2012）「就学援助率と学力、学校の取組みとの関係」国立教育政策研究所『初等中等教育における教育財政に関する調査研究　最終報告書』65～109頁

北嶋博行（2012）「年度内はさかのぼって支給」全国学校事務職員制度研究会・「なくそう！子どもの貧困」全国ネットワーク『元気がでる就学援助の本』、かもがわ出版、116〜113頁

木村伸子（2012）「入学前に中学校準備金支給」全国学校事務職員制度研究会・「なくそう！子どもの貧困」全国ネットワーク『元気がでる就学援助の本』、かもがわ出版、56〜67頁

厚生労働省（2005）「生活保護率における地域間格差の原因分析のための調査」

公益財団法人あすのば（2017）『「入学・新生活応援給付金」聴き取り報告書』（http://www.usnova.org/wp-content/uploads/2017/05/report_2016kikitori.pdf）

公立大学法人大阪府立大学（2017）『大阪府子どもの生活に関する実態調査報告書』（http://www.pref.osaka.lg.jp/kosodateshien/kodomo/index.html）

小西祐馬（2004）「就学援助制度の現状と課題」『北海道大学大学院教育学研究科紀要』第95号、191〜205頁

小林庸一（2010）「就学援助制度の一般財源化——地域別データを用いた影響分析」『経済のプリズム』No.78 参議院、31〜51頁

中村文夫（2016）『子どもの貧困と公教育』明石書店

西村よし子（2012）「お金をかけさせない学校に」全国学校事務職員制度研究会・「なくそう！子どもの貧困」全国ネットワーク『元気がでる就学援助の本』、かもがわ出版、10〜17頁

周燕飛・鈴木亘（2011）「生活保護率の上昇要因——長期時系列データに基づく考察」『一橋大学経済研究所世代間問題研究機構ディスカッションペーパー』No.525、1〜16頁

高津圭一（2016）「必要な人に届いていない就学援助制度と都道府県格差」、「なくそう！子どもの貧困」全国ネットワーク『子どもの貧困ハンドブック』かもがわ出版、202〜206頁

高津圭一（2009）「就学援助制度の実態と課題」藤本典裕・学校事務職員制度研究会『学校から見える子どもの貧困』大月書店

柳澤靖明（2016）『本当の学校事務の話をしよう——ひろがる職分とこれからの公教育』太郎次郎社エディタス

湯田伸一（2009）『知られざる就学援助——驚愕の市区町村格差』学事出版

注

1　『内外教育』６５６３号、２０１７年2月21日、18〜19頁

2　収入基準については、文部科学省「平成26年度就学援助の実施状況（市町村別実施状況）」データを用いた。

3　これと関連して、近年では義務教育に要する経費や学校給食費を無償化しつつある自治体が拡大しつつある動向にも注目しておく必要があるだろう。中村（2016, p.109）および朝日新聞２０１６年12月19日朝刊「給食無償化、じわり拡大　子育て支援目的、55市町村に　公立小・中」。

4　人口総数、5～14歳人口は『【総計】住民基本台帳年齢階級別人口（市区町村別）』、納税者1人あたり平均課税所得は総務省『市町村税課税状況等の調』、人口1人あたり児童福祉費、人口1人あたり生活保護費は『市町村別決算状況調』（いずれも平成25年度）、母子世帯、父子世帯は『国勢調査』（平成22年度）である。『国勢調査』は平成22年データのため市町村合併を経て異なる名称になった自治体や合併により旧市名がなくなった自治体はデータベースから除外したが、市町村合併後も同一自治体名である場合には同一自治体とみなしている。

　就学援助の収入目安額、生活保護認定基準に対する就学援助認定基準の倍率は文部科学省「平成26年度就学援助の実施状況（市町村別実施状況）」を用いた。本章の執筆に際して就学援助制度の先進的取組みについて有益な情報提供をいただいた文部科学省初等中等教育局財務課高校就学支援室に感謝の意を表す。

5　『国勢調査』での母子世帯・父子世帯は「未婚、死別又は離別の女親（もしくは男親）と、その未婚の20歳未満の子供のみから成る一般世帯」であり、三世代同居世帯とは別扱いとなっている。

6　ＶＩＦ値を確認したが、最大で2程度であり、多重共線性は発生していないと判断した。

7　「制服・部活…学校関連の出費、就学援助とつらい時間差」『朝日新聞』２０１６年8月29日朝刊

8　「入学準備金の前倒し拡大　ランドセル、制服の購入補助」『西日本新聞』２０１６年3月25日朝刊

第７章

制度化される学習支援

――制度化によって学習支援はどう変化するか

佐久間邦友（郡山女子大学）

1　はじめに

近年、学校外において教育委員会主催の大学生などを活用した学習支援事業や貧困世帯の子どもたちを対象とした学習支援など地方自治体主導の学習支援事業が盛んに行われており、これらの事業に対して世論からも一定の支持が得られていることは周知の事実である。しかし、このような学習支援事業は、従来あくまで実施する自治体の独自の施策として位置づけられている傾向にあった。

２０１４年1月、「子どもの貧困対策の推進に関する法律」が施行され、子どもの貧困対策は国、地方自治体の責務となり、これを受け２０１４年8月「子供の貧困対策に関する大綱」（以下、「子供の貧困対策大綱」）によって子どもの貧困対策の方針が示された。また、２０１５年4月に「生活困窮者自立支援法」が施行された。ここでは生活困窮世帯に対してさまざまな支援メニューを行うよう自治体に求められたのだが、そのメニューの１つに生活困窮者の子どもの学習支援事業が組み込まれていることも後述するように注目すべき事項といえるだろう。つまり、これらの法制度化によって、これまで自治体の独自施策として位置づけられてきた学校外での学習支援事業が、国家的な教育政策として新たに認められたといってもよいだろう。

このような状況において筆者は、子どもに対する「学習支援」は「学校」の内と外を基準として、「学校を中心とした学習支援」と「学校外を中心とした学習支援」の2つに分類することができると考えている。既述した「生活困窮者自立支援法」によって実施される学習支援事業は、「学校外を中心とした学習支援」として捉えている。

ただし、留意すべきは、学習支援事業自体が「子どもの貧困対策の推進に関する法律」（以下、「子どもの貧困対策法」）をはじめとする諸法律が施行されたから生まれた事業ではないことである。学習支援事業は、子どもの貧困対策法施行前より一部の自治体では自主的に実施されてきた事業であり、たとえば、秋田県東成瀬村「地域学習教室」は、学習塾などの学校外教育の補完を目的に実施されており（拙稿 2010）、子どもの貧困対策のためだけに学習支援事業が実施されてきたわけではない経緯もふまえておくべきである。先進自治体で自主的に推進されてきた学習支援事業が、後から出現した新たな法制の枠組みによってよりフォーマルに「制度化」【注1】されることで、学習支援の仕組みや内容を変容させていくケースが出現してきている。

本章では、「学習支援が制度化されることによって学習支援事業はどのように変化するのか」を問うことにする。具体的には埼玉県の生活保護受給者チャレンジ事業を取り上げ、制度化によって生じる学習支援事業の変化および学習支援事業そのものに対する意義と課題を考察していきたい。埼玉県のこの事業は、生活困窮者自立支援法施行前より実施されている事業であり、新たな生活困窮者自立支援制度に関する厚生労働省資料（2013）にもモデルケースとして掲載されている事例である。

2 常態化する学習支援――学校外を中心とした学習支援

「学校」以外の教育施設を利用する構造

日本の子どもたちは、日本国憲法、教育基本法のもとで教育の機会均等が保障されており、小学校から中学校までの義務教育9年間の学校生活を送ることが大前提とされている。そのため、これまでの学習支援とは、学校（一条校）に通うこと、なおかつ公立の小・中学校に通うことを前提に行われてきたといえるだろう。たとえば、低所得者世帯・家庭の子どもに対する就学援助や給食費補助をはじめとする公費補助をあげることができる【注2】。また、「子供の貧困対策大綱」で取り上げられた「学校のプラットフォーム化」も学校を通じた支援としてあげることができる。

しかしながら、高等学校への進学率が98・0％を超える中で、高校受験をはじめとする上級学校への進学に際して、受験準備として「学習塾」をはじめとする学校以外の教育機関を利用する子どもたちが多いことは周知の事実であり、結城（2012）の研究では、学校と学習塾・予備校などの学校外教育機関を利用しているという二重構造が指摘されている。

全国学力・学習状況調査の質問紙調査結果によれば、公立小学校に通う小学生の通塾率は、毎年増減はあるものの、2007年度44・7％であったのに対して、2016年度は45・9％と増加傾向にある。公立中学校に通う中学生の通塾率も2007年度59・2％に対して、2016年度は61・0％と小学生と同様に増加傾向にある（**図1**）。

ここで特筆すべきことは、通塾率が増加傾向にあることではなく、公立小・中学校に通う子どもたちの約半数が学習塾などを利用しているという事実である【注3】。つまり、日本の子どもたちは、「学校」以外の教育施設を利用する「学校」＋「学校外教育」というセットの学習の構造が構築されつつあるといえよう。

学習支援が生じる背景

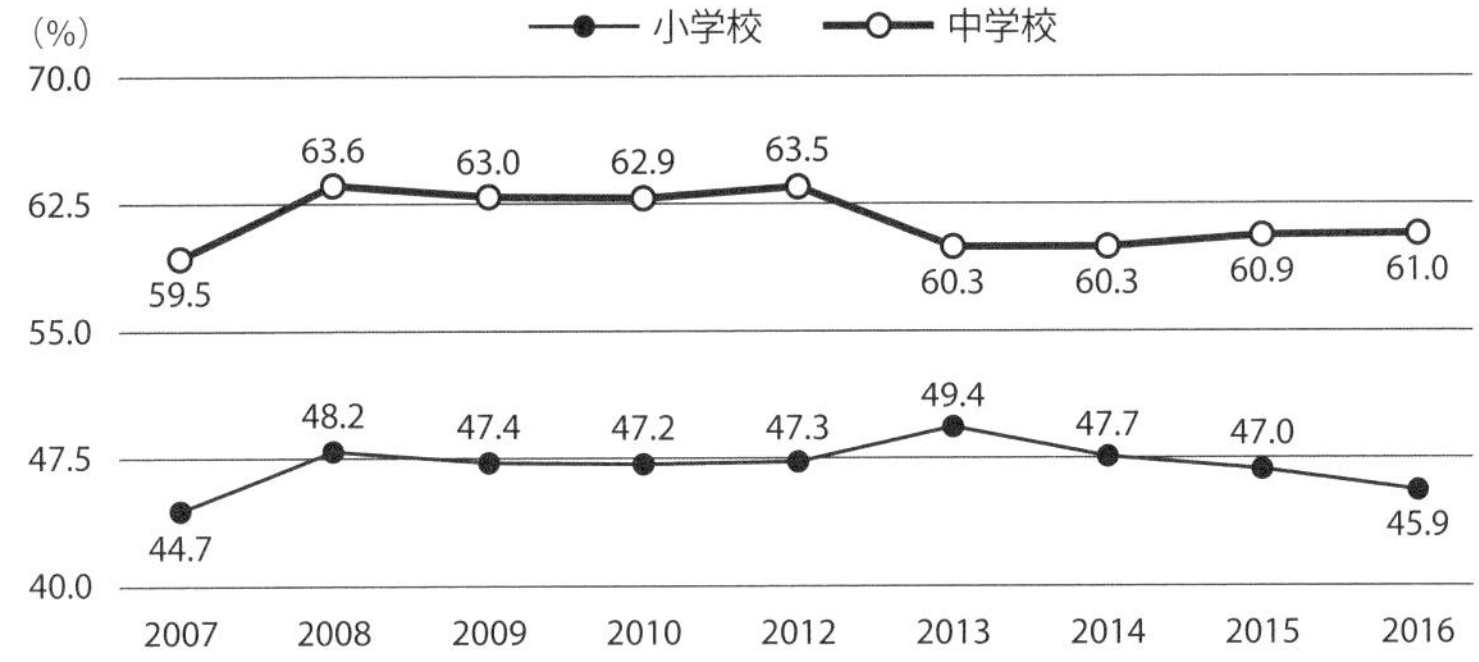

出典：全国学力・学習状況調査の質問紙調査結果より抜粋し、筆者作成。

図1　公立学校に通う児童・生徒の通塾率

子どもたちに対して、自治体が学習支援をする背景には、子どもたち個々人の抱える困難さ（いじめによる心理的ダメージや、学習意欲の低さ）や社会的要因（学習塾の商圏外で地理的に阻害されている、家庭の貧困による学校外の学習機会の剝奪、外国籍や無戸籍児童生徒、不登校児童生徒などの困難を抱えた生徒に対する公立学校の不十分なサポート）が存在する【注4】。

岩月（2013）は、自身が教育支援員として関わった経験より、埼玉県の生活保護受給者チャレンジ事業の対象になる子どもたちのバックグラウンドを以下のようにまとめている。

> 低学力の背景としては、まず学習環境が整っていないという問題がある。家に勉強部屋・机・辞書などがそろっている方が少なく、訪問した際にも書類を書く場所さえ見つけることが難しいこともあった。これでは学校の宿題や予習復習どころの話ではない。また、多子家庭の場合は、下の子たちが騒ぐので家では勉強できないというだけでなく、まだ幼い弟や妹の世話をするために学校に行けないという子さえいた。
>
> （岩月 2013, p.10）

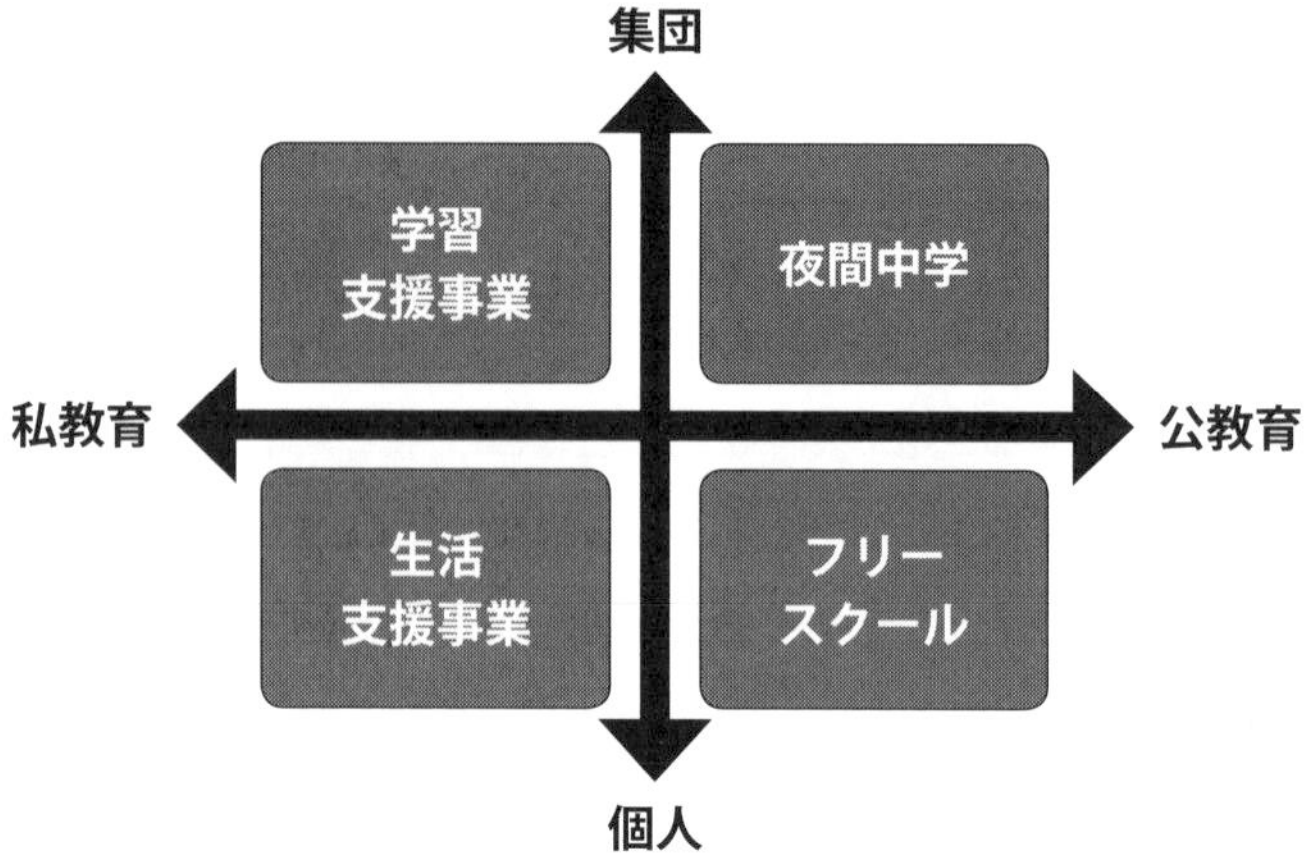

図２　学習支援事業の類型化（筆者作成）

学習支援も個人的要因にきめこまかくアプローチしようとするものと、より広い子ども集団（社会）に集合的に対応しようとするグループアプローチをしようとするもので類型化される。**図2**は日本の主要な学習支援事業を、縦軸が一定数の子ども集団に対するアプローチと個人に対するアプローチ、横軸が学校による公教育という形式に準じる仕組みや教育内容か、それとも学校外の私教育に対応しようとする取り組みかで分類している。

たとえば、子どもたち個々人の抱える困難さなど個人的要因に対する学習支援として、学校に準じる普通教育を保障しようとする「フリースクール」や学校外の「生活・学習習慣に対する支援（生活支援事業）」などがあげられる。先にあげた社会的要因に対する学習支援としては、義務教育を保障しようとする「夜間中学」や学校外での「学習塾を活用した学習支援」があげられる。また学習支援の事業主体として捉えると、行政による貧困の子どもたちに対する学習支援事業には、文部科学省所管事業の「地域未来塾」と厚生労働省管轄の生活困窮者自立支援制度それぞれが実施されており、「教育」と「福祉」双方からのアプローチ策が講じられている。

学習支援事業の多様性

「学校内での学習支援事業」や「学校外での学習支援事業」と聞いて何をイメージするだろうか。たとえば、学校支援ボランティアによる学習支援事業だろうか。または冒頭に述べた大学生による学習支援事業や学習塾の講師による課外授業だろうか。

しかしながら、学校内外を問わず、学習支援事業そのものは、教育施策において特別新規性を帯びた事業ではない。学校外の学習支援に焦点をあててみれば、これまでも、何かしらの理由で学習塾のような学校外教育機関を利用できない子どもたちへの学習支援として、教育委員会と学習塾が連携し、子どもたちに対して直接的に学校外教育を提供する学習支援、または家計に対して塾代などの支援を行う学習支援のいずれかが実施され、貧困の状態の有無にかかわらず、子どもたちに対する学習支援が１９９０年代以降各地で行われてきた。

たとえば、直接的な学習支援として、沖縄県の離島にある北大東村での「なかよし塾」、青森県東通村「東通村学習塾」、秋田県東成瀬村「東成瀬村地域学習教室」などがあり、貧困対策として実施されているものといえば、東京都江戸川区での中3学習会などの学習支援が有名である。また、東京都杉並区立和田中学校地域支援本部の「夜スぺ」のようなマスコミに大々的に取り上げられ論争に至ったものもある。家計への支援としては、東京都の「受験生チャレンジ支援貸付事業」や大阪市「塾代助成事業」などがあげられる。

また、学習支援事業の目的も貧困状態にある子どもたちへの支援や対策とは限らない。秋田県東成瀬村の場合、次の事業目的からも地理的条件で村内に設置されない学習塾などの学校外教育を自治体が補完する要素を持っていることがわかる。

表1　公立小中学校と学習塾などとの連携の主なもの

自治体・学校名	開設・開講の時期	内容ほか
東京都江東区立八名小学校	2004年6月	算数／のち、正規授業も指導
東京都港区	2005年6月	月2回土曜日
青森県東通村	2005年10月	村営塾（東通村学習塾）中学生、のち小4～6も／月額1,000円程度
東京都千代田区立九段中等教育学校	2006年4月	土曜講座、年15回、全員参加
東京都足立区	2006年8月	長期休暇時の補習講座
福島県川内村	2007年4月	村営塾（かわうち興学塾）小5～中3／月額2,000円程度
東京都杉並区立和田中学校	2008年1月	夜スペシャル／有料
東京都葛飾区立葛美中学校	2008年3月	英数／土曜
福島県矢祭町	2008年4月	町営塾（矢祭町土曜スクール）／小5・6、中3
東京都清瀬市	2008年5月	算数・個別指導
青森県六ヶ所村	2008年6月	村営塾（VILLAGEアカデミー）／小5～中3

出典：私塾界（2008）より、筆者作成

本村は、放課後または休日の学習について、県内他市町村と環境・諸条件が異なり、児童生徒の希望にかなうような補充的な学習や発展的な学習が難しい地域の実情であるため、学校以外の場所でさらに学ぶ機会を設け、将来地域を担う人材を育成するための学習支援として、休日における『東成瀬村地域学習教室』を設置する。（東成瀬村教育委員会2015）

表1は、私塾界（2008）がまとめた公立小・中学校と学習塾などとの連携の主なものである。このように学習塾との連携という形による「学習支援」事業を取ってみただけでも、その設置・実施主体、指導方法もさまざまであることが見て取ることできる【注5】。

これまで、学習塾を活用した学習支援に関する研究として、末冨（2007, 2010）は、学習塾と教育委員会の連携施策を公費支援型学習塾、公費支援型学習サービスと銘打って意義と課題をまとめており、また拙稿（2010）において秋田県東成瀬村「地域学習教室」を取り上げ、地方における学習塾と教育委員会の連携施策の意義と課題を論じ、拙稿（2014b）では、前述の秋田県の事例と熊本県山江村の事例を用いて施策に関する事務についてまとめたところである。このほかに、東京都で行われている学習塾費用の貸付事業のような間接的な学習支援について、末冨（2012）は、東京都の「受験生チャレンジ支援貸付事業」を取り上げて、私教育に公費投入をすることについて問題提起をしている。このように学習塾などの民間教育産業を活用した学習支援に関する研究が蓄積されつつある【注6】。

3 学習支援の制度化に向けての推進力

貧困対策としての学習支援

学習支援事業自体、政策的に新規性を持つものではないことは、先ほど言及したところであるが、貧困対策としての学習支援事業はいつから始まったのだろうか。たとえば、江戸川区のケースワーカーが中心となって取り組み1987年から行われている「江戸川中3勉強会」、釧路市で試行された子どもの支援事業【注7】など関連する事例はいくつか散見される。ただしこれらの取り組みが全国的な制度化への推進力になったかどうかは定かではない。とくに法制化されることは、フォーマルに制度化されることであり、学習支援団体の量的拡大とともに質的な向上などのエンパワーメント策も講じられ、ある種の変化が生じる。

松村（2016）によれば、これまでわが国は、生活保護世帯をはじめとする貧困世帯の子どもの教育の機会の議論、対策が講じられることは少なく、90年代後半以降、貧困の再生産や貧困の連鎖が、社会問題として顕在化した。そして、この流れを受け，厚生労働省の専門委員会等において【注8】、生活保護世帯の子どもの自立・就労を促すための子どもの高校進学の必要性が提起され、「生業扶助の高校学校等就学費」や「子どもの学習支援費」の創設といった政策が進められたと指摘する（松村 2016）。

また松村（2016）は、貧困世帯の子どもへの学習支援について、2000年代半ばから法策定までの成り立ちと教育・福祉政策上の意義、位置づけとその変化に焦点をあて、審議会や国会、新聞報道を通して検討したところ「2000年代に福祉政策として派生した。そこでは貧困という困難や課題を抱える特定の子どもを含む『世帯』を支援することで、有子世帯の自立を促す手段として学習支援が位置づけられていた（松村 2016, p.53）」とまとめている。

加えて、「子どもの貧困対策の推進に関する法律」の成立において、「国会でも、2000年代半ばから、行政の議論の流れを汲みつつ、子どもの貧困への意識の高まりを背景に、各地の先進的な取り組みや学術的な研究成果を引用しつつ、活発に議論が展開され、のちに子どもの貧困対策法につながる基盤が醸成されてきた」（松村 2016, p.54）と指摘している。

また、龍前（2014）は、「子どもの貧困対策の推進に関する法律」において、生活保護世帯の子どもたちの高校進学率が指標として採用された理由の1つを「2010年9月から始めた埼玉県の教育支援事業が、生活保護世帯の子どもの高校進学率の向上を目標とし、なおかつ成果をあげていることが考えられる。（龍前 2014, p.31）」と述べ、生活保護世帯の子どもたちに対して高校進学を後押しする学習支援を行う必要性を説いている。

つまり、学習支援事業の法制度化に向けては、後述する埼玉県のような福祉政策におけるグッドプラクティス事業の登場が推進要因となったことが推察できる。

子どもの貧困対策の推進に関する法律

２０１４年1月、「子どもの貧困対策法」が施行された。子どもたちへの学習支援については、第10条で「国及び地方公共団体は、就学の援助、学資の援助、学習の支援その他の貧困の状況にある子どもの教育に関する支援のために必要な施策を講ずるものとする」と定められた。

その後、２０１４年8月に発表された「子供の貧困対策大綱」では、生活困窮世帯への学習支援として、次のように述べられている。

生活保護世帯の子供を含む生活困窮世帯の子供を対象に、生活困窮者自立支援法に基づき、平成27年度から、地域での事例を参考に、学習支援事業を実施する。

また、児童養護施設等で暮らす子供に対する学習支援を推進するとともに、ひとり親家庭の子供が気軽に相談できる児童訪問援助員（ホームフレンド）の派遣や学習支援ボランティア事業を通じ、子供の心に寄り添うピア・サポートを行いつつ学習意欲の喚起や教科指導を行う。

そのほか、放課後補習や、放課後子供教室、学校支援地域本部、土曜日の教育活動等を推進し、放課後等の学習支援を充実する。その際、ＮＰＯ等と各自治体との連携を促進するなど、子供の状況に配慮した支援の充実を図る（再掲）。

また、高校中退の防止や中退後のフォローを充実するとともに、大学・専修学校等へ安心して進学できるようにするため、スクールカウンセラーやスクールソーシャルワーカー等の専門家による教育相談体制の整備充実のほか、大学等奨学金事業の充実等による経済的負担の軽減を図る（「子供の貧困対策大綱」p.13-14）。

つまり、「子どもの貧困対策法」の制定によって、これまで各自治体等でオリジナリティをもって取り組まれてきた生活困窮者世帯に暮らす子どもたちをはじめとするさまざまな子どもたちへの「学習支援」事業が制度化されたことになるのである。

また、学習支援といっても、単に「学習指導」を行うだけではなく、「学習意欲の喚起」やスクールカウンセラーやスクールソーシャルワーカーなどの専門家による相談体制の整備・充実という「学習指導」に関連する周辺的支援も述べられていることも特筆に値することであろう。

地域未来塾

文部科学省は子どもたちへの学習支援施策として、学校支援地域本部や学校支援ボランティアなどをあげ、学校を介した支援を主としていることがわかる。また、子どもの貧困対策としては「地域未来塾」が該当する施策といえよう。

「地域未来塾」とは、文部科学省が主導する仕組みで、地域住民の協力を得て、学習が遅れがちな中学生等を対象とした学習支援である。具体的には、経済的な理由や家庭の事情により、家庭での学習が困難であったり、学習習慣が十分に身についていない中学生等への学習支援を実施するものである。地域住民が参画する学校支援地域本部を活用することで、地域住民をはじめ大学生や教員ＯＢなどが指導にあたる。

そして、学習が遅れがちな中学生等に対して学習習慣の確立と基礎学力の定着、高等学校等進学率の改善や学力向上を目指し、貧困の負の連鎖を断ち切ろうと試みるものである。

「地域未来塾」は２０１５年度７００中学校区で実施され、２０１９年度までには５０００中学校区（公立全中学校の50％）での実施を目指している。都道府県、政令指定都市、中核市が主体となって実施する施策であり、国からの補助率は３分の１である。

4　事例から見る学習支援——埼玉県の生活保護受給者チャレンジ事業

生活保護受給者チャレンジ事業の概要

２０１０年９月、埼玉県は、リーマンショックなどの景気低迷を発端とする国の緊急雇用創出基金事業等を活用し、教育・就労・住宅の３分野に教育支援員、職業訓練支援員、住宅ソーシャルワーカーなど専門の支援員を配置、福祉事務所のケースワーカーと連携しながら、生活保護受給者の自立を支援する県の独自事業「生活保護受給者チャレンジ支援事業（以下、「アスポート事業」）」を開始した【注９】。

アスポート事業は、職業訓練支援員事業、住宅ソーシャルワーカー事業、教育支援員事業の３つの事業の総称である。職業訓練支援員事業では、生活保護受給者本人に適した職業訓練メニューを提供することに加え、支援員が対象者とともに支援計画を作成し、職業訓練の受講、求職活動にいたるまで一貫した支援を実施する。住宅ソーシャルワーカー事業では、無料低額宿泊所を利用している生活保護受給者らを民間のアパートに転居できるよう支援を行っている。

そして、教育支援員事業では、生活保護世帯の中高生を対象とした無料学習教室を開催し、元教員や大学生のボランティアによる学習指導を行い、高校進学や高校中退防止などを支援している。龍前（2015）によれば、アスポート事業は寄り添い型の支援であり、「支援対象者が必要としているものそのものを提供するのではなく、支援対象者が必要としているものの探し方や手に入れ方を教えるという支援」である（龍前 2015, p.55）。

教育支援員事業の概要

生活困窮者自立支援法施行前のアスポート事業における教育支援員事業を見ていくことにしよう。

アスポート事業における教育支援員事業とは、埼玉県内（さいたま市を除く）の生活保護受給世帯のうち中学生及びその保護者に対して、高等学校進学の重要性に対する理解を促し、基礎学力の向上により高等学校への進学を支援することを目的に開始した事業である。

支援内容は、「教育支援員による訪問支援」「学習教室での支援」に分けることができ、具体的には、埼玉県が業務委託する団体（一般社団法人「彩の国子ども・若者支援ネットワーク」）が特別養護老人ホームなどの会議室等で学習教室を設置して学習指導を行うとともに、家庭訪問などを実施し、生活保護世帯で暮らす子どもたちの学習意欲の喚起や養育相談も行うものである。

たとえば「教育支援員による訪問支援」では、教育支援員が家庭訪問を行い、生徒やその保護者に対して高等学校進学の重要性などの理解を促し、高校受験に関わる願書・入学手続き書類等の提出などの支援も行う。「学習教室での支援」では、高校入試に向けたマンツーマンの学習支援を行う。それに伴って教材は参加者の学習進度に合わせたものを準備している。開催時間や開催頻度は、平日の夜間（18時から20時）や土曜日（半日程度）に開催し、各教室あたり週2日の開催頻度であった。

２０１０年度、指導対象は、生活保護世帯で暮らす中学3年生のみ対象に実施していた。２０１０年度のアスポート事業において、家庭訪問や学習指導を行う支援員は30名と埼玉県内の大学の学生ボランティアであった。会場は、埼玉県老人福祉施設協議会の協力を得て、県内5か所、その後、県内10か所（熊谷・春日部・川口・ふじみ野・新座・北本・越谷・蕨・川越・所沢）の特別養護老人ホームのデイサービスルームや会議室を利用し、そこに「学習教室」を設置した。

会場である特別養護老人ホームを教室として活用したのは、「ただ勉強するだけではなく、お年寄りの方々と子どもたちとの触れ合いの場をつくろうという意図からです。また、施設で働く職員の姿を見てもらうことで、福祉の現場を知ってもらい、1人でも2人でも福祉の仕事を志してほしいという思い（埼玉県アスポート編集委員会 2012）」からであった。

支援の流れとそれを支える人々

学習支援の流れは、①プログラムの対象の候補となる県内の生活保護受給世帯の中学生のリストアップを行う、②福祉事務所ケースワーカーが支援対象の候補となる中学生及び保護者に対してプログラムの説明・教育支援員に対する個人情報の提供等について説明を行い、家庭の参加意向の確認を行う、③プログラムへの参加希望があり、かつ教育支援員に対する個人情報の提供等について同意が得られた場合、世帯単位での同意書の提出を求める、の3つのプロセスが初期段階に行われる。

そして、④各福祉事務所がプログラムを実施する事業者（教育支援員）に支援要請し、⑤教育支援員の初回訪問・面談とつながっていく。なお初回訪問時には、福祉事務所のケースワーカーも同行する。面談では、教育支援員より高等学校進学に向けた動機づけを行うとともに、学習面での支援の必要性などを把握する。

面談の結果を受けて、⑥対象者の状況に応じた訪問支援や学習教室での学習支援などを行い、⑦教育支援員及び福祉事務所が3月に対象者の進路の結果を確認し、学習支援が終了となる。

この教育支援員は、埼玉県がアスポート事業における教育支援事業を業務委託する団体（一般社団法人「彩の国子ども・若者支援ネットワーク」）に所属している。この「彩の国子ども・若者支援ネットワーク」という団体は、2017年現在も埼玉県内でアスポート事業及び学習支援事業を最も多く受託している団体である。またアスポート事業開始初年度から委託団体として活動している団体であり、2010年7月に設立され、現在の活動に至っている。

この法人の設立趣旨及び目的は、①生活困窮者世帯の子どもの健やかな成長のために学習及び生活支援を行う、②生活困窮者世帯の子どもの学力を伸ばし、高校進学などの進路を拓くための支援を行う、③生活困窮者世帯の子どもの社会的自立を支援する、ことである。加えて、アスポート教育支援事業の主な内容は以下の5点である。
（1）中学生、高校生の子どもを持つ家庭を訪問、親や子と面談し教育相談を受けながら学習教室へ勧誘
（2）学習教室参加生徒への学習指導、進路指導、生活指導など学校生活、日常生活を充実させるための援助
（3）子どもたちの学習の場、居場所としての学習教室の運営および就労体験

（4）大学生を中心とする学習ボランティアの確保、指導力向上などの研修
（5）福祉事務所、ケースワーカー、学校関係者など関係機関との連携、教室として使用させていただいている老人福祉施設や公的施設との連携

（白鳥 2015, p.23）

このように、学習支援のみならず、就労支援などさまざまな取り組みを行っていることがわかる。

実際の教育支援には、委託団体の職員（教育支援員）のほかに県内の大学生ボランティアが指導にあたっている。実施にあたっては、埼玉県内の大学に協力を依頼し、２０１０年度は5大学（埼玉大学・立教大学・大東文化大学・立正大学・埼玉県立大学）、２０１１年度は10大学（聖学院大学・浦和大学・獨協大学・文教大学・日本社会事業大学が追加）と連携したが、のちに示すように参加する学生の大学数も増加傾向にある。

２０１６年現在、教室運営や家庭訪問等を行う専任スタッフは64名、教室で指導のみ行う学習指導員１１６名（元教員など）、大学生のボランティア４５０名（35大学）で学習支援事業を行っている。またスタッフに求められる要件としては、教員免許や社会福祉士、臨床心理士、精神保健福祉士などである。

開催教室数は、中学生教室45か所、高校生教室28か所である。中学生８５０名（うち中学3年生約40％）、高校生２５０名を支援している。

教育支援事業が開始された政策的背景

アスポート事業開始の背景は、「貧困の連鎖」を防ぎたいという行政側の問題意識である。生活保護世帯で育った子どもが大人になって再び生活保護を受ける割合は25・1％という調査結果があり（道中 2007）、生活保護

世帯で育った子どもたちが大人になり、再び生活保護を受ける「貧困の連鎖」を防ぐことは、中長期的な生活保護行政を構築していく中では、大きな問題であった（埼玉県アスポート編集委員会 2012）。

そのためには、「高校進学」に焦点をあてて、高校進学の重要性を親に理解させるとともに、子どもたちに対して、学力の底上げを図っていく必要があった。「高校進学」に焦点をあてた背景について、龍前によれば、「貧困の連鎖の原因の１つとして、生活保護世帯の高校進学率の低さが考えられました。事業開始前の平成21年度の生活保護世帯の高校進学率は86・9％と、県全体の進学率98・2％と比べ10ポイント以上も低かったのです。このため、生活保護世帯の中学生に学習指導を行って高校進学を支援することになりました」と述べている（龍前 2016, p.6）。

アスポート事業開始の契機としては、リーマンショック以降の生活保護受給者の急増があげられる。福祉事務所では生活保護申請の増加への対応と生活保護受給者の自立支援を進める必要があった。しかし自治体でケースワーカーの増員が追い付かず、自立に向けた支援を進めるのが困難な状況にあり、自立支援の取り組みを外部の専門家に任せ、自立に向けた道筋をつける必要性があった（龍前 2013）。

教育支援員事業の成果と課題

教育支援員事業の成果と課題について見ていくことにしたい。事業の実績については、**表2**にある通りであり、２０１０（平成22）年度の開始当初１６０名の参加者（対象は中学3年生のみ）であったが、生活困窮者自立支援制度がスタートする直前の２０１４（平成26）年度には５４５名（うち中学3年生は３０３名）と参加者が約3倍（中学3年生のみだと約１・９倍）増加したことがわかる。

表２　アスポート教育支援員事業実績

			2010	2011	2012	2013	2014	2015	
			県全体（さいたま市除く）					町村部	県全体
対象世帯	生活保護		○	○	○	○	○	○	
	生活困窮							○	
中学生	教室数		5	10	11	17	19 ※	9	87
	対象学年	中学１年生		○	○	○	○	○	各自治体による
		中学２年生		○	○	○	○	○	
		中学３年生	○	○	○	○	○	○	
	学習教室参加者（人）		160	537	670	575	545	243	1,391
	内３年生（人）		160	305	331	316	303	91	590
	高等学校進学率（%）		97.5	97.0	97.0	97.8	97.7	98.3	
高校生	教室数		高校生への学習支援は2013年度より実施			7	8 ※	6	29
	対象学年	高校１年生				○	○	○	各自治体による
		高校２年生					○	○	
		高校３年生					○	○	
		高校４年生					○	○	
	学習教室参加者（人）					211	262	35	279

出典：埼玉県庁提供資料より、筆者作成

高等学校進学率についても事業開始前（２００９年度）には86・９％であったものの、翌年の２０１０（平成22）年度には97・５％（教室に参加した中学3年生３０５人のうち２９６人が高校に進学）に上昇し、その後97％台を推移、２０１５（平成27）年度の事業実績では、98・３％（市部：98・２％、町村部：98・９％）と前年度から11・４ポイントも増加している。また、会場が特別養護老人ホームということもあってか、学習教室参加者の中には、「介護の仕事に就きたい」と将来の希望を述べる子どももいた。２０１３（平成25）年度からは、中学生の参加者を増やすことをめざし、支援員を30人から45人へ増員し学習教室を10か所から17か所へと拡大した。

その一方で課題も見えてきた。それは「生活保護世帯の高校生の中退率」である。

龍前によれば、「平成22年度に学習支援の対象であった中学3年生が高校1年生となった平成23年度の中退率を調べたところ、県内公立高校1年生の中退率が3・1%だったのに対し、さいたま市を除く全県の生活保護の高校1年生の中退率が6・9%と倍以上も高かった」と報告している（龍前 2016, p.6）。

課題への対策——高校生への学習支援

中退理由を分析したところ、学業不振による中退が多いことが明らかになった。そこで高校生の学業不振を解消し、中退を防止する取り組みのために、2013年度から高校生の中退防止を推進するため高校生を対象にした高校生教室も開催した。この高校生教室の目的は2つある。まず学業不振解消のための学力向上、そして生活習慣の改善である。

まず、学業不振解消のための学力向上とは何か。これまで中学生教室では、大学生のボランティアの指導を受けていた。しかし生徒は、高校になると学習内容の高度化、商業科目や工業科目など専門科目の履修への対応が必要になる。もちろん委託団体でもその対応をすることになり、委託先団体に元高校教員の学習専門員を配置することで対応した。

次に生活習慣の改善とは何か。たとえば、夜間定時制高校の場合、高校の授業は夕方5時半頃から始まり午後9時頃に終わる。そのため、就寝時間は自然と遅くなり、高校生活にも慣れアルバイトなどに精が出始めると、就寝時間や食事回数などの生活リズムが崩れ、学校に通学することが億劫《おっくう》になり、最終的には高校中退という悪循環に陥ってしまうこともある。通信制高校の場合でも、課題レポートが提出できずに単位取得ができないこともある。

そのため、中学生対象の教室とは別に、高校生向けの学習支援を行っている。この支援を通して、たとえば学習教室での2時間を勉強や学校での悩みを教育支援員に相談するなどして過ごし、それから学校へ向かう。このことが生活リズムの改善につながり、中退防止に大いに役立っているようである。その結果、2013年度の中退率は5・2%、2014年度の中退率は4・6%と改善傾向にある（龍前 2016）。

アスポート事業の意義とは何か

アスポート事業による教育支援員事業の特徴は、学習面にとどまらない支援である。岩月（2013）は、アスポート事業の特徴を「アウトリーチの支援」と表現する。教室で子どもたちがくるのを待つのではなく、保護者や子どもとの面談、家庭訪問を行い、教室参加をつなげることで、これまで手を差し伸べられてこなかった子どもたちへの支援も可能にした。それに加えて新たなニーズを掘り起こすことにも成功している。

また事業の目的の1つである「高校進学」については、事業開始以前よりも進学率を約10ポイント上昇させることができ、子どもたちやその親に対して高校進学の重要性の理解度の向上を含め、子どもたちの学力の底上げに事業が寄与できたといえる。

しかしながら、「高校中退」という課題も浮き彫りになった。具体的には「高校受験・進学」という1点に集中した支援ではなく、「高校生活」など生活習慣を含めた最前線の支援の必要性である。もちろん、埼玉県の場合、その課題に対して高校生への学習支援を行うことで解決している。ただ、それを可能としているのは、支援対象を高校生まで拡大した県の判断や高校生への学習支援に対応するためにスタッフの配置などを含む埼玉県および県から委託団体に対する事業委託の枠組みの柔軟性をもった事業姿勢であろう。

つまり、アスポート事業における教育支援員事業の場合、自治体及び事業に関連する組織の柔軟性によって、幅広い層の子どもたちへの学習支援を可能にしたのである。

5 法整備による市部の事業選択

2015年度生活困窮者自立支援新制度の概要

2015年4月、「生活困窮者自立支援法」が新たに施行され、生活保護に至る前のセーフティーネットとして新制度がスタートした。その目的は、市町村が生活保護に至る前段階の自立支援策を強化するために、生活困窮者に対して、自立に向けた支援事業等を実施、住居確保給付金の支給、その他の支援を行うための所要の措置を講ずることである。

必須事業として、「自立相談支援事業（就労その他の自立に関する相談支援、事業利用のためのプラン作成等）」【注10】と『住居確保給付金』（有期）の支給」があり、任意事業としては、「就労準備支援事業」「一時生活支援事業」「家計相談支援事業」などがあり、具体的には以下の通りである。

●就労に必要な訓練を日常生活自立、社会生活自立段階から有期で実施する「就労準備支援事業」

●住居のない生活困窮者に対して一定期間宿泊場所や衣食の提供等を行う「一時生活支援事業」
●家計に関する相談、家計管理に関する指導、貸付のあっせん等を行う「家計相談支援事業」
●生活困窮家庭の子どもへの「学習支援事業」その他生活困窮者の自立の促進に必要な事業

ここで特筆すべき事項として、生活困窮家庭の子どもへの「学習支援事業」があげられていることであろう。厚生労働省の資料によれば、新事業の概要として、「統合補助金事業により、地域の実情に応じた柔軟な事業運営」「生活困窮者の自立促進のための生活困窮家庭での養育相談や学び直しの機会の提供、学習支援といった『貧困の連鎖』の防止の取組や中間的就労事業の立ち上げ支援など育成支援」などを謳っている。また、期待される効果として「地域の創意工夫による実情に応じた生活困窮者支援の可能性（学習支援など効果的な事業に安定的に取り組むことができるようになること）」があげられている。

なお、2012年度には、生活保護世帯等の子ども及びその保護者に対する「日常的な生活習慣の獲得、子どもの進学、高校進学者の中退防止等に関する支援を総合的に行う事業」として学習支援が全国の94自治体で実施されていることが記載されており、その支援のイメージとして「埼玉県生活保護受給者チャレンジ支援事業」と「高知市高知チャレンジ塾における学習支援」があげられている。

このように、生活困窮者支援の手法として「学習支援事業」の有効性が期待され、「学習支援事業」の制度化に至ったということができる。

法整備による市の事業選択

「学習支援事業」のフォーマルな制度化は、時に事業の可能性の幅を広げ、逆に事業の選択肢を狭める可能性をはらんでいる。生活困窮者自立支援制度によって、アスポート事業の学習支援事業に関する枠組みが変更されることになった。たとえば、事業の実施主体は、町村部は県が、市部は市が実施することとなった。そのため、これまで埼玉県が担ってきた事業を市に移管する必要が生じる。これは「学習支援事業」も例外ではない。この事業は任意事業であるため、事業継続の可否は市にあるのだ。

また財源の問題がある。これまでは埼玉県の独自事業として行われてきた学習支援事業であるため、市の負担はなかった。生活困窮者自立支援法では、生活困窮家庭の子どもへの「学習支援事業」などの事業費は、国庫補助2分の1の地方交付税交付金事業とされている。つまり、残り2分の1は市の負担となるのである。ちなみに、アスポート事業の場合、町村は県事業とし、市については、市の独自事業としての位置づけとなった。これによって、市に学習支援事業の継続か否かを迫ることになった。

表3は、厚生労働省が2016年9月に発表した2016年7月時点の子どもの学習支援事業の実施状況・委託先一覧の埼玉県のみを抜粋し、筆者が編集したものである。

生活困窮者自立支援制度における学習支援事業を実施している自治体は、埼玉県と37市あり、うち「彩の国子ども・若者支援ネットワーク」に委託した市は27市あることはわかる。その他には、和光市やさいたま市のようにNPO法人に委託している市が4団体あり、行田市と久喜市の2団体が社会福祉協議会に委託している。この他には、株式会社に委託している川越市がある。自治体直営で実施している市は、所沢市、飯能市、坂戸市の3

表3　子どもの学習支援事業の実施状況・委託先（埼玉県）

実施の有無	実施方法	委託先	自治体
実施（38）	委託	彩の国子ども・若者支援ネットワーク（27）	埼玉県、川口市、秩父市、加須市、本庄市、東松山市、春日部市、狭山市、鴻巣市、上尾市、草加市、蕨市、入間市、朝霞市、志木市、新座市、桶川市、北本市、八潮市、富士見市、三郷市、蓮田市、幸手市、日高市、吉川市、白岡市、越谷市
	委託	特定非営利活動法人ワーカーズコープ（2）	和光市、ふじみ野市
	委託	行田市社会福祉協議会	行田市
	委託	久喜市社会福祉協議会	久喜市
	委託	特定非営利活動法人カローレ	鶴ヶ島市
	委託	NPO法人さいたまユースサポートネット	さいたま市
	委託	株式会社トライグループ	川越市
	直営＋委託	社会福祉法人むつみ会	戸田市
	直営（3）		所沢市、飯能市、坂戸市
未実施（3）			熊谷市、羽生市、深谷市

出典：厚生労働省資料より、編集のうえ筆者作成

団体であり、実施していないと回答したのは3団体である【注11】。

6 まとめ――制度化によって何が起きるのか

本章では、学習支援が制度化されることによって学習支援事業がどのように変化していくのかを、埼玉県のアスポート事業を中心に、事業の変化と学習支援事業そのものに関する意義と課題を考察してきた。

アスポート事業による教育支援員事業の特徴は、学習のみにとどまらない「アウトリーチの支援」であった。教室での指導に加え、保護者や子どもたちのとの面談などを通してこれまで手を差し伸べられてこなかった子どもたちへの学習支援を実現した。加えて、高校進学率は事業開始以前よりも約10％ポイント上昇した。これは、子どもたちやその親に対して高校進学の重要性について理解の浸透などを含め、子どもたちの学力の底上げに事業が寄与したといえる。またアスポート事業は、「高校中退」という課題に直面したが、「高校受験・進学」という中学生に集中した支援から「高校生活」など生活習慣を含めた対象者の課題に寄り添った支援に枠組みを柔軟に拡大することによって課題を克服することができた。

アスポート事業の場合、法整備される以前から県が独自に学習支援事業を行っており、生活困窮者自立支援制度が法整備されることで、各市は子どもの学習支援事業の実施の可否を選択する必要性が生じた。加えて、市によっては、県の事業と同規模を維持していくのか、否かという選択等が生じた。あわせて、事業実施にかかる費用の半分の財源をどこから補塡するのかという課題も新たに発生する。このことはアスポート事業にかかわらず、他事業においても他自治体でも生じうる事象であろう。

また事業の継続が可能になったとしても、いつまで継続できるのかという課題もある。もちろん、ニーズがなくなることでの事業縮小・廃止は理想的である。しかしながら、それ以外にも事業の縮小・廃止が生じるいくつかの要因が予想される。

まず、自治体の財政力低下による事業縮小・廃止である。とくに地方部における人口減少をしている自治体ではどのように財源を確保していくのか。また国や県からの補助が終了した場合の補塡ができるだけの財政力があるのかなどの課題がある。

次に、政治力学による事業縮小・廃止である。とくに首長や議員の意向によって学習支援事業の命運が左右されるといっても過言ではない。学習支援の実施方法をめぐっては、民間団体等への委託ではなく、学校で行うべきという考えもあることから、事業の本来の趣旨と違った要因による事業縮小・廃止も予想される。

また学習支援が法制度化されることによって、指導方法や内容を含む自治体の独自性がそがれるケースや制度の範囲外の学習支援事業の継続の可否など新たな課題も生じている。

もちろん、学習支援の制度化によるメリットもいくつかある。たとえば、市がこれまでの委託団体とは異なる団体を自由に指名することができ、自治体の状況に応じた学習支援を可能にしたということである。アスポート事業の場合でもいくつかの市では県とは異なる団体に委託している。このことからも各自治体レベルに応じた事業の展開が可能であると予想できる。その一方で、以前と同様の学習支援事業が展開できるという保障はないというリスクも生じる。また、これまで独自に学習支援を実施してきた自治体によっては、学習支援事業の制度化によって国からの助成が受けられることもあるので、若干の財源の安定につながるといえるだろう。

つまり、法律の施行によって、学習支援事業が制度化されることは、これまで一部の自治体で行われてきた事業を時にはよりきめ細かく丁寧な取り組みをすすめる推進力となり、時に事業の縮小や廃止という制限をかけることにもなり得るのである。

＊本稿は、JSPS科研費16K17394の研究成果の一部である。

引用・参考文献

東成瀬村教育委員会（2015）「平成27年度『東成瀬村地域学習教室』実施要項」

岩月桃子（2013）「生活保護受給世帯の子どもたちと高校進学の壁——アスポートによる学習支援の取り組みから」アジア女性資料センター『女たちの21世紀』74、8～12頁

厚生労働省（2013）「資料1　新たな生活困窮者自立支援制度について」新たな生活困窮者自立支援制度に関する説明会資料

松村智史（2016）「貧困世帯の子どもの学習支援事業の成り立ちと福祉・教育政策上の位置づけの変化——行政審議、国会審理および新聞報道から」日本社会福祉学会『社会福祉学』Vol.57, No.2、43～56頁

道中隆（2007）「保護受給層の貧困の様相——保護受給世帯における貧困の固定化と世代的連鎖」生活経済政策研究所『生活経済政策』127、14～20頁

森田朗（2007）『制度設計の行政学』慈学社

North, C.D., 1990, *Institutions, Institutional Change and Edonomic Performance*, Cambridge University Press.（＝竹下公視訳（1994）『制度・制度変化・経済成果』晃洋書房）

龍前航一郎（2013）「『貧困の連鎖』を防ぐ埼玉県アスポート教育支援事業」さいたま教育文化研究所『さいたまの教育と文化』69、13～16頁

龍前航一郎（2014）「『貧困の連鎖』を断ち切る取り組み——埼玉県アスポート教育支援事業」全国社会福祉協議会『月刊福祉』97巻7号、31～35頁

龍前航一郎（2016）「埼玉県アスポート学習支援事業による高校生支援」さいたま教育文化研究所『さいたまの教育と文化』79、6～9頁

埼玉県（2011）「埼玉県生活保護受給者チャレンジ支援事業（教育支援事業）」全国社会福祉協議会『生活と福祉』

No.668、3～6頁
埼玉県アスポート編集委員会（2012）『生活保護２００万人時代の処方箋――埼玉県の挑戦』ぎょうせい
佐久間邦友（2010）「過疎地域における公費支援型学習塾の可能性と今後の課題――秋田県東成瀬村『英語塾』を事例として」日本大学教育学会『教育学雑誌』45、139～155頁
佐久間邦友（2014a）「学習塾研究の観点から」日本学習社会学会『日本学習社会学会年報』10、24～27頁
佐久間邦友（2014b）「学習塾と教育行政の連携によって生じる教育事務――公費支援型学習塾の事例を通じて」日本教育事務学会『日本教育事務学会年報』1、72～75頁
白鳥勲（2015）「支えと学びで、貧困世帯の子どもたちに希望を――アスポート教育支援の現場から」公職研『地方自治職員研修』48、23～25頁
私塾界（2008）『学習塾白書 2008－2009』全国私塾情報センター
末冨芳（2007）「教育費概念の拡充――公費支援型学習塾の事例における公私教育費関係の変容を中心に」神戸大学教育学会『研究論叢』14、25～31頁
末冨芳（2010）『教育費の政治経済学』勁草書房
末冨芳（2012）「第3章 学習塾への公的補助は正しいか？――社会的包摂と教育費」稲垣恭子編『教育における包摂と排除 もうひとつの若者論』明石書店、79～99頁
結城忠（2012）『日本国憲法と義務教育』青山社

注

1 本稿でいう「制度化」とは、フォーマルな制度（法制度などの公的なルール）とインフォーマルな制度（日常的な行為規範や慣習、ルール）をあわせた視点で制度をとらえるNorth（1990）や森田（2007）の視点と同様である。学習支援の場合には、自治体によってセミフォーマルに構築されてきた事業が、後から出現した国の法制によってフォーマルな形で制度化されてきたプロセスととらえられる。そのことを学習支援の現場でのインフォーマルな制度を変化させていく、という位相をとらえる視点からの分析を行う。

2 近年、給食費を貧困の有無にとらわれず公費負担する自治体も増えている。

3 しかしながら、地域間で通塾率には差がみられる。２０１５年度のデータによれば、もっとも通塾率が高い都道府県は、神奈川県（74・０%）、次いで奈良県（73・１%）であった。それに対して通塾率が低い都道府県は、秋田県

4　（30・0％）、次いで岩手県（32・2％）であり、東北地方に3割台が集中しており、地域間で格差がみられる。

5　「学習塾」は、ある程度の利益がなければ事業継続ができないため、子どもたちのニーズがあったとしても、その地域が商圏として成り立たないかぎり、そこに学習塾は進出（出店）することはない。そのため、過疎地域に暮らす子どもたちは、地域（地理）的な要因によって「学習塾」を利用することができない。

6　私塾界（2008）では、学習塾と公立小中学校とのかかわりを、①塾（塾講師）が学校の正規授業に参入するもの。②塾が学校の補習を担当するもの（生徒は受講料無料）。③塾が学校の補習を担当するもの（生徒は受講料有料）。④自治体が公設の塾を開設し、民間の塾事業者が業務を請け負うもの（生徒は原則受講料有料）の4タイプに分類している。また、学習塾と公立小中学校がかかわる背景を、都市部では、国・私立中学との競合、学校選択制、過疎地では、地域間格差。また全国学力・学習状況調査の影響とまとめている。

7　白馬高校魅力化プロジェクトにおける「公営塾しろうま學舎」や島根県の「隠岐國学習センター」、大分県の「玖珠志学塾」などがある。「公営塾しろうま學舎」の目的として、ホームページでは「この地域で学ぶ生徒のために、白馬村と小谷村が協力して白馬高校内で学習塾を運営します。都市部と比べて進学塾や家庭教師などが少ない環境でも、生徒一人ひとりが「なりたい自分」を見つけ、その進路が実現できるよう、地域をあげて支援します。高校との連携を図り、ICTを活用しながら効率的に無理のない学習を進めます」と説明されている。このような取り組みは2010年島根県隠岐國学習センターの取り組み以降、「地域創生」の一事業として取り上げられることもある。

8　釧路市では、議員提案で「釧路市の子どもたちに基礎学力の習得を保障するための教育の推進に関する条例」が2012年12月に成立した。

9　松村が分析対象とした審議会及びその議論の内容は、社会保障審議会「生活困窮者の生活支援の在り方に関する特別部会」「生活保護受給者の社会的な居場所づくりと新しい公共に関する研究会」「ナショナルミニマム研究会」、社会保障審議会福祉部会「生活保護制度の在り方に関する専門委員会」である。

10　「アスポート」とは、生活保護受給者チャレンジ支援事業の愛称である。これは日本語の「明日」と英語の港「ポート」、さらに「明日へのサポート」をかけ「明日に向かって船出をする港」という意味で埼玉県がつくったものである。

11　福祉事務所設置自治体直営のほか、社会福祉協議会や社会福祉法人、NPO等への委託も可能（他の事業も同様）である。

12　生活困窮者自立支援制度における子どもの学習支援事業の実施の有無についてであり、熊谷市や深谷市の場合、教育委員会主導で市内の子どもたちを対象にした学習支援を行っている。

第8章

高校における中退・転学・不登校

——実態の不透明さと支援の市場化

酒井 朗（上智大学）

1　高校における就学・修学問題の重要性

貧困にあえぐ子どもたちがそれぞれの置かれた境遇から脱して自立して生活できるようになるためには、高校教育を修了することはきわめて重要である。高校進学率が98％に及ぶ現在の日本では、高卒の学歴がなければ正規雇用されることは難しく、不安的な生活を送ることを余儀なくされる。それだけに、高校に進学できるかという就学の問題や、高校で勉学に打ち込み無事卒業できるかという修学の問題は貧困対策としてもきわめて重要な課題である（酒井・林 2012）。

このような問題関心に基づけば、高校を辞めることは大きなリスクを抱えることとなる。また、欠席が続いて高校を辞めるというケースも多いため、長期欠席や不登校の問題にも十分な対応が求められる。しかし、これらの問題への対応は、義務教育段階の児童生徒の問題への対応と比べると不十分だといわざるを得ない。たとえば、小中学校では、１９９０年代に不登校問題がクローズアップされていく中でスクールカウンセラーが配置されるようになったが、高校への配置は今も少ない。文部科学省の調べでは、２０１４年にスクールカウンセラーが配置された学校は小学校で1万２４６校、中学校で８４０４校あったが、高校では１４５４校にすぎなかった【注1】。高校において不登校生徒数の統計がとられるようになったのは２００４年度からであり、１９６０年代から「学校ぎらい」の名目で不登校の統計がとられ始めた小中学校とは関心の度合いに大きな開きがある。

これに対して高校の中退問題は１９７０年代末から問題視されるようになり、１９８２年から統計がとられている。だが、この問題も、２０００年代半ばから退学者数も退学率も低下し始め、今はかつての半数程度でしかなく、社会の関心も低下しつつある【注2】。また、通っていた高校を辞める問題には転学もあるが、この問題についてては実態がほとんど明らかにされていない。

しかし、それぞれの問題の内実を子細に見ていくと、実態はかなり深刻であり、問題に対する支援にはさまざまな課題のあることが浮かび上がってくる。義務教育である小中学校と比べると、高校ではすべての生徒の就学や修学を十分に保障するための制度設計ができていないように思われる。

以上のような問題意識に基づいて、本章では、高校における中退・転学の問題と不登校の問題を併せて検討する。中退と転学は、いずれも生徒がそれまで通っていた高校を辞めるという問題であるが、このうち中退は、年度途中に校長の許可を受け、または懲戒処分を受けて在籍していた高校を辞め、その後ずっとまたは一定期間、高校に学籍がない状態にあることを指す。これに対して転学は、それまで在籍していた高校を辞めてすぐに他の高校の相当学年に移ることであり、切れ目なく高校に通い続けることとなる。転学は中退に比べれば大きな問題ではないかもしれないが、高校は学校ごとに教育内容、卒業後の進路も大きく異なり、さまざまなリスクを伴う。現在多くの生徒は全日制の高校から通信制の高校に転学しているが、青砥（2009）が指摘したように、そうした生徒は卒業率が低く、困難を抱えがちだといわれている。そこで、本稿では、中退と転学の双方を視野に入れて、通っていた高校を辞める生徒の問題について明らかにする。

前半はそれぞれの問題の実態を詳細に報告したうえで貧困の影響について検討する。そして後半では中退の問題に対する支援の取り組みの現状と課題について考える。いくつかの自治体の公立高校で積極的な取り組みが見られるものの、小中学校の不登校問題に対する取り組みが全国的に広く浸透しているのと比べると、高校での取り組みは十分とはいえない。そして、こうした中で、高校生の転学先や編入学先、あるいは中学時代に不登校であった生徒の進学先として、近年際立って重要度が増しているのが私立通信制高校である。これまでの高校とは学校運営や指導のあり方が大きく異なる私立通信制高校の急激な拡大は、在籍する高校を辞めていく高校生の支援に貢献している。しかし、それは市場化されたサービスの提供という形での支援であるため、経済的に困難を抱える家庭の生徒は支援を享受しにくくなっている。

2 中退・転学・不登校の実態

高校中退と転学の実態

中退は義務教育ではほとんど見られない【注3】という点で、高校教育に特徴的な問題である。社会的に高校教育を修了することが半ば義務化されている中、高校中退は非常に重大なリスクを負っている。はじめにこの問題の現状を見ていこう。

文部省（当時）が児童生徒の問題行動に関する調査として、高校の全日制課程と定時制課程において中退に関する統計をとり始めたのは１９８２年である。**図1**はそれから２０１５年までの中退者数の推移を示しているが、これを見ればわかるように過去30余年で中退者が最も多かったのは１９９０年で、全日制と定時制を併せて12万３５２９人に達した。ただし、この頃は第二次ベビーブーム世代が高校に在学し、生徒数がきわだって多かったため、そのことも中退者数を押し上げていた。こうした生徒数の増減の影響を排除して比較するには、当該

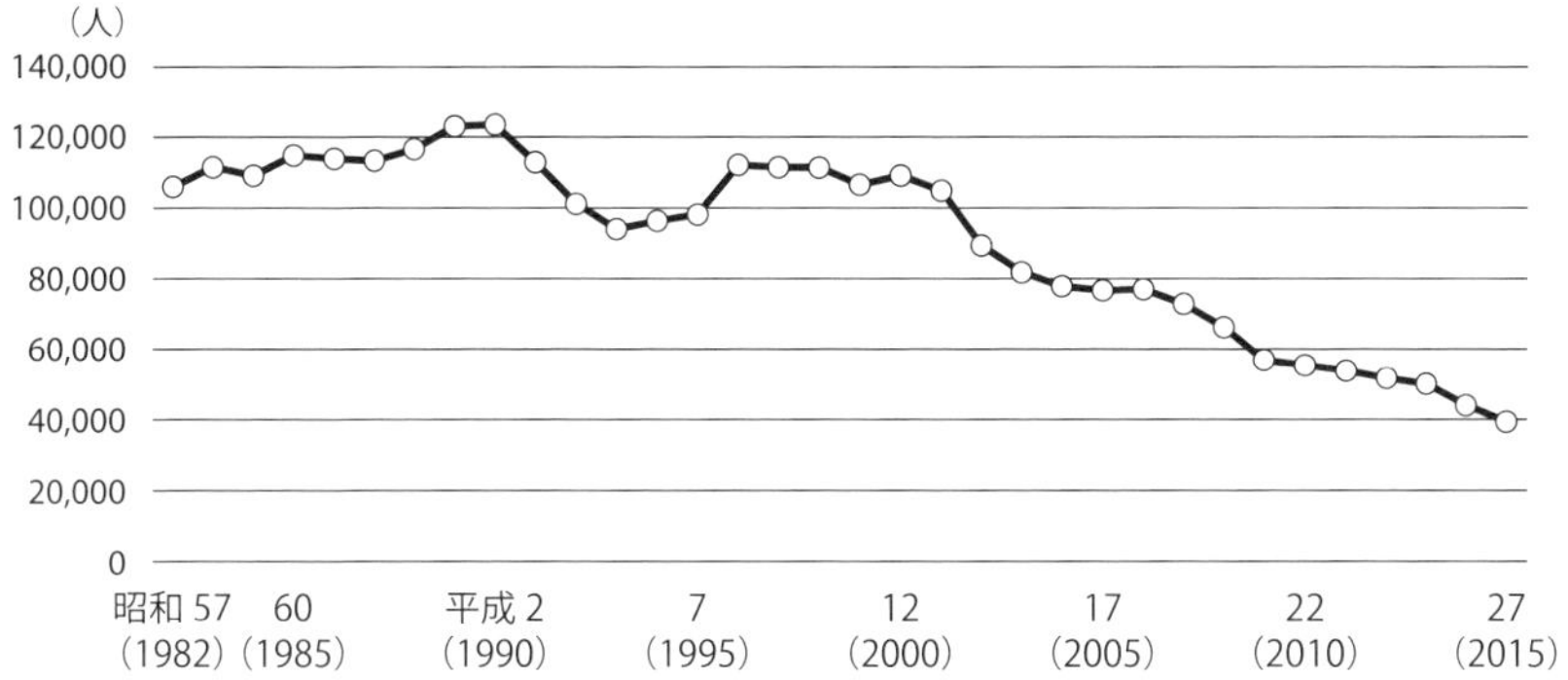

出典：各年度の「児童生徒の問題行動等生徒指導上の諸問題に関する調査」より作成。

図１　高校中退者数の推移（全日制＋定時制）

年度の生徒数でその年度の中退者数を除した率である中退率で比べたほうがよい。それによれば、中退率のピークは１９９６年から２００１年までであり、２・５％ないし２・６％に達していた【注4】。しかし、ちょうど21世紀に入るあたりから、中退は人数も率も大きく減少していった。２０１５年の中退者数は３万９４０２人、中退率は１・２％にすぎない。人数はピーク時の３分の１、割合は２分の１に減少している。

中退問題で不明なのは、各学年の生徒のうち、卒業までにどのくらいの者が中退しているのかである。また、転学する生徒の数についでは、そもそも統計がとられていない。もっとも全日制課程の生徒については、学校基本調査から、ある年度の高校1年生の生徒数（５月１日現在）と３年後の卒業者数を比較することで、中退や転学の合計数を推計することができる【注5】。２０１４年度の高校1年生について見ると、全日制の生徒は１１０万５１７５人であった。これに対し、２０１６年度の全日制の卒業者数は１０３万７７１５人であり、２０１４年度の1年生よりも６万７４６０人、割合で見ると６・１％減少していた。この中には全日制高校を中退した生徒のほかに、全日制高校から定時制や通信制の高校に転学した生徒等も含まれる。いくつか

表1　都立高校生の入学から卒業までに中途退学した生徒と転出した生徒の数

全日制（2012年4月に全日制都立高校に入学した生徒の2015年3月末の状況）

入学者	卒業者	退学者	転出者	在籍者
41,404	38,801	1,264	1,225	114

定時制（2011年4月に定時制都立高校に入学した生徒の2015年3月末の状況）

<table>
<tr><th>入学者</th><th colspan="2">卒業者</th><th>退学者</th><th>転出者</th><th>在籍者</th></tr>
<tr><td rowspan="2">4,556</td><td colspan="2">2,626</td><td rowspan="2">1,531</td><td rowspan="2">225</td><td rowspan="2">174</td></tr>
<tr><td>4年
1,509</td><td>3年
1,117</td></tr>
</table>

出典：東京都教育委員会（2016）『不登校・中途退学対策検討委員会報告書――一人一人の児童・生徒の育ちを学校・社会で支え、そして自立へ』21頁の図表28を一部修正。

留保すべき事項はあるものの、全日制高校の生徒は、入学してから卒業までに６％程度が中退ないし転学していると思われる。

実態をより正確に把握するうえでは、東京都教育委員会の不登校・中途退学対策検討委員会が２０１６年２月に出した報告書が参考になる。同報告書では、全日制と定時制のそれぞれについて、修業年限（全日制の場合は3年、定時制の場合は4年または3年）の間に何人が途中で退学したり転学したのかを明らかにしている（**表1**）。それによれば、全日制では、２０１２年４月に入学した生徒のうち、２０１４年度末までに退学した生徒は１２６４人であり、入学者数の３・１％にあたる。また、退学と転学（表では「転出」）を併せた生徒数は２４８９人であり、その割合は、２０１４年度入学者に関する全国推計の割合とほぼ同じく、６・０％に達した。

また、定時制では、２０１１年４月に入学した生徒のうち、修業年限の間に辞めた生徒は１５３１人と、入学者の33・６％に上った。この割合は全日制の退学者の10倍以上である。なお、退学と転学を併せた割合はそれより５％だけ多く、38・５％であった。全日制では退学者とほぼ同数の生徒が転学していくが、定時制の場合、通っていた高校を辞める生徒のほとんどは退学しており、他校に転学する者はわずかに過ぎない。

高校生の不登校

次に高校生の不登校問題の現状について見ていこう。不登校の統計上の定義は、年度間に連続または断続して30日以上欠席した長期欠席に関する4つの理由（「病気」「経済的理由」「不登校」「その他」）の1つである。よく知られているように不登校問題の取り組みの転機となったのは、文部省（当時）の学校不適応対策調査研究協力者会議が1992年に出した報告書において、「登校拒否はどの子どもにも起こりうるものである」との指摘がなされことである。この指摘がなされて1990年代半ばから、小中学校における不登校問題への対応は急速に進んだ。多くの自治体が中学校を中心にスクールカウンセラーを配置するようになり、また各自治体の教育委員会は適応指導教室を設置し、不登校の子どもの学校復帰のための支援策を講じてきた。しかし、高等学校における不登校支援の取り組みは後手に回りがちであった。

2015年度の問題行動調査によれば、不登校生徒数は中学生では9万8408人であったが、高校生では4万9563人であり、中学生の半分でしかない。全生徒数に対する不登校生徒数の比率は、中学校では2・8%を占めているが、高校は1・5%にすぎない。また、**図2**に示されているように、小学校から中学校にかけて不登校は学年進行とともに増え続け、中学3年生が最も多い。しかし、高校に入るとその数は激減し、しかも学年進行によりさらに減っていく。

高校生の不登校が少ない理由の1つは、**図2**の数値に通信制課程の生徒が計上されていないことがある。高校には全日制と定時制のほかに通信制があるが、問題行動調査は通信制課程を対象に含めていない。しかし、近年

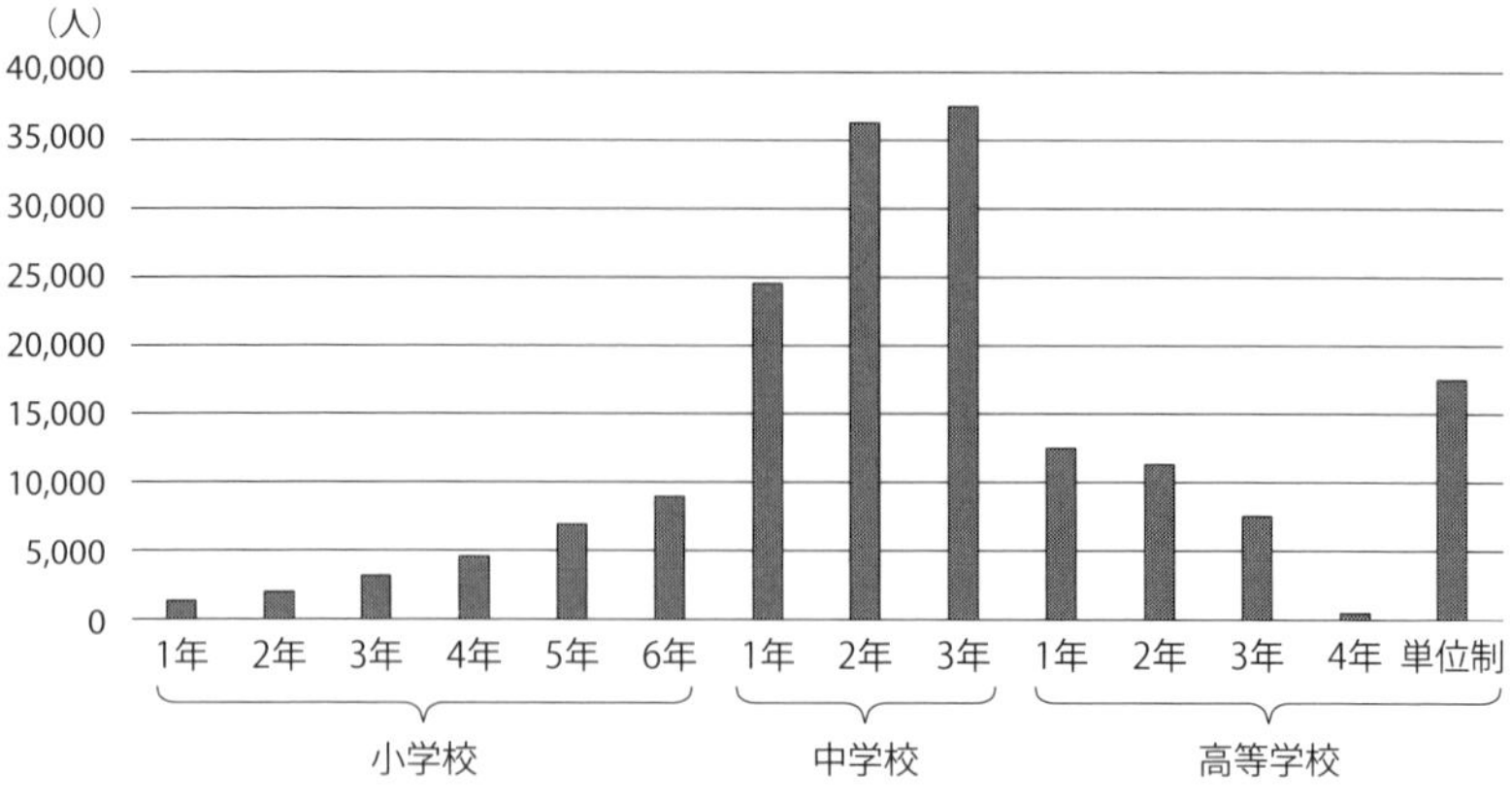

出典：2015年度「児童生徒の問題行動等生徒指導上の諸問題に関する調査」。
＊高校は全日制、定時制

図２　学年別不登校児童生徒数（2015年度）

では通信制は定時制を上回る生徒数を抱えており、不登校経験のある生徒の多くが通信制課程に通っている。出席日数をあまり要しない通信制においては、そもそも、欠席という概念が成り立たず、欠席を通じて見えてきていた生徒の不適応問題を掌握することができない。

また、学年進行により不登校数が減っているのは、高校教育が修得主義に基づいており、しかも多くの高校では学年制が採用されていることによるところが大きい。学年制を敷く高校では、生徒は１科目でも単位を落とせば原級留置、つまり留年となる。それゆえに、こうした高校の生徒は、欠席過多で授業の出席時間数が足りずに単位が修得できなければ、原級留置の可能性が高くなり、学校を辞めることを考えるようになる。このような修得主義に基づく高校は、定められた期間、所定の教育課程を各自の能力に応じて履修すれば卒業できる小中学校とは大きく異なっているのである。

不登校の高校生の多くが学校を辞めていることは、問題行動調査の結果からもうかがえる。２０１５年度の問題行動調査によれば、当該年度において不登校の高校生の27・２％は

表2　不登校生徒のうち中途退学になった生徒数（2015年度）

（人）

	国立	公立	私立	計
不登校生徒数（A）	43	37,793	11,727	49,563
不登校生徒のうち中途退学に至った者（B）	6	10,094	3,395	13,495
比率（B／A × 100）（%）	14.0	26.7	29.0	27.2

出典：2015年度児童生徒の問題行動等生徒指導上の諸問題に関する調査

中退した（**表2**）。卒業までの3年ないし4年の間には、この割合をかなり超える割合の生徒が退学しているものと推測される。また、転学を含めると、相当数の不登校生徒が卒業前に通っていた高校を辞めていくものと思われる。

なお、**図2**で中学3年から高校1年の間で不登校生徒数が大きく減っているのには、もう1つ、単位制の高校の存在を指摘しておく必要がある。**図2**では単位制の高校は学年別の統計とは別にされて右端に掲載されている。単位制は右記の学年制の課題を減じるために採用されたシステムであり、大学と同様に、卒業までに所定の単位数を修得すればよい。単位制を敷く高校の数は、高校全体の2割を占めており、不登校生徒の35％がこのタイプの高校に在籍している。これは、中学で不登校であった生徒を積極的に受け入れる高校に単位制が多く採用されていることが関係しているものと思われる。

3　中退や不登校の背景にある貧困の問題

このように、高校における中退や転学、不登校の問題は、統計で示されているよりも、かなり大きな問題をはらんでいる。これと同様に、これらの問題と家庭の経済的困難との関連も見えづらいが、いくつかの調査からはその関連の大きさがうかがえる。

高校中退と貧困

問題行動調査では、高校中退の事由（理由）について尋ねているが、２０１５年度の結果を見ると、「経済的理由」による中退は０・７％とごくわずかである。最も多い理由は、「学校生活・学業不適応」と「進路変更」で、この２つで全体の7割を占めている。また、上述の東京都の不登校・中途退学対策検討委員会の報告書でも、２０１４年度の東京都立高校の中退理由のうち、「経済的理由」は全日制で０・３％、定時制で１・４％にすぎなかった。

しかし、古賀（2015）が、東京都立高校の中途退学者全員を対象とした質問紙調査から見出した結果は、それとはかなり印象の異なるものである【注6】。２０１０年度と２０１１年度の中退者９８８名から得た回答によれば、同居する家族の中に父親がいないケースが全体の4割以上を占めた。母親がいるケースも84・０％に過ぎず、残りの16％は母親とは暮らしていなかった。また、家庭の暮らしに「ゆとりがある」または「ややある」と回答した者は全体の32・４％と、３分の1程度であった。このほか、古賀は、家庭内の文化資本も尋ねており、「自分の学習机がある」家庭は53・２％,「家で新聞をとっている」と答えた家庭も51・７％に過ぎなかった。

また、重（2015）は、千葉県において入試偏差値が40以下の6つの高校で、中退に関する調査を実施している。２００9年度の高校1年生で、その学年末までに中退もしくは転学をした生徒１１０名について、それぞれの担任教諭にアンケートで尋ねたところ、生徒の半数、すなわち55名は母子世帯、父子世帯など、実の両親がそろっていない家庭の出身であった。また、この55名のうち、半数以上の28名はアルバイトまたは職についていた。このことから重は、彼らの多くが経済的な問題を抱えていることが予想されるとしている。

さらに、青砥（2009）は埼玉県や大阪府において、入試偏差値の低い高校に、中退する生徒が集中していることと、そして、そのような高校には低い社会階層の家庭の生徒が多く、経済的に不利な状況にあることが多いことを指摘している。彼は埼玉県の高校における生徒の実情を詳しくレポートしているが、そこから見えてくるのは、親の離婚、失業、家庭内暴力、虐待など、貧困に連なるさまざまな家庭内の問題である。こうした問題を背景にして、子ども自身の生活が乱れ、そしてそこから低学力や不登校の問題などが複合的に絡み合って、中退へと至るのである。したがって、こうした生徒が中退していく際の理由として教員が指摘するのは、学校生活・学業不適応ということになる。また、他校に転学したり、学校を辞めて働くというのであれば、進路変更とすることもあると思われる。このようにして、中退問題の背景に貧困の問題が存在していても、それは表面化しにくい。それゆえ、貧困の問題への支援という観点から中退問題に切り込むことがなかなかできないのである。

「脱落型不登校」ならびに経済的理由による長期欠席

不登校についても、心理的な問題が注目されがちで、その背景にしばしば家庭の経済的な困難が隠れていることはあまり指摘されずにきた。保坂（2000）も同様の問題意識から、家庭のさまざまな困難が背景にある不登校を「脱落型不登校」と名づけ、そこに光を当てることの必要性を説いている。ただし、彼の指摘はもっぱら義務教育段階についてであり、高校の不登校に関するこの点での議論やそれを支えるデータは少ないのが現状である。

高校の問題を考えるうえで注目すべきデータは、長期欠席の理由に占める経済的理由の多さである。先に述べたように不登校は長期欠席の理由の１つであり、それ以外に病気、経済的理由、その他がある。２０１５年度の問題行動調査によれば、経済的理由で長期欠席になっている小中学生は合わせて51名しかおらず、全体に占める割合でみると0・0％であった。これに対して、高校では経済的理由による長期欠席とされた者は1606名に及び、全体の2・0％を占めた。とくに公立でそうした生徒が多く、1440名に達し、割合は2・4％であった。2014年度より高等学校等就学支援金制度が開始され、一定所得以下であれば助成が受けられることとなっているが、それでもかなり多くの生徒が経済的理由で高校を長期欠席しているのである。

また、東京都教育委員会の調査で、不登校児童・生徒と同居している者について調査したところ、ひとり親家庭は高校で3割となっていた。中学でもひとり親家庭が3割を占めており、それと同程度に多いことがわかる。ちなみに、この調査には、2010年の国勢調査において、18歳未満の子どものいる都内の一般世帯のうち、ひとり親と子どもからなる世帯は全体の11・0％であったことも示されている。それと比較すると、不登校の高校生・中学生では、ひとり親世帯が3割という数値は際立って高い。ひとり親家庭の多くは経済的な困難を抱えており、高校の不登校の生徒が中学校と同程度にそうした家庭で暮らしていることは、保坂のいう「脱落型不登校」の問題が、高校においても中学校と同程度に深刻であることを示唆している。

4　各自治体における支援の取り組み

このように高校における中退・転学や不登校の問題はさまざまな課題をはらんでおり、手厚い支援が必要となっている。しかしこれまで繰り返し指摘したように、これらの問題は、統計上はそれほど重大な状況ではないかのように見えてしまうこともあって、対応が後手に回りがちである。また、それらの問題と家庭の経済的な困難との関係も見過ごされがちである。

なお、不登校への対応については、いくつかの自治体が不登校経験のある生徒を積極的に受け入れる新しいタイプの高校を設置している。たとえば、東京都は、小中学校で不登校経験のある生徒を積極的に受け入れる高校として、２００９年からチャレンジスクールを設置している。これと同様のタイプの高校として、神奈川県のクリエイティブスクール、千葉県の地域連携アクティブスクールなどもある。また、京都府では、中学校在学中に不登校等の理由により長期に欠席した生徒を対象に、中学校の評定を資料として用いない特別選抜制度を設けている。同様の入試制度は埼玉県など他の自治体でも採用されている。

しかし、これらの取り組みの主たる目的は、高校での不登校問題への対応ではなく、中学校での不登校問題への対応であり、不登校になっている中学生の卒業後の進学支援として構想されたものである。高校入学後に学校不適応になり、学校を欠席しがちな生徒を対象とした支援の方策は十分には開発されていない。先にも示したようにスクールカウンセラーの高校への配置は中学校に比べると限定的であり、また小中学生向けに多くの教育委員会が設置している適応指導教室も高校生向けは限られている。

高校中退についても近年その数が減少傾向にあることもあり、あまり活発に取り組みが進んでいるとはいえない。ただし、いくつかの自治体では高校での指導や評価のあり方や進級制度の見直しを求めるような抜本的な改革案が示されている。以下ではそうした自治体の取り組み例として、東京都立高校の編転入学制度の改革と沖縄県の中退対策を紹介する。東京都の改革は、公立高校の果たす役割を再認識させてくれる。また、沖縄県は平均所得が低く、ひとり親家庭が全国平均の2倍に達し、子どもの貧困の問題がもっとも深刻な地域の1つである【注7】。

そうした同県の取り組みは、貧困の問題を抱えた生徒の支援において何が重要なのかを示している。

東京都立高校の転学・編入学希望者のための補欠募集の取り組み

就学や修学に係る費用が安価な公立高校は、経済的に困難を抱える世帯の多くの生徒にとって重要な教育機関である。しかし、その公立高校において不登校になるなどの学校不適応を生じさせて転学や退学を検討しなければならなくなることがある。その場合、同じ公立の他の高校に転学できたり、あるいはいったん退学しても容易に編入学できれば、生徒が勉学を続けるうえで大きな支えとなる。

都立高校ではこうした問題意識から、2014年に「東京都立高等学校補欠募集（転学・編入学）要項」を制定し、補欠募集の目的を、「高等学校等入学後の進路変更希望に応え、中途退学の未然防止を図るとともに、教育を受ける機会を確保する」ことと定めた。都ではこれまでも定員に欠員が生じた場合の補欠募集を年3回実施してきたが、この目的が掲げられたことにより、いっそう柔軟な転学・編入学が可能となるようにさまざまな改善が求められることとなった。

2016年に出されたガイドラインには、具体的な取り組みが提言されている【注8】。たとえば、補欠募集において使用した学力検査問題等についての情報を志願者に積極的に提供し、転学や編入学を希望する生徒が受験しやすい環境づくりに努めることもその1つである。また、各学校で学力検査を課す場合に、教科ごとに上位4分の3に届いていればよしとするように、選考基準の改善を求めている。生徒が転学を希望した場合の学校側の対応については、転学は生徒の在籍に関わる重大な問題であり、生徒及び保護者から相談を受けた教員は速やかに管理職に報告すること、当該学年と関係する校内の各分掌が連携し、組織的に対応する体制を日頃から整えておくことなどを求めている。

ただし、これはあくまで指針に過ぎず、どの程度実際に各高校が問題に積極的に取り組み、都立高校間の生徒の移動が活発化するかは不明である。なお、東京都教育委員会では２０１６年度第２学期から補欠募集結果を公表している。過去３回分（２０１６年度第２学期、第３学期、２０１７年度第１学期）を１年間の実績として合計すると、この制度を利用して転学ないし編入学できた生徒は、全日制で１５４人、定時制で２３３人であった。東京都の退学者数は、２０１５年度は全日制で約１１００人、定時制１２００人であった。また、**表１**（198頁）に示したように、全日制では退学者のおよそ同数、定時制では退学者の15％程度の転出者がいる。これらの数値をもとにして、２０１５年度に都立高校において中退や転学により学校を辞めた生徒の数を推計し、その中で都立高校間で移動できた者の割合を計算すると、全日制で約１割、定時制で15％程度であったと推察される。

沖縄県の中退対策の取り組み

１９７２年に日本に復帰した沖縄は、当初は高校進学率の低さや中学浪人の多さに関心が集まっていた（藤原ほか 1998）が、１９８０年代に入って進学率が90％を超えたころから、中退問題に関心が向けられ、繰り返し対策が取られてきた。２００２年まで同県の中退率は全国平均よりも常に高い状態にあり、数次にわたり中退対策が講じられてきた。その特徴は、中退する生徒が抱えるさまざまな困難を理解し、そうした生徒をできるだけ高校教育内部に留めておこうとする包摂的な学校文化の醸成に努めてきたことにある。

たとえば、同県の取り組みにおける１つの画期として、１９９３年に県立高等学校中途退学対策推進委員会が出した「高等学校中途退学対策について」という答申がある。この中では、生徒本人の努力不足のみに原因を求めるのではなく、学校の努力不足もその要因であることが明確に指摘され、それまでの適格主義の高校教育観からの脱皮が求められた。そしてそれをもとにして、各学校での「中途退学対策委員会」の設置や原級留置に関わる校内の内規の見直し、卒業修得単位数の弾力化、転編入規定の見直しなどがなされていった。また、単位保留懸念科目で再考査が実施されるようになり、1994年度からは休学規定が1年間から3年間に延長された（藤原ほか 1998）。

また、2000年には、県立高等学校中途退学対策促進委員会が、「高等学校中途退学対策――中途退学問題の解決に向けて」という報告書を出し、これを受けて、沖縄県では「全員卒業」という基本方針が掲げられ、それが指導の指針となっていった。対策の基本方針と具体的取り組みを記した文書において、県教育委員会は、「入学を許可した生徒には、個々の生徒に応じたきめ細かな指導を行い、全員卒業させるという基本姿勢を全教員が共通確認し、『校内中途退学対策委員会』の充実・強化に努める」と記している【注9】。

そして、この基本方針の下で、中退の多い高校に対し教員が加配されるとともに、県立泊高校通信制課程に附設する形で2003年に「高等学校生徒就学支援センター」が設置された。同センターの目的は、就学に困難を抱える生徒に対し、高校生としての学籍を残したまま休学する猶予の時間を与え、その間に就学支援を行うことにある。就学支援センターの生徒は、元の高校から泊高校通信制課程に移籍し、泊高校の生徒として在籍する形で、無料で休学の扱いを受けられる。期間は1年更新で最長3年間在籍できる。

2015年3月に同センターの職員に対してヒアリングしたところでは、中退のリスクを抱える生徒に対して就学支援センターが提供しているのは、「アルバイトや仕事、子育て、家事手伝いをしながら、就学についてゆっくり考える時間」だという。担当者によれば、高卒の必要性を本人が気づくことが重要であり、その時に高校に籍があってすぐに復学できるように、情報が途絶えないようにすることが大切であるということであった。また、背景に貧困の問題があるケースが多く、休学してお金を貯めることができる点も有利であるとの説明があった。

同センターの資料によれば、このセンターができたことで、沖縄県では２００３年から２０１３年度までに、１９７１名の生徒が学籍をこのセンターに異動して転入し、そのうち４６９名が転学照会により異動の形で他校に転学、１３８名が退学した後に再受験により編入学し、そして１１０３名は就職等の進路に就いた。センターでは、転学と編入学で合計６０７名がいずれかの高校に再度就学できていたとして、その割合30・８％を「再就学率」として提示している【注10】。

5　私立通信制高校の役割と課題

このようにいくつかの自治体は高校中退の問題に積極的に取り組んでいる。しかし、そこで支援を受けて他校に転入・編入学ができた生徒は必ずしも多くはない。東京都の取り組みで都立高校間で転入ないし編転入できたのは1年間に４００人弱であり、沖縄の就学支援センターの成果は、1年間平均で約１８０人である。だが、高校中退は２０００年代の初頭まで毎年10万人を超えていた。それがその後急速に減少したのには、こうした自治体の取り組みとは別の取り組みがあったことがうかがえる。

この点について、内田、濱沖（2016）は、２０００年代後半以降、転編入経験を持つ15歳から17歳の生徒の受け皿として、私立通信制高校が機能するようになってきたことを明らかにしている。私立通信制高校は、中学時代に学校不適応となり不登校になった生徒にとっての主要な進学先ともなっており、近年その社会的役割が増大している。

このことは、私立通信制高校の規模の拡大からもうかがい知ることができる。各年度の学校基本調査の集計結果によれば、1990年から2015年までの25年間に全日制の生徒数は547万人から320万人に、定時制も15万人から10万人を下回るまで大幅に減少した。また、通信制課程も公立は減少している。こうした中で、私立通信制高校だけがこの間に7万人から11・3万人に増えたのである。学校数も、1990年には17校（うち独立校7校）しかなかったが、2015年には160校（うち独立校93校）にまで増加している【注11】。

全国高等学校定時制通信制教育振興会が2011年に全国の通信制149校を対象に行った調査によれば、公立、私立を含めた通信制課程の生徒のうち、35・8％は中学既卒者で占められていた【注12】。つまり、中学卒業後一定期間の後に入学した生徒や他の高校から転学ないし編入学してきた生徒が全体の3分の1を占めている。学校基本調査によれば、同年の通信制高校の生徒数は約15万人であるため、5万人程度の生徒がそうした生徒であるものと推察される。

通信制高校に通う生徒は自宅での自学自習が基本であり、科目ごとにレポートを出して単位を取得する。スクーリングは公立では週1日程度であるが、私立通信制高校の中には、年間通じて登校日数3日を宣伝文句にする高校や、反対に週5日登校のコースを用意している高校もある。全日制高校が毎日学校に登校することを義務づけているのに対して、通信制高校は「自分のペースに合わせて学べる」ことを強調する。通信制高校に在籍する生徒には、中学校時代に不登校だった生徒や、高校に入ってから不登校になって全日制を辞めて転校してきた生徒が多いが、それはこの「自分のペースに合わせられる」ことが魅力的に映るからだと思われる。また、近年急速に拡大してきた私立通信制高校は、サポート校や技能連携校などとも連携して、ヘアメイク、ネイルアート、ファッション、アニメ、声優、ダンスなど、さまざまな若者文化の要素を教育内容に取り入れ、若者の関心を集めようとしている。

なお、私立通信制高校の学費は何日スクーリングに行くのかで異なっている。私立通信制高校は、週1日コースであれば、私立の全日制高校に行くよりも学費は安い。通信制高校に関するある情報誌によれば、２０１６年度の授業料は就学支援金の減額を受けた場合、平均で19万４０００円と書かれている。ただし、それに付随して、通学タイプ別費用や専門コース費用、サポート校費用などがかかるとも書かれている【注13】。そこで、さまざまな通信制高校の入学案内資料に記載されている、具体的な各年度の納入金を調べてみたところ、たとえば、ある広域型の通信制高校では、１年次に他校から転入学して週５日通学するコースに通う場合、就学支援金の減額を受けた場合で約62万円の校納金を支払うことと記載されている。また、ある芸能系のプログラムを用意しているサポート校ではダンス科に通うために初年度に支払う学費は77万円である。なお、この学校は通信制課程の高校のサポート校であるため、別途いずれかの通信制高校に在籍する必要があり、それを合計すると１００万円程度の支払いが予想される。ただし、一方では自宅学習を基本として、学費を低く抑えている通信制高校もあり、ある高校では納入税額が低い家庭の場合、最低で年間７万円程度で学修できることを謳《うた》っている学校もある。

このように、私立通信制高校は多くの転学、編入学者を受け入れているが、そこでは市場化されたサービスが提供されており、経済的に困難を抱える家庭の生徒は、そのすべてを享受することは難しい。

6 まとめ

以上、本章では、高校における中退、転学、不登校の問題を、生徒の経済上の困難という問題と関連づけて検討した。冒頭で指摘したように、経済的に困難を抱える家庭の出身者が安定的な収入を得て窮状から脱しようとする場合、高校卒業資格は必須である。しかし、高校には、生徒の就学や修学を保障するという観点から、学校に行かないでいるこれらの子どもの現状を正確に把握し、必要な対応をとらなければならないという関心が低い。義務教育段階の学校での対応とは大きな段差があるのである。

こうした問題に対して、いくつかの自治体では、熱心な取り組みがみられるものの、その支援の規模は中退や転学の問題を抱える生徒の数に比してごく一部でしかない。なお、自治体の取り組み例からは、これまでの取り組みにおける課題も見えてくる。たとえば、都立高校では転入学試験の改革が強く求められていたが、これはそれまで問題を抱えた生徒への支援ができていなかったことの証《あかし》でもある。改革案から見えてくるのは、都立高校間での生徒の移動の困難さであり、転学に必要な情報の未開示であり、転入の際の厳しすぎる評価である。また、沖縄の中退対策からも、適格主義に基づいてきたそれまでの高校教育の指導観、生徒を退学に至らしめるさまざまな内規の存在など多くの課題が見えてくる。就学支援センターの取り組みは、高校教育を決まった年限で卒業しなければならないとする認識を反省させるものでもある。

私立通信制高校は、現代社会において高校卒業資格が必須であるという社会的要請と、それにもかかわらず就学や修学への支援が不十分である現状との狭間で、生徒や保護者に対して必要なサービスを提供し、高校修了を支援していこうとする取り組みだといえる【注14】。しかし、それは他方では、そうした狭間にある人びとから高額な学費を請求していくこととともなっている。自立した学修ができない生徒にとって、自宅学習を中心にした通信制での教育が多くの困難を抱えることは容易に想像できる。それゆえに、通信制とはいいながらも週5日間通学するコースを設置したり、自分の趣味に応じた活動へと招き入れることで修学を支援しようとしている。だが、そうした取り組みは、民間ベースで市場化されたサービスの提供という形で展開しており、受益者にかなり高額な費用を負担させることとなっている。経済的に困難な家庭の子どもには、中退や転学に至る者が多い。本章後半の検討からうかがえるのは、そうした者たちは支援の仕組みからも排除されがちな状況にあることである。

高校に行かないことがもたらす不利益を社会全体で共有し、実態の正確な把握とそれに基づいた公的な支援の仕組みの構築、こうしたことが経済的に困難な層の子どもの支援には何より求められている。しかしながら、高校生に対する支援は、実態把握の点からすでに多くの問題が生じている。そして、実態の不透明さの中で支援が市場化され、その支援に与れない層が結果的に排除される構図が立ち現れているのである。

引用・参考文献

青砥恭（2009）『ドキュメント高校中退』筑摩書房

藤原幸男ほか（1998）『沖縄県における高校中退者・不登校生徒の進路意識に関する総合的研究』（平成7年度〜9年度科学研究費補助金（基盤研究(B) 研究成果報告）

保坂亨（2000）『学校を欠席する子どもたち——長期欠席・不登校から学校教育を考える』東京大学出版会

古賀正義（2015）「高校中退者の排除と包摂」『教育社会学研究』96、47〜67頁

酒井朗・林明子（2012）「後期近代における高校中退問題の実相と課題――『学校に行かない子ども』問題としての分析」『大妻女子大学家政系研究紀要』48、67〜78頁
重歩美（2015）「教育困難校からの中途退学をめぐる問題」『臨床心理学研究』53（1）、41〜57頁
東京都教育委員会（2016）『不登校・中途退学対策検討委員会報告書――一人一人の児童・生徒の育ちを学校・社会で支え、そして自立へ』
戸室健作（2013）「近年における都道府県別貧困率の推移について――ワーキングプアを中心に」『山形大学紀要（社会科学）』43（2）、35〜92頁
内田康弘・濱沖敢太郎（2016）「通信制高校における中退経験者受け入れの推移に関する研究――中退率及び在籍者年齢層の変遷を基にした一考察」『平成27年度日本通信教育学会研究論集』1〜16頁

注

1 中央教育審議会初等中等教育分科会チームとしての学校・教職員の在り方に関する作業部会（第４回）配付資料（２０１５年3月9日）より（http://www.mext.go.jp/b_menu/shingi/chukyo/chukyo3/052/siryo/__icsFiles/afieldfile/2015/05/07/1357412_04_1.pdf）

2 青砥（2009）は、「高校中退が社会問題化しなかったのは、文科省が中退の実態を正確に社会に伝えてこなかったからである」と指摘している。

3 学校教育法施行規則において、退学は、公立の小学校、中学校、義務教育学校または特別支援学校に在学する学齢児童または学齢生徒については認められていない。反対に私立、国立の学校では義務教育段階でも懲戒の１つとして退学がありうる。しかし、具体的な統計がとられておらず実態はわかっていない。

4 問題行動調査は全日制、定時制課程の退学を対象としており、通信制課程の退学者は含まれない。同課程の退学者数は学校基本調査に示されている。ちなみに、２０１５年度の通信制高校の生徒数は18万３９３人、退学者数は１万２９５４人であり、中退率は７・２％である。

5 定時制は3年卒業と4年卒業が混じるためにこのような推計は難しい。

6 調査は２０１２年7月から11月に返信謝礼付きの郵送法で実施され、有効回答率は、20・４％（９８８名／４８５２名）であった。

7 戸室（2013）は、１９９２年から２００７年までの各都道府県の貧困率の推移を比較検討し、沖縄県がこの間一

貫して全国で最も高い貧困率であったと指摘している。

8 東京都教育委員会「都立高等学校補欠募集の実施に関するガイドライン――中途退学防止のサポートネットの強化に向けて」２０１６年７月（http://www.kyoiku.metro.tokyo.jp/press/2016/pr160714a/sankou.pdf）

9 沖縄県教育委員会「高等学校中途退学問題の解決に向けて――対策の基本方針と具体的取り組み」２０００年６月、３頁

10 「高等学校生徒就学支援センターの取り組みについて」平成26年度支援センター説明会、２０１４年５月16日開催配付資料より。

11 広域通信制高等学校の質の確保・向上に関する調査研究協力者会議（第１回）配付資料６－１ 広域通信制高等学校基礎資料１（広域通信制高等学校関係法令・現状等）より。

12 全国高等学校定時制通信制教育振興会「高等学校定時制課程・通信制課程の在り方に関する調査研究」２０１１年度文部科学省委託事業

13 『中学卒・高校転編入からの進学 ステップアップスクールガイド 2016』学びリンク、２０１５年、76頁

14 酒井朗「高校の中退者、激減 私立通信制、受け皿に」『日本経済新聞』（２０１６年10月17日朝刊）

第９章

貧困からの大学進学と給付型奨学金の制度的課題

白川優治（千葉大学）

1 はじめに――「子どもの貧困」と奨学金制度の分断と接続

本書は、貧困状態にある子どもに対して、どのような教育支援を行うことが貧困の連鎖を防ぐことにつながるか、をテーマとしている。このテーマの中で進学機会の現状を考えるとき、貧困環境にある子どもたちが、そうではない子どもたちと同様に高等教育への進学機会を得ることができているかどうかは、重要な視点となる。なぜなら、高校卒業後の大学・短大・専門学校などの高等教育機関（以下、高等教育）への進学が7割を超える現在の日本社会において、意欲や能力を有しながら経済的困難を理由に進学できないことは、そのことによって能力形成や就労機会などに「同世代内での格差」を生じる可能性があるためである。そして、能力形成や就労機会の世代内格差は、そのような状況にある子どもたちを相対的に不利にし、結果として、貧困状態から抜け出すことを困難にしてしまう。本章では、このような観点から、貧困状態にある子どもたちの高等教育への進学を経済的観点からどのように支えるか、そのための制度のあり方を考えていく。

経済的に困難な状況にある子どもの進学に対する経済的支援のための基盤として位置づけられてきた社会的制度は、奨学金制度である。我が国の奨学金制度は、国による制度として日本学生支援機構の奨学金事業、都道府県・市区町村などの地方自治体が運営する制度、各学校が独自に設定する学校独自制度、民間奨学団体や企業などによる奨学金事業など、多様な主体によって行われている。また、奨学金制度の他にも、大学の学費免除・減額制度や、低廉な住環境を提供するための寮の整備なども、学生に対する経済的支援として考えることができる。

しかし、このような高等教育進学者に対する経済的支援制度を、「子どもの貧困対策」として位置づけ、この観点からその役割や課題を検討することは、これまで十分なされてきたわけではない。なぜなら、これらの制度は、進学者一般を広く対象とする制度として、「子どもの貧困対策」に限定されない、進学希望者に対する「一般的」な制度として認識されてきたためである。たとえば、奨学金制度についてみれば、高等教育研究や教育社会学などの研究領域において、高等教育進学への影響や学生の経済的状況との関連などについて研究が積み重ねられてきた（濱中他 2016、樋口・萩原 2017など）。しかし、このような研究動向は、貧困状況にある子どもを具体的に想定した議論を行う「子どもの貧困対策」の観点とは異なるものであった。この背景には、「子どもの貧困対策」は、福祉政策・福祉制度の一部として「特定の対象」を具体的に想定した観点に基づくものである一方、教育政策・制度としての奨学金制度の研究では、特定の対象を想定しない中でその課題を検討するという、福祉と教育における対象認識の相違が背景にあったとみることができる。

他方、「子どもの貧困」の議論の経過をみると、「子どもの貧困」についての多くの問題提起は、18歳頃までの「子ども」を主な対象としてなされてきた。このことを、教育との関係に置き換えてみると、「子どもの貧困」と教育との関係は、初等・中等教育における就学援助や高校進学、高校中退の問題を中心に議論されてきたことになる。この背景には、福祉制度において保護対象年齢とされる年齢は18歳であり（児童福祉法4条）、教育段階に置きかえれば高校卒業適齢までとなることが背景にあると推察される。したがって、「子どもの貧困対策」の議論の中では、高等教育の学費負担や奨学金制度のあり方は必ずしも中心的な課題にはならず、十分に検討されてきたわけではないのである。このようなこれまでの状況は、言葉を換えれば、高等教育進学者に対する経済的支援のあり方をめぐる議論と、子どもの貧困対策の議論は、これまで「分断」状態にあったということができる。

しかし、2013年に制定された「子どもの貧困対策の推進に関する法律（以下、「子どもの貧困対策法」）」に基づく「子どもの貧困対策」は、生活支援・教育支援・進学支援を包括的に位置づけていくことを求めた。このことで、これまでの教育と福祉の「分断」状況は大きく変化することになった。同法に基づいて2014年8月に閣議決定された「子供の貧困対策に関する大綱」において、その重点施策の1つに、「大学等進学に対する教育機会の提供」を項目に置き、「高等教育の機会を保障するような奨学金制度等の経済的支援の充実」が具体的に位置づけられたためである。このことを通じて、奨学金制度は、「子どもの貧困対策」の一部としての意味を持つことになった。つまり、貧困家庭出身の子どもに対して高等教育進学と学生生活の安定をどのように保障するか、そのための奨学金制度をはじめとする経済的支援の制度・政策が十分に役割を果たしているかが「子どもの貧困対策」の観点から問われるようになったのである。

さらに、国による奨学金制度の動向をみると、2017年3月31日、日本学生支援機構法を改正する法律が国会で成立し、翌日からはじまる新年度より、低所得家庭の大学生を対象とした給付型奨学金制度が新設されることとなった（本格実施は、2018年度からであり、2017年度は先行的な一部実施）。これまで貸与制度のみしか存在しなかった大学生を対象とする国の奨学金制度において、返済の必要がない給付型の奨学金制度が導入されることは、我が国では初めてのことであり、奨学金制度において画期的な出来事である。高等教育への進学や大学生の学業生活を支援する奨学金制度は、1944年に大日本育英会の創設以降、70年を超える歴史を有する。しかし、給付型奨学金制度の創設にみられるように、奨学金制度は、「子どもの貧困」という社会的課題の中で、これまでとは異なる側面を持つことになった。本章では、給付型奨学金制度の創設という新たな動向を含め、奨学金制度を中心に、「子どもの貧困対策」の観点から大学生に対する経済的支援の現状と課題を考えたい。

表1　生活環境による高等教育進学状況の相違

	全世帯	生活保護世帯	ひとり親世帯	児童養護施設
高等教育進学率	73.2%	33.4%	41.6%	23.3%
（内数）大学等	51.8%	20.0%	23.9%	11.1%
（内数）専修学校等	21.4%	13.5%	17.8%	12.2%
（参考）高校進学率	98.8%	90.8%	93.9%	97.0%

出典：内閣府「平成27年度　子供の貧困の状況と子供の貧困対策の実施状況」
http://www8.cao.go.jp/kodomonohinkon/taikou/index.html

2　高等教育への進学機会の現状と課題

高等教育進学や大学生活への経済的支援を、なぜ「子どもの貧困」の観点からとらえなおすことが必要なのだろうか。進学は、多様な進路選択の1つでしかない。しかし、進学の持つ意味は社会状況によって変化している。そこでまず、現在の日本社会において高等教育進学はどのような意味を持っているのかを確認していこう。

高等教育進学の現状

「子どもの貧困対策法」は、政府に対して、毎年、子どもの貧困の状況と子どもの貧困対策の実施状況を公表することを義務づけている（同法7条）。この「子どもの貧困状況」について、政府の公表資料から、全体世帯・生活保護世帯・ひとり親世帯・児童養護施設の子どもの高校卒業後の進学状況を示したものが**表1**である。参考とするために、同表には高校進学率の数値も掲載している。

表1から、全世帯の状況をみると、同世代の73・2％が高校卒業後に高等教

育機関へ進学している。一方で生活保護世帯では33・4％、ひとり親世帯では41・6％、児童養護施設の子どもでは23・3％となっている。参考として掲載した高校進学率では、いずれの状況の子どもも進学率が90％を超えていることと比較すると、高校卒業後の進路選択では、全世帯の状況と比較して、生活保護世帯・ひとり親世帯・児童養護施設の子どもの高等教育進学率が明らかに低い。家庭環境によって高校卒業後の進路選択には差があるのである。さらに、大学等（大学・短期大学）への進学状況をみると、生活保護世帯・ひとり親世帯・児童養護施設の子どもの進学率は、全世帯の2分の1にも満たない。これらの家庭・生活環境の出身者には、そうではない家庭の出身者と比べて、大学進学に大きな壁があることを示している。それでは、この壁には、社会的にどのような意味と背景があるのだろうか。

進学率格差が持つ社会的問題——「ユニバーサル段階」と「大学全入」時代の非進学

生活・家庭環境によって高校卒業後の進路選択の状況に格差があることは、どのような社会的問題をもたらすのだろうか。現在の日本社会において、高校卒業後の進学は「ユニバーサル段階」や「全入時代」を迎えたと理解されている。このことが持つ社会的意味をふまえ、進学状況の格差がどのような社会的問題を生じるのかを見ていきたい。

まず、「ユニバーサル段階」にある高等教育進学の社会的意味を確認しておきたい。「ユニバーサル段階」とは、1970年代に、アメリカの社会学者であるマーチン・トロウが提起した、進学率を指標とした教育システムの発展状況や特徴を整理した説明の一部である（マーチン・トロウ 1976）。「トロウ・モデル」と称されるこの説明では、ある教育段階に対して（具体的には、教育システム全体の中での高校や大学への進学を想定するとわかりやすい）、進学希望者が増加し、進学率が向上することによって、その段階の教育が持つ社会的意義、その教育を提供する教育機関の特徴、そこでの教育内容のあり方などが質的に変化すると指摘する。

具体的には、進学率が同世代の15％までの段階を「エリート段階」として位置づけ、その教育を受けることができるのは社会的・経済的に特別な人たちであり、それは特権としての教育であると位置づける。そして、進学者が増え、幅広い人たちがその教育を受けるようになり、15％から50％まで進学率が増加する段階を「マス段階」（大衆化段階）、さらに、50％を超える進学率となると、誰もが受けることができる教育として「ユニバーサル段階」（普遍的段階）として位置づける。このように進学率をもとに教育段階の特徴を3つに区分したときに、「エリート段階」での教育は、その教育を受けた者は少数であり、特別な存在であることから、社会的に重要な職業や地位に就くことが想定される。つまり、その教育を受けたことが個々人の直接的な利益につながる。他方、「ユニバーサル段階」では、その教育は社会全体の中で特別なものではなく、誰もが受けることができる教育となる。そのため、教育を受けることによる利益よりも、その教育を受けなかったことが個人の不利益につながる。つまり、このモデルは、進学率という指標を用いて、同じ段階の教育であっても、時代や社会によって、その教育の社会的意義が異なることを説明するものである。このトロウ・モデルに基づいた「エリート段階」「マス段階」「ユニバーサル段階」の特徴は、戦後日本の大学進学の変化や大学改革の動向を理解するときに、当てはまりがよいことから、広く用いられてきた【注1】。

このようなモデルを参考に、前節でみた、現代日本における高等教育への進学状況を再度確認してみると、どのようにみえるだろうか。全世帯の状況では、高等教育全体が73・2％、大学等進学率が51・8％となっており、「ユニバーサル段階」として位置づけて理解することができる。つまり、高等教育を受けることは日本社会では特別なことではなく、希望すれば誰もがその教育を受けることができるものとみることができるのである。他方、児童養護施設の出身者をみると、大学等進学率は11・1％でしかない。このモデルにあてはめてみれば、「エリート段階」となり、児童養護施設出身者にとって大学等に進学することは特別なことになる。社会一般では特別なものではない大学進学が、児童養護施設の出身者にはそうではないことがここから確認できる。生活保護世帯・ひとり親世帯の出身者の大学等進学状況についても、「ユニバーサル段階」からは遠い状況にある。

戦後日本社会では、高校卒業者の大学進学率は、時系列的に上昇してきた。そこで、視点を変えて、生活保護世帯・ひとり親世帯・児童養護施設出身者の大学等進学率が、全世帯の進学状況のいつ頃の状況にあてはまるかをみてみよう。児童養護施設出身者は1951年の水準（1951年の全世帯の大学・短大進学率11・8％、以下同じ）、生活保護世帯出身者は1968年水準（19・2％）、ひとり親世帯出身者は、1970年水準（23・6％）となる【注2】。つまり、これらの生活環境にある子どもたちの進学状況は、日本社会全体の50年前の水準なのである。このことは、この問題の深刻さを示唆している。

次に、もう1つの言葉として「大学全入時代」について確認しておきたい。「大学全入」とは、大学進学について、全大学の入学定員が入学希望者の総数を上回ることにより、大学進学希望者は、大学を選ばなければ、どこかの大学に入学することができる状況を指す概念である。1990年代以降、18歳人口の減少と大学の新増設が進んだことを主な背景に、2010年代には、計算上、「大学全入」の状況が生じたとされている。具体的には、1990年に201万人であった18歳人口は2015年には120万人（そのうち高校卒業者は1990年には180万人、2015年には107万人）に減少する一方で、大学・短大の学校数は1990年の1100校（うち、大学507、短大593）から、2016年には1118校（大学777、短大341）に増加した【注3】。専門学校も含めた高等教育全体でみると、2016年度の入学者数は約94万人となっている（1990年の入学者数は111万人）。過年度卒業生や社会人学生など留意すべきことはあるが、数値上でみれば、2016年度の高等教育進学は、高校卒業者の8割以上を占めている（1990年では6割程度）。

このような「全入」状況が生じることで高等教育に起こる重要な変化の1つとして、個々人の進学の可否を決定するために、それまで重要な意味を持っていた入試による選抜機能が低下することにある（荒井・橋本 2005）。このことを進学希望者の側面から見れば、入試の選抜難易度に合わせて進学できるかどうかを判断するのではなく、自分自身の学力や将来構想にあわせて進路を選択することが可能となり、選択肢の幅が広がることを意味している。社会における高等教育システム全体（個々の大学・学校単位ではなくシステム全体）として、学力による入試選抜が厳しく存在する場合には、進学希望者は入試で求められる学力に基づいた進路選択、進学の可否の判断を余儀なくされる。つまり、入試に合格する学力を有するかどうかが、進学か就職かの進路選択で重要な要素となる。他方、学力による選抜機能が高等教育システム全体として重要な要素とならない状況であると、進学希望者の意欲と将来構想が進路選択で重要な要素となる。そのため、多様な高校卒業者が大学に進学する／できるようになる。このことは別の見方をすれば、高等教育への進学機会が、需要過剰から供給過剰に移行したということであり、「大学」での学習に必要な学力を十分に満たさない入学者が増加するという課題ももたらしている。他方で、個々の進学希望者の立場からみれば、進路選択の選択肢が増えることを意味する。先に見た、大学進学の「ユニバーサル段階」とそれによる「多様化」は、このような構造的な変動を背景に生じている。

このような「大学全入時代」と「ユニバーサル段階」という状況は、どのような背景で生じてきたのだろうか。18歳人口の減少や大学新増設とともに、1990年代から2010年代にかけて、若年層の就労機会に構造的な変化が生じたことと、そのことがもたらした影響をあわせて確認しておく必要がある。1990年代以降の日本では、経済状況の悪化を背景に、雇用求人数が減少し、若年層の就業機会が縮小した。3月の学校卒業後、4月から一斉に就職する新規学卒一括採用によって教育から職業へ移行する日本的システムの中で、学校卒業者の就職機会が、雇用システムにおける雇用調整のバッファとして機能し、経済不況の中で新規就労者の求人が減少したためである。とくに高校卒業者に対する求人件数は、1990年に134万件あった求人件数は、2010年には19万件に減少している（2000年から2015年までの平均年間求人数は28万件）【注4】。同時期の大学卒業者に対する求人件数は、1990年は78万件、2010年は72万件としてほぼ同水準となっている（2000年から2015年までの年間平均求人数は68万件）【注5】。このような求人状況の推移、とくに高校卒業者を対象とする求人の減少とそれが回復しなかったことは、高校卒業者が就職よりも進学を選択する要因の1つとなったとみることができる。このことが、大学進学の「ユニバーサル段階」へ移行、「全入時代」への移行を促進することとなったのである。その結果として、1990年代から2010年代にかけて、高校卒業者の進路選択は進学を中心とするものに構造的に変化していったと理解することができる。

高校卒業者の進路選択が構造的に変化していく中で、個々の高校生にとって進路選択の重要な判断材料となったものが費用負担能力である。個々人の進学か非進学の選択は、2年間もしくは4年間の高等教育機関への進学・在学費用を負担できるかどうかによって大きく左右されることになった。この結果、経済的に不利な家庭環境を有する子どもたちが取り残されることになり、その教育を受けなかったことによる影響を受けることになっているのである。ここで重要なことは、進学しないことそれ自体が問題なのではなく、経済的要因により進学を選ぶことができないことが問題であり、その結果、進学状況の変化に取り残されている現状にあることの問題である。

3 社会課題としての学費・奨学金

大学の学費負担をめぐる現状と課題

高等教育の「ユニバーサル段階」と「大学全入」の状況は、高等教育進学の社会的意味を大きく変化させることとなった。進路選択をわける要素が、学力から費用負担能力に変わってきたことは、高等教育にかかる費用（学費）とそれを支援する制度に対する社会的注目を高めることとなる。とくに２０１０年以降、高等学校等就学支援金制度（２０１３年度までの入学者は公立高等学校授業料無償制・高等学校等就学支援金制度）により、高校までの授業料負担は軽減されているため、多くの高等教育進学者（私立高校出身者を除いた進学者：高校卒業者の約7割）は、実質的に、高等教育において初めて「授業料」を負担するようになっている。現在の高等教育機関の授業料の年額平均額をみると、国立大学が54万円、私立大学は文系１００万円、理系１５０万円、専門学校では70万円程度である。さらに初年度には25万円程度の入学金（入学料）がかかり、また、私立学校では、施設設備費などの授業料以外の諸経費が必要となることも多い。文科省の調査によれば、２０１４年度の私立大学の初年度納付金の平均額は、私立大学１３１万円、私立短大が１１１万円となっている（文部科学省 2015）。さらに、私立大学は、学校間・学部間での差も大きい。このような学校納付金（授業料や入学料、施設設備費など、学校に納付する経費の総称）は、多くの場合、一定期間分を一括で支払うことが求められる。具体的には、授業料は1年分もしくは

表２「児童のいる世帯」の所得分布の推移（過去 20 年間・5 年単位）

年		1995 年	2000 年	2005 年	2010 年	2015 年
平均所得額		737.2 万円	725.8 万円	718.0 万円	658.1 万円	707.8 万円
分布	300 万円未満	9.0%	11.3%	10.2%	14.9%	12.5%
	300 ～ 600 万円	32.9%	33.1%	35.9%	36.2%	32.0%
	600 ～ 900 万円	33.0%	30.4%	30.6%	28.7%	32.5%
	900 万円以上	25.2%	25.2%	23.3%	20.3%	23.1%

出典：厚生労働省「国民生活基礎調査」各年度版
※2010年は、岩手県、宮城県および福島県を除いたもの。2015年は熊本県を除いたもの。

半年分など、学校側から指定された期間分をまとめて支払うことが要求される。そのため、支払い時期に、この経費を負担することができるかどうかも進路選択に影響することとなる。

さらに、高等教育機関、とくに大学は、その立地状況に地域差があるため、希望する専門領域を持つ大学に自宅から通学できるとは限らない。文部科学省の『学校基本調査』を用いて、２０１６年3月の大学進学者の状況を確認してみると、出身高校と同一県内の大学への進学率は42・5％であり、半数以上は高校所在県とは異なる都道府県にある大学に進学している（文部科学省 2016）。高校と大学が同一県内であっても居住地によっては自宅から通学できるとは限らないため、自宅通学者の割合はさらに低くなるだろう。大学生を対象とした学生生活の実態調査をみると、自宅外の場合、授業料等の大学に納付する学校納付金だけでなく生活費も必要となるため、年額で40～60万円の追加負担が必要となっている（日本学生支援機構 2016）。この生活経費は、毎月きまってかかる経費となる。

それでは、高等教育の経費を負担している家計は、どのような状況にあるのだろうか。大学生を有する家計を直接示すものではないが、類推可能な参考データとして、厚生労働省の国民生活基礎調査から「児童のいる世帯」の所得分布の推移を5年ごとにみたものが**表2**である（ここでの児童は18歳未満の未婚の者）【注6】。

表2から、子どもを持つ家庭の平均所得は、1995年から2010年まで減少傾向にあったことがわかる。2015年には増加しているが、2005年の水準までには届いていない。この変化は、景気状況を反映しているとみることができるだろう。ここで注目したいことは、2010年までの推移の中で、300万円未満の所得世帯が増加傾向にあり、2015年でも12・5％を占めていることである。大学進学がユニバーサル段階を迎えながら、低所得層が増加傾向にあったことは、学費負担能力が十分ではない家計の高校生が、進学と非進学の選択に直面してきたことを意味している。家計の収入状況と高校生の進路選択の関係は、高校生への調査に基づいて、家計年収400万円程度を分岐点にして、家計年収が高ければ高いほど進学を前提に進路を考えることが指摘されている（東京大学大学院教育学研究科大学経営・政策研究センター 2009）。家計収入の状況と高校卒業後の進学か就職かの進路選択は関連している。1990年代以降、高等教育の進学率が拡大したこと、そして、低所得層の比率が増加傾向にあることを重ね合わせるとき、低所得層の子どもたちの高校卒業後の進路選択が課題となってきたとみることができる。また近年、継続的な学生生活の調査から指摘されている、自宅外学生に対する家計から仕送り額の減少（全国大学生活協同組合連合会 2017）も、このような状況が背景にあるものと推察される。

社会課題としての奨学金制度——奨学金制度の社会問題化

高等教育段階の学費負担の重さとそれを負担できるかどうかによって、高校卒業後の進路選択が左右される状況が生じてきた中で、注目を集めてきたものが教育機会を開かれたものとする社会的制度としての奨学金制度である。しかし、2010年代以降、奨学金制度の現状は、社会問題として批判され、その制度のあり方が問われることとなった。それは、国による奨学金制度には貸与制度しか存在しないことと、貸与制度であることによって生じるさまざまな課題が焦点化され、具体的な社会問題として指摘されるようになったためである。ここでは、その動向を、給付型奨学金制度が創設される社会背景として確認しておきたい。

現在、国による奨学金制度は独立行政法人日本学生支援機構（ＪＡＳＳＯ）により運営されている。現在の利用者数は１３４万人であり、大学生・専門学校生の２・６人に１人が利用している【注7】。日本学生支援機構は、１９４４年に創設された大日本育英会に淵源をもち、行政改革によってそれまでの日本育英会が２００４年に再編されることでつくられた独立行政法人である。日本の奨学金制度は、１９４４年に貸与制度（無利子）として創設された。１９８４年に、無利子貸与と有利子貸与の２種類の貸与奨学金制度に再編され、現在まで運営されている。かつては、貸与制度を前提としつつ、幼稚園・小学校・中学校・高校の教員として就職した者（教育職）と大学等の研究職に就職した者（研究職）には、一定期間の勤務年数により返還を免除する制度が特例的に設置されてきた（返還免除制度）。この返還免除制度は、教育職は１９９７年、研究職は２００４年に廃止されるまで、実質的な給付奨学金制度として機能し、日本の奨学金制度の特徴の１つであった。なお、無利子貸与と有利子貸与の両制度とも、貸与条件は、成績基準（学力）と家計基準（経済状況）が設定され、それぞれの基準を満たす者が奨学金を利用できる対象とされてきた。学力と経済状況の両側面を貸与基準とすることも、日本の奨学金制度の特徴の１つであった。

無利子貸与と有利子貸与の関係をみると、旧来、無利子貸与制度が国の奨学金制度の根幹とされ、貸与人数の中心を占めていた。しかし、１９９９年に、有利子貸与制度の貸与基準を引き下げて、希望者が利用しやすい制度にすることで、奨学金制度全体の利用人数を拡大する政策転換が行われた。これは、高等教育進学がマス段階からユニバーサル段階に移行する過程で、既存の奨学金制度の制度的枠組みを変更することなく、高等教育進学希望者の資金需要に応えることを意図するものであったとみることができる。この有利子貸与制度の転換による奨学金利用者の「量的拡大」は、「政治的課題」ともされていた（白川・前畑 2012）。しかし、奨学金制度の中でも、利用者にとって相対的に有利な返済条件である無利子貸与制度ではなく有利子貸与制度による量的拡大であったこと、さらに、2000年代以降に続く長期不況の中で、大卒就職希望者への雇用求人が縮小し、卒業後に安定的な就労機会を得ることが困難となる状況が生じたことなどを背景に、奨学金制度のあり方が社会問題として注目されるようになっていく。

それでは、奨学金制度は、どのような問題として認識されてきたのであろうか。このことをみるために、朝日新聞の新聞記事データベースを用いて、「日本学生支援機構」と「奨学金」をキーワードに検索した結果をみてみよう【注8】。2000年代後半から2010年代にかけて、その取り上げられ方が変化していることが確認できる。

2000年代後半の奨学金を扱った記事では、奨学金返還の滞納者・滞納額の増加や日本学生支援機構の対応状況が報じられている。具体的にみると、2007年に、日本学生支援機構が奨学金の返還督促を強化していることが報じられている【注9】。2008年には、財務省から監査に基づいて延滞額の増加と延滞金の回収努力が日本学生支援機構に要請され【注10】、2009年には会計検査院が滞納増加の一因として学生支援機構が貸与者の転居先を把握していないなどの努力不足があることを指摘したことが報じられている【注11】。これらのことに関連して、日本学生支援機構は、返還滞納者への対策を強化すること【注12】、2009年度から3か月以上の延滞者の情報を個人信用情報機関に登録する制度を採り入れること【注13】、9か月以上の延滞者には一括支払督促のうえで返還請求訴訟を行うなどの対応をとるようになった【注14】。また、一方で、返済猶予の拡充や減額返済など、返済困難な状況にある学生を支援する新たな取組みがとられるようになったことも報じられている【注15】。ここから、この時期は、奨学金の返還や督促など、制度運用上の課題が中心に報じられていることがわかる。

他方、2010年代に入ると、奨学金についての報道傾向が変化し、若年層にとっての返済義務の重さや、奨学金返済による生活苦を指摘する「奨学金問題」が報じられるようになる。2012年には、「奨学金という名のローン」として奨学金制度の現状に問題提起する特集記事が組まれ【注16】、2013年には日弁連が奨学金返済のための全国一斉電話相談を行った様子などが報じられている【注17】。この背景には、奨学金問題に取り組む大学教員や弁護士、団体による活動が活発化し、奨学金問題が社会問題として問題提起されるようになったことがあげられる。新聞記事は、各地で行われるようになった奨学金返済についての電話相談や制度改善のための署名活動などの動向を伝えている【注18】。そして、奨学金問題は、「貧困問題」「格差社会」という、より大きな社会課題の中の1つとして位置づけられ、関連づけて取り上げられるようになっていく【注19】。このような報道の動向から、奨学金制度は社会問題として告発される対象であり、その制度改革・改善・利用者救済を求める社会運動の対象として位置づけられるようになってきたことがわかる。このような運動・問題提起者は、「奨学金地獄」「ブラック奨学金」等の主張とともに、奨学金制度のあり方を告発し、改善提案を示している（岩重 2017、大内 2017、今野 2017他）。

このように奨学金制度のあり方が社会問題と位置づけられる中で、2014年頃から、奨学金の返済支援の取組みが報じられるようになる。具体的には、地方創生の政策方針に基づく国の取組みとして地方就職者の奨学金返済を支援する制度が検討されていることや【注20】、地方自治体や企業による奨学金返済の支援事例【注21】を扱う記事がみられるためである。また、同時期には、制度改革の動向として、文部科学省の中に設置された検討会議による所得連動型奨学金制度の検討状況【注22】や無利子奨学金の成績基準を撤廃する方針【注23】も報じられている。また、一方で、奨学金返済率を大学別に公表することについての報道もみられる【注24】。

これらのことから、日本学生支援機構の奨学金制度の動向を、次のように整理することができる。大学進学者の増加を背景に1999年に有利子貸与の量的拡大が行われる一方で、2000年代の経済状況の中で奨学金の返済が困難になる奨学金利用者が増加し、返還されるべき貸与金の滞納額が増大していく。その結果、滞納額の増大は行政課題として指摘され、運営組織としての日本学生支援機構は返済管理の強化に取り組む。返済管理の強化は、返済が困難な状況にある者にはさらなる制度的圧力となっていく。そして、奨学金制度のあり方が問題として告発され、社会問題として指摘されるようになる。そして、奨学金問題が貧困問題や「子どもの貧困」「格差社会」という社会全体のあり方に関連づけられることで、重い学費負担の中で、奨学金制度が貸与制度のみであるという制度全体のあり方が問われ、構造的問題として位置づけられるようになってきたのである。

4 奨学金制度の見直しと給付型奨学金の制度枠組み

奨学金制度の見直しの動向——所得連動型奨学金制度と給付型奨学金制度

奨学金制度のあり方が社会問題として焦点化されてきたことを背景に、2010年代には、国の奨学金制度を見直すための政策的な議論が進められてきた。その具体的な動向が、所得連動型奨学金制度と給付型奨学金制度の創設である。

所得連動型奨学金とは、貸与奨学金制度の返済に対して、事前に設定された一定額の所得を得るようになるまではその返済を猶予し、また、所得状況によって返済額を変動させることで、卒業後、所得が低い状況にある場合に、奨学金返済が生活負担にならないようにすることを目的とする仕組みである（Chapman and Stieglitz 2014）。これまで貸与奨学金の返済は、利用者の所得状況にかかわらず毎月一定額を返済することが原則とされていたため、所得が低い場合には返済の負担が実質的に大きくなる状況にあった。所得に応じて返済額が設定される所得連動型奨学金制度では、低所得層の返済負担を軽減することになり、奨学金返済の不安を軽減することができることになる。このような所得連動型奨学金制度は、イギリスやアメリカ等で導入されていた。日本では２０１１年の政府予算の編成過程の中で、奨学金制度の改善方策として提案され、２０１２年度から無利子貸与制度の利用者の中から希望者を対象に、年収３００万円に達するまでは返済が猶予される制度として導入された【注25】。この制度は、収入が３００万円を超えると年収額にかかわらず一定額を返済することとなるものであり、返済額が所得に連動するわけではない。しかし、所得が低い期間は返済が猶予される、これまでにない制度であった。なお、現在、日本学生支援機構では、次にみる「所得連動返還方式」と区別するために、この制度は「猶予年限特例」として位置づけている【注26】。

その後、奨学金制度のあり方が社会問題として問われる中で、奨学金返済負担の軽減に対応するために、所得連動型奨学金制度の充実を含めた、奨学金制度の改革が政府全体の政策課題とされた【注27】。そして、２０１７年度より、新たな所得連動返還型奨学金制度として「所得連動返還方式」が、無利子貸与制度の利用者を対象に導入された。この制度は、２０１６年に導入されたマイナンバー制度と連動したものであり、卒業後の所得に応じて返還月額が変動するものである。所得が低い場合には、返還月額が少額となり、所得が多くなれば返還月額が大きくなる（課税対象所得に9％を乗じて12で除した額。その額が２０００円以下になる場合、２０００円）。所得状況にあわせた返還を可能とすることで、返還負担の軽減が図られることとなる（ただし、所得がない場合でも２０００円の返還月額が設定されている）。この制度の創設により、日本学生支援機構は、これまでの奨学金返済を「定額返還方式」として新制度と区別している【注28】。このような所得連動返還方式の導入は、貸与奨学金利用者の返済負担を軽減することが期待される。しかし、無利子貸与の利用者のみが対象となっていることなど十分ではなく、今後の拡充が課題である。

他方、貸与制度のみしか持たなかった我が国の奨学金制度に対しては、旧来から、給付型奨学金創設の必要性が指摘されてきた。その背景には、奨学金制度の社会問題化とともに、２０１２年に日本が国際人権規約（Ａ規約、社会権規約）における中等教育・高等教育の暫定的無償化の留保を撤回したこと（中内 2013）、貸与制度のみの場合、低所得層が返済負担を理由に借り入れを避けようとする「ローン回避」が生じるために教育機会の均等に不十分であること（小林 2008）が指摘されてきたことがある。しかし、給付型奨学金は、毎年度、財政支出を必要とするためその財源が必要となることもあり、これまで具体的な制度として検討されてこなかった。しかし、２０１６年3月、安倍晋三首相が、２０１６年度予算成立後の記者会見の中で給付型奨学金の創設を提示したことを受けて、急遽、具体的な政策課題として位置づけられることとなる【注29】。この背景には、貸与奨学金の返済負担の大きさが社会問題となっていたこととともに、２０１６年7月には18歳選挙権が実現して初めての国政選挙（第24回参議院議員通常選挙）が予定されており、各政党が給付型奨学金の創設を選挙公約に掲げる中で、政権党としての若年投票者への政治的アピールの意図があったことが指摘されている【注30】。そして、２０１６年度中に、給付型奨学金制度の具体的な制度設計がなされ、２０１７年3月に新制度を定めた改正法が成立することで、２０１８年度から本格実施されることとなった（前 2017）。そして、本格実施に先立ち、２０１７年度進学者の一部を対象に先行的に実施されている。給付型奨学金は、政治主導で短期間で制度化されたのである。

給付型奨学金の制度枠組みと特徴

２０１７年に新設された給付型奨学金制度はどのような仕組みであり、どのような特徴があるのだろうか。この制度の可能性と課題を考えるために、その制度枠組みと特徴を確認したい。

２０１８年度から本格実施される給付型奨学金制度の採用手続きは、次の通りである（日本学生支援機構 2017a）。大学・短期大学・高等専門学校4年生・専修学校専門課程（以下、大学等）への進学・進級前の高校等在学者のうち、家庭状況・経済状況の条件として、①住民税非課税世帯もしくは生活保護受給世帯、②社会的養護を必要とする生徒のいずれかに該当する者の中から、各学校が定める「給付奨学生採用候補者の推薦基準」（以下、「推薦基準」）に基づいて学力条件、人物、健康条件を満たす者を、各学校が日本学生支援機構に推薦する。日本学生支援機構は、各校からの推薦に基づいて採用者を決定する。採用者には、国公立大学進学者では、自宅通学の場合は2万円、自宅外通学の場合は3万円、私立大学進学者には、自宅通学の場合は3万円、自宅外通学の場合は4万円が毎月給付される（ただし、国立大学で授業料の全額免除を受ける場合には、自宅生は給付額が0円、自宅外生は2万円に減額となる。また、社会的養護が必要な対象者には一時金として入学時に24万円が支給される）。受給者は、毎年、翌年度以降の継続についての資格審査があり、成績不振による留年の場合などには給付が打ち切りとなり、その場合には、過去にさかのぼって給付金の返還が求められる場合があるとされている。給付対象の選定については、文部科学省の方針では、学校推薦枠の割り振り方法は「一人別枠方式」とされ、各学校に1人を割り振ったうえで、残りの枠数を各学校の非課税世帯の奨学金貸与者数をもとに配分することとなっている（文部科学省給付型奨学金制度検討チーム 2016）。2018年度の対象総数は2万人とされている。なお、日本学生支援機構の貸与奨学金（無利子・有利子）、他団体の奨学金との併給は認められている。

この制度の特徴は、希望者が在籍する高校等を通じて申し込みを行うことであり、在籍校が推薦者を決める予約型であることにある。2017年4月、日本学生支援機構は、高校等に対して「給付奨学生採用候補の推薦に係る指針（ガイドライン）」を提示し、各校が「推薦基準」を策定するにあたっての、人物・健康・学力及び資質・家計の基準の基本方針と推薦業務のための留意点を示した（日本学生支援機構 2017b）。そこには、学力及び資質に関する要件の適合性を確認することは、各高校の特色や実情にあわせて行うとするとともに、「①知識量しか問わないテストの結果や特定の活動などのみに偏重せず、観点別学習状況の評価などの学力の三要素の趣旨をふまえた選考となっているか。②総合所見や出欠状況を加味した選考となっているか。③高等学校等の生活全体の中で課題を克服した経験など生徒等の成長過程にも着目した選考となっているか。」という留意点が具体的に示されている。さらに、「進学の意欲や目的、進学後の人生設計を確認・評価するにあたっては、レポートの提出や面談等により本人の意識を十分に確認するものとする」と進学後の意欲を確認することを求めている。このことからわかるように、新たな給付型奨学金制度では経済的要件のみでなく、学力要件と人物等の定性的な観点が「学力及び資質に関する要件」として、推薦要件に求められているのである。

なお、2018年の本格実施に先立ち、2017年から先行的に実施される対象者については、2017年4月に大学等に進学した者のうち、住民税非課税世帯で私立の大学等に自宅外から進学した者、または、社会的養護を必要とする者に対して、大学等を通した申請により実施された（日本学生支援機構 2017c）。２０１７年度進学者を対象とした給付奨学金受給候補者の大学等から日本学生支援機構への推薦は5月25日が締切とされていたが、推薦件数が予算予定人数に満たなかったことなどから8月上旬まで延長された（日本学生支援機構 2017d）。

5 給付型奨学金制度の成果と課題

２０１６年度に政治主導で創設された給付型奨学金制度は、これまで貸与制度しか存在しなかった国による奨学金制度において画期的な意味を持つものである。しかし、これまで大学生に対する国による給付型奨学金制度を持たなかったことから、どのような対象・制度の「給付型奨学金」であれば社会から支持されるのかは必ずしも明らかではなく、新制度が社会的に支持されるものであるかはわからない。また、今回設定された制度枠組みを、「子どもの貧困対策」の観点から検討すると、いくつかの課題が見受けられる。そこで本節では、創設された給付型奨学金制度が社会に受け入れられるものであるか、創設された制度を「子どもの貧困」の観点からみたときどのような制度改善の余地があるのか、について検討する。

社会的に支持される給付型奨学金制度のあり方

まず、創設された給付型奨学金制度が社会に受け入れられるものであるかどうかを検討したい。ここでは、筆者が実施した社会調査の結果を用いて、このことを考えてみよう（白川編 2017）。この調査は、高校卒業後の進

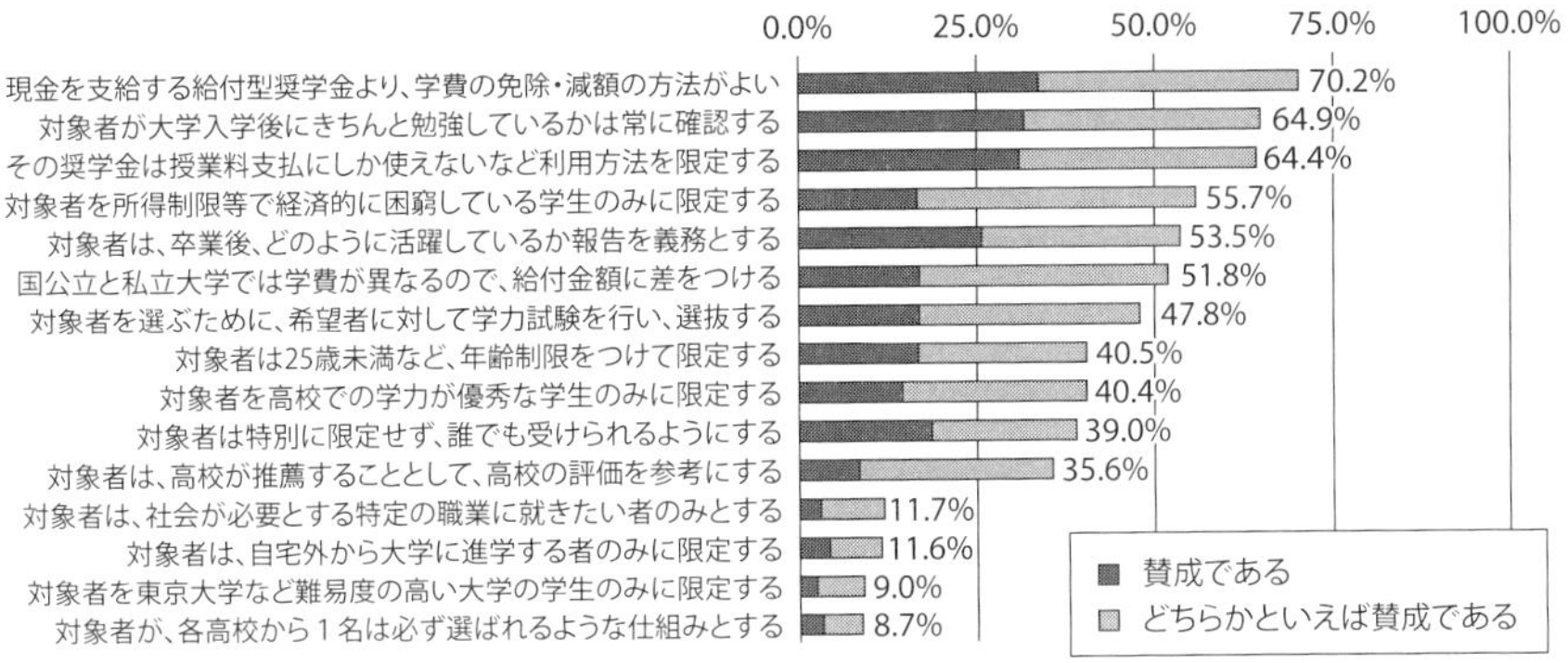

図１　国の給付型奨学金制度のあり方（n=587）（筆者作成）

路選択が対照的な状況にある2都県を対象に、住民基本台帳に基づいて無作為抽出した18歳以上の有権者に郵送で行ったアンケート調査である（発送数２０００件、２０１７年1月発送・2月回収、回収率29・４％）【注31】。この調査は、新たに創設された給付型奨学金制度について直接問うものではないが、どのような制度の給付型奨学金制度が支持されるかを尋ねたことから、参考とすることができる。

まず、国の奨学金制度のあり方について、「A．貸与制度」と「B．給付制度」のどちらが望ましいと思うかを尋ねた結果を見ると、前者に対しては45・1％（Aに近い＋どちらかといえば）、後者に対しては50・9％（Bに近い＋どちらかといえば）が支持している状況であった。したがって、給付型奨学金制度に対して社会が幅広く支持しているとはいえず、その見方はわかれている。そのため、給付型奨学金制度は、制度設計のあり方が重要となる。

そこで、「給付型奨学金制度（あとで返済しなくともよい奨学金）を新しい制度としてつくる場合」、どのような制度・対象であれば社会的支持を得られるのかを明らかにするために、いくつかの制度枠組みについて賛成から反対までの5件法で尋ねた。その結果を示したものが**図1**である。

図1から、賛成が50％を超えているものをみると、「給付型奨学金よ

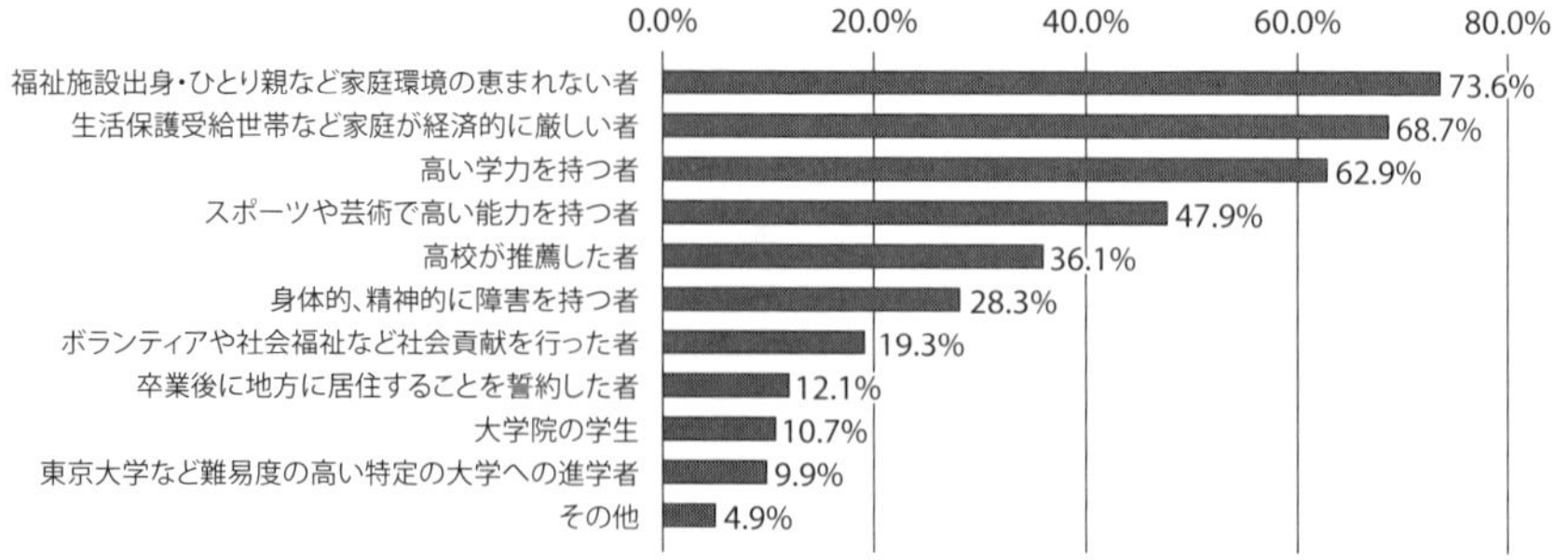

図2　給付型奨学金の対象者として望ましい者（n=587）（筆者作成）

りも、学費の免除・減額がよい」「授業料支払いにしか使えないなど利用方法を限定」「国公立と私立で給付額に差をつける」が当てはまる。給付型奨学金のあり方と学費負担が連動して考えられていることがわかる。また、「きちんと勉強しているかは常に確認する」「所得制限などで経済的に困窮している学生のみに限定する」「卒業後にどのように活躍しているか報告を義務とする」も同様に、賛成が50%を超えている。対象者のあり方には、一定のイメージが共有されているといえるだろう。それは、経済的に困難を抱える学生が、奨学金を通じて学び、社会で活躍する（そして、活躍の状況を社会が確認する）というイメージである。他方、「特定の職業に就きたい者のみ」「自宅外からの進学者のみ」「難易度の高い大学の学生のみ」「各高校から1名は必ず選ぶ」など、職業・居住・大学・高校と連動する仕組みとすることは支持されてない。

それでは、給付型奨学金の対象者として社会が支持するのはどのような学生であろうか。どのような者を対象とすることが望ましいかを尋ねた結果を示したものが**図2**である。

図2から、「福祉施設出身・ひとり親など家庭環境の恵まれない者」「生活保護受給世帯など家庭が経済的に厳しい者」「高い学力を持つ者」を対象とすることには6割以上が望ましいとしている。ここでは、「高い学力を持つ

者」よりも、「福祉施設出身・ひとり親など家庭環境の恵まれない者」「生活保護受給世帯など家庭が経済的に厳しい者」の支持が高いことに注目したい。経済的・家庭的困難を有する子どもに対する経済的支援を強調した制度であれば、社会的に支持を得られることを示しているためである。

このような社会調査の結果は、経済的に厳しい家庭の子どもを対象に、学費負担を軽減するために適切に制度設計された給付型奨学金制度であれば、社会的に支持されることを示唆している。

「子どもの貧困対策」からみた給付型奨学金制度の課題

それでは、「子どもの貧困対策」の観点からみると今回創設された給付型奨学金制度は、どのように位置づけることができるだろうか。残念ながら、いくつかの点で、制度設計上の問題点を指摘しなければならない。

まず、毎月の支給額の規模が十分であるかどうか、という課題がある。今回の制度は、毎月2～4万円を給付するものである。そのため大学に納付する学費負担を直接軽減するよりも、学生生活にかかる費用負担の一部を支援する側面が強い。なぜなら、給付額は年額総計でも1年間の学費相当額には届かないし、また、支給タイミングが月ごとであり、学費納入時期とは異なる時期設定であるためである。学費負担を軽減することを目的にするのであれば、学費納入時期に一定額を一括給付することが望まれる。このような支援額の設定は、予算上の制約を受けるものであり、対象人数や予算規模との兼ね合いの中で設定されたものと推察される。この制度が社会的に定着する中で、拡充する方向で見直しが行われることを期待したい。

本稿では、支給金額の規模よりも重要かつ根本的な問題点として、制度の枠組みについて、「子どもの貧困対策」の観点から大きく2つのことを指摘したい。第一は、経済的要件のみでなく、「学力及び資質に関する要件」

が受給者の選定基準に含まれたことである。第二は、対象者の選定を在籍高校単位で行うこととされたことである。

前者が問題であるのは次のことからである。近年の学力形成についての研究は、家庭の経済的状況や家庭環境が子どもの学習達成に関連し、貧困家庭ほど学力の達成状況に課題があることを明らかにするとともに、貧困家庭の子どもほど、さまざまな社会的活動を経験する機会に乏しいことを指摘している（お茶の水女子大学 2014）。貧困や困難を乗り越えるために、「子どもの貧困対策」の研究に基づいて、学習経験や社会経験、地域との関係づくりを通じて自己肯定観を形成していく実践も行われている（柏木・仲田編 2017）。しかし、今回の給付型奨学金制度では、「学力及び資質に関する要件」が選考条件とされることで、すでに、一定の学力を有する者のみを対象とするものとされた。貧困状況にある子どもの学力形成に構造的な課題がある中でこの要件を設定することは、意欲を有していても各学校の設定する学力要件を満たさず、対象とならない高校生が生じることとなる。このように「学力及び資質に関する要件」を含めた推薦基準とすることについて、日本学生支援機構は、その理由を「原資が国費で賄われ、渡し切りの支給となることから、貸与型の奨学金以上に税の使途としての説明責任が問われる」ことを理由にあげている（日本学生支援機構 2017b）。しかし、給付型奨学金を「子どもの貧困対策」の具体化として位置づけるとすれば、重要なことは、経済的支援を通じて貧困の連鎖を防ぐことを実現するための制度を設計することだろう。そのため新たな制度には、経済的要因によってこれまで与えられなかった機会を提供する福祉的発想が必要となる。この観点からは、給付型奨学金制度の対象要件と学力要件は切り離したうえで、学力形成や進学支援を組み合わせた教育支援を図ることが求められる。福祉制度において、経済的条件のみが支援の条件とされつつ、就労支援などの支援制度との連携が重要視されていることはそのためである。とくに進学機会を提供するための経済的支援には、福祉的な社会的投資の側面として、その支援を通じて学業を修得し、学習成果を通じた就労により、経済的状況を克服する機会を作り出すことが求められる。しかし、今回、すでに一定の学力要件を満たす者を支援する（＝育英）という奨学金制度の旧来的発想の延長にある制度として創設されたことにより、対象選定の段階から限定的なものとなってしまうことが懸念されるのである。

第二に、対象者の推薦を高校単位で行うことの問題点は、「学力及び資質に関する要件」が高校在学時の状況をもとに、高校教職員による選考をもって推薦者が選定されることにある。日本学生支援機構は、給付奨学金制度を「進学の後押し」と位置づけている（日本学生支援機構 2017b）。しかし、「進学の後押し」を重視するのであれば、高校時の学習状況等をもとに学校が選考するのではなく、進学希望先に合格することをもって、学力や意欲の要件とすることで十分ではないだろうか。約５０００校が存在する多様化した高校教育の現状とユニバーサル段階を迎えた高等教育進学を前提とするとき、高校内での学業成績に基づいて推薦を得て対象者を決めることに、どれほど実効性があるかは疑問である。また、日本学生支援機構は、各学校に公平な選考の実施を求めているが、個々の高校単位での判断となるため、選考過程が現実に統制され、公正性が保証されるわけではない【注32】。学校において1名から数名の推薦が想定される中で、学校単位の選考による恣意性が危惧されるのである。具体的には、その高校の指導方針にそぐわない進学希望者は排除されることが懸念される。

このような2つの制度上の課題は、給付型奨学金制度が、「奨学金」としての側面を強く持つ、学校が関与する教育的制度として設計されたことによる。「子どもの貧困対策」に求められる福祉的観点からみると、この制度設計は批判的に検討されなければならない。そして、その状況は制度実施後に検証されることが必要である。

6 まとめ

本章では、貧困状態からの高等教育進学の現状と課題を確認し、給付型奨学金制度の創設とその制度上の課題について検討した。１９９０年代から、高校卒業者の進路選択が高等教育への進学を中心に変容していく中で、家庭環境や経済状況に課題を抱える子どもたちが取り残されている状況、そのことが進学機会の世代内格差として、その教育を受けなかったことによる不利益をもたらす可能性と、「貧困の連鎖」につながる可能性を確認した。とくに高等教育の「ユニバーサル段階」や「全入」時代と称される現在の日本社会の中で、児童養護施設の出身者や生活保護世帯・ひとり親世帯の出身者の大学等進学状況が、社会全体の状況と比較すると50年前の水準であり、早急に対応が必要な課題であることを確認した。

そのうえで高等教育進学の「ユニバーサル段階」の中で、学費負担の現状は大きな課題となる一方で、奨学金制度のあり方が社会問題になってきたことを確認した。奨学金制度は、１９９９年の有利子貸与制度の量的拡大以降、２０００年代には返還滞納額の増大が行政課題とされてきた。そして、滞納に対する管理強化を背景に奨学金制度に対する社会的関心が高まり、２０１０年代には奨学金制度のあり方が社会問題として指摘されるようになった。高等教育進学のユニバーサル段階への移行を背景に、奨学金問題は、格差社会や貧困対策の一部として社会全体の問題として認識されるようになったのである。このような中、２０１０年代後半に奨学金制度の見直しが検討され、２０１７年度から、所得連動型奨学金の本格的な導入と給付型奨学金制度の新設という、制度改革が進められている。

奨学金制度の見直し、とくに給付型奨学金制度の創設は画期的なものであり、家庭環境や経済状況に課題を抱える子どもたちの進学機会を拡充する効果が期待できる。しかし、新設された給付型奨学金制度では「育英」の側面が強調され、経済的背景のみでなく、「学力及び資質に関する要件」を要するものとされ、高校を通じた選考により教育的観点からの指導を含めて候補者を選定する制度とされた。教育的な制度として構築されたため、福祉・社会保障としての意義・観点の弱いものとなっている。このことは「子どもの貧困対策」の観点からみると、制度的障壁となる可能性がある。他方、社会調査によって示された結果からは、「福祉施設出身・ひとり親など家庭環境の恵まれない者」「生活保護受給世帯など家庭が経済的に厳しい者」であれば、それのみで給付型奨学金の対象とすることに社会的支持を得ることができることが示唆されている。今後、制度の見直しとして、学校による候補者の選考や「学力及び資質に関する要件」を見直し、純粋な「経済的支援」として位置づけることが求められる。「子どもの貧困対策」としての給付型奨学金は、経済的支援を通じて教育機会を提供し、能力を育成する社会制度と位置づけていくことが望まれるためである。

最後に、高等教育の費用負担については、２０１７年5月に、安倍首相により憲法改正の一部として高等教育無償化が提案され【注33】、教育国債の発行やオーストラリアのＨＥＣＳ（Higher Education Contribution Scheme：高等教育拠出金制度）をモデルにした授業料後払い方式の制度構想も提示されている【注34】。高等教育の費用負担のあり方は、今後、さまざまな議論が行われることが予測される。しかし、もしも「高等教育無償化」が実現されたとしても、生活費負担を支援する給付型奨学金が重要であることを付言しておきたい。

引用・参考文献

荒井克弘・橋本昭彦（2005）『高校と大学の接続――入試選抜から教育接続へ』玉川大学出版部

B. Chapman, J. Stiglitz (ed.), 2014, *Income Contingent Loans -Theory, Practice and Prospects*. Palgrave Macmillan UK.

濱中義隆・佐藤香・白川優治・島一則（2016）「高等教育研究と政策――奨学金研究を題材として」日本教育社会学会編『教育社会学研究』99、71～93頁

樋口美雄・萩原里紗編著（2017）『大学への教育投資と世代間所得移転――奨学金は救世主か』勁草書房

岩重佳治（2017）『「奨学金」地獄』小学館

柏木智子・仲田康一編著（2017）『子供の貧困・不利・困難を超える学校――行政・地域とつながって実現する子ども支援』学事出版

厚生労働省（2016）「平成28年度『高校・中学新卒者のハローワーク求人に係る求人・求職状況』取りまとめ」（http://www.mhlw.go.jp/stf/houdou/0000136086.html）

小林雅之（2008）『進学格差――深刻化する教育費負担』筑摩書房

今野晴貴（2017）『ブラック奨学金』文藝春秋

前一平（2017）「給付型奨学金制度の創設――独立行政法人日本学生支援機構法の一部を改正する法律の成立」『立法と調査』388号

マーチン・トロウ（天野郁夫・喜多村和之訳）（1976）『高学歴社会の大学――エリートからマスへ』東京大学出版会

文部科学省（2015）「私立大学等の平成26年度入学者に係る学生納付金等調査結果について」（http://www.mext.go.jp/a_menu/koutou/shinkou/07021403/1365662.htm）

文部科学省（2016）『学校基本調査 平成28年度版』

文部科学省給付型奨学金制度検討チーム（2016）「給付型奨学金制度の設計について〈議論のまとめ〉」（http://www.mext.go.jp/b_menu/houdou/28/12/1380717.htm）

中内康夫（2013）「社会権規約の中等・高等教育無償化条項に係る留保撤回――条約に付した留保を撤回する際の検討事項と課題」『立法と調査』337号

日本学生支援機構（2016）「平成26年度 学生生活調査結果」（http://www.jasso.go.jp/about/statistics/gakusei_chosa/2014.html）

日本学生支援機構（2017a）「平成30年度 進学予定者用 給付奨学金案内」（http://www.jasso.go.jp/shogakukin/kyufu/info.html）

日本学生支援機構（2017b）「給付奨学生採用候補者の推薦に係る指針（ガイドライン）」（http://www.jasso.go.jp/shogakukin/kyufu/__icsFiles/afieldfile/2017/04/24/h30_kyuhuyoyaku_guideline.pdf）
日本学生支援機構（2017c）「平成29年度 進学予定者用 給付奨学金案内」（http://www.jasso.go.jp/shogakukin/kyufu/h29_info.html）
日本学生支援機構（2017d）「平成29年度『給付奨学金』の推薦期間の延長について」（http://www.jasso.go.jp/about/information/press/1267159_3557.html）
大内裕和（2017）『奨学金が日本を滅ぼす』朝日新聞出版
お茶の水女子大学（2014）『平成25年度 全国学力・学習状況調査（きめ細かい調査）の結果を活用した学力に影響を与える要因分析に関する調査研究』（http://www.nier.go.jp/13chousakekkahoukoku/kannren_chousa/pdf/hogosha_factorial_experiment.pdf）
白川優治・前畑良幸（2012）「日本」小林雅之編『教育機会均等への挑戦――授業料と奨学金の8カ国比較』東信堂
白川優治編（2017）『教育費負担と奨学金制度のあり方に関するアンケート調査 集計報告書』
東京大学大学院教育学研究科大学経営・政策研究センター（2009）「高校生の進路と親の年収の関連について」（http://ump.p.u-tokyo.ac.jp/crump/cat84/post-20.html）
全国大学生活協同組合連合会（2017）「第52回学生生活実態調査の概要報告」（http://www.univcoop.or.jp/press/life/report.html）

注

1 たとえば、2008年に中央教育審議会が提示した答申「学士課程教育の構築に向けて」では、1章に「グローバル化，ユニバーサル段階等をめぐる認識と改革の基本方向」として大学を取り巻く社会状況が整理されており、日本の高等教育がユニバーサル段階にあることを前提に、大学教育のあり方が提示されている。

2 総務省統計局政府統計の総合窓口（e-Stat）の提供する、文部科学省『学校基本調査』年次統計に基づく。

3 注2と同じデータに基づく。

4 厚生労働省「平成28年度『高校・中学新卒者のハローワーク求人に係る求人・求職状況』取りまとめ」（http://www.mhlw.go.jp/stf/houdou/0000136086.html）および各年度版に基づいて算出。

5 リクルートワークス研究所「大卒求人倍率調査」（http://www.works-i.com/surveys/graduate.html）各年度版に基

づいて算出。

6　この調査では前年の家計状況を尋ねているので、対象年は1年前のものとなる。データの出典は、厚生労働省「平成28年 国民生活基礎調査の概況」(http://www.mhlw.go.jp/toukei/saikin/hw/k-tyosa/k-tyosa16/index.html) および、総務省統計局政府統計の総合窓口 (e-Stat) の提供する、厚生労働省『国民生活基礎調査』各年度の調査結果。

7　「「貸与型」奨学金について」日本学生支援機構ウェブサイト掲載情報 (http://www.jasso.go.jp/shogakukin/about/flow.html)

8　朝日新聞記事データベース「聞蔵Ⅱビジュアル」を用いて、「日本学生支援機構」と「奨学金」をキーワードに、この2つの言葉を含む記事を検索（2017年7月23日)。313件の記事が検出された。それらの記事を時系列的に整理するとともに、その内容を確認した。

9　「奨学金返還 督促を強化 法的措置予告1万件」『朝日新聞』2007年1月8日朝刊、1頁

10　「奨学金10億円未回収 学生支援機構に財務省『改善を』」『朝日新聞』2008年7月25日朝刊、7頁

11　「『奨学金滞納増は機構の努力不足』転居先分からず132億円回収不能 検査院指摘」『朝日新聞』2009年10月24日朝刊、39頁

12　「奨学金貸与者 住民票提出を義務化 学生支援機構 滞納者対策で」『朝日新聞』2007年12月27日夕刊、1頁

13　「奨学金滞納者 通報へ 学生支援機構 金融機関側に」『朝日新聞』2008年10月10日朝刊、1頁

14　「返せぬ奨学金、訴訟急増 就職先が破産…生活苦の若年層」『朝日新聞』2012年2月19日朝刊、32頁、「奨学金訴訟100倍に 8年で急増 借り手困窮 機構、回収強化」『朝日新聞』2014年8月10日朝刊、37頁

15　「奨学金返済の猶予拡充 文科省・5倍の10万人分手当へ」『朝日新聞』2009年5月8日朝刊、1頁、「奨学金の返済額 10年は半額OK 学生支援機構が新制度」『朝日新聞』2010年5月3日朝刊、12頁

16　「(奨学金という名のローン:上)『返還不要型』遅れる日本」『朝日新聞』2012年7月6日朝刊、19頁、「(奨学金という名のローン:中) 返したくても返せない」『朝日新聞』2012年7月13日朝刊、30頁、「(奨学金という名のローン:下) 貸与・給付、あるべき姿は」『朝日新聞』2012年7月20日朝刊、35頁

17　「奨学金が返せない 日弁連の電話相談に深刻な訴え」『朝日新聞』2013年2月22日朝刊、34頁

18　「奨学金の問題点考える 来週シンポ、返還巡る電話相談も」『朝日新聞』2011年11月18日朝刊、35頁、「奨学金制度の改善求め、署名活動 弁護士ら結成の対策会議」『朝日新聞』2013年9月27日朝刊、34頁など

19　「(教育2014 格差を考える) 奨学金返済、人生の重荷 授業料高騰で貧困連鎖」『朝日新聞』2014年11月25日、3頁など

20 「地方に就職なら奨学金返還を支援 創生戦略〝若者呼び戻し〟策、来年度にも」『朝日新聞』２０１４年12月28日、31頁

21 「奨学生の地元就職後押し 返還減免6県、13県も検討」『朝日新聞』２０１５年10月18日、1頁、「社員の奨学金返済、支援 人材確保狙う・延滞解決の一助？」『朝日新聞』２０１６年9月1日朝刊、8頁

22 「奨学金返済、事情に応じて『所得連動型』17年度にも導入 有識者会議が議論」『朝日新聞』２０１５年10月17日、31頁

23 「無利子奨学金の成績基準を撤廃 文科省」『朝日新聞』２０１６年10月29日夕刊、8頁

24 「奨学金の未返済率、大学別に公表へ 日本学生支援機構、新年度から」『朝日新聞』２０１６年3月18日夕刊、37頁

25 「奨学金返済、出世払いＯＫ 文科省」『朝日新聞』２０１１年12月19日夕刊、16頁

26 「猶予年限特例又は所得連動返還型無利子奨学金制度」日本学生支援機構ウェブサイト（http://www.jasso.go.jp/shogakukin/seido/type/1shu/shotokurendo.html）

27 たとえば、２０１６年6月2日に閣議決定された「ニッポン一億総活躍プラン」（http://www.kantei.go.jp/jp/singi/ichiokusoukatsuyaku/pdf/plan1.pdf）では、「奨学金制度の拡充」が項目として設定され、無利子奨学金の成績基準の大幅緩和、有利子奨学金の金利見直し、給付型奨学金の創設に向けた検討、所得連動返還型奨学金制度の２０１７年度からの導入が言及されている。

28 「新たな所得連動返還型奨学金制度（所得連動返還方式）について」日本学生支援機構ウェブサイト（http://www.jasso.go.jp/shogakukin/seido/seidohenko/aratanasyotokurendou.html）

29 「首相会見要旨――5月に一億総活躍プラン、待機児童、自治体と対処」『日本経済新聞』２０１６年3月30日朝刊、4頁

30 「給付型奨学金、自公も提言、返済不要、参院選にらむ」『日本経済新聞』２０１６年4月5日朝刊、4頁

31 この調査は、日本学術振興会科学研究費補助金基盤研究(C)（課題番号15K04346）による研究成果の一部である。詳細は、白川編（2017）参照。

32 高校側からみると、給付型奨学金の対象者選考を任される状況となり、戸惑いが生じているという報道もある。（「給付型奨学金 来週から本格導入 選考任され学校混乱」『毎日新聞』２０１７年7月3日朝刊）

33 「首相「20年に新憲法」――首相メッセージ要旨、高等教育無償化にも意欲」『日本経済新聞』２０１７年5月4日朝刊、2頁

34 「大学の授業料、出世払いで、自民教育本部、首相に提言」『日本経済新聞』２０１７年5月23日朝刊、4頁

第2部
当事者へのアプローチから考える教育支援

第10章

静岡市における学校プラットフォーム化

末冨 芳（日本大学）
川口正義（静岡市教育委員会スクールソーシャルワーカー&スーパーバイザー）

1　オーソドックスで丁寧な静岡市の子どもの貧困対策

静岡市は、たとえば給食費を完全無償にしたり、子どもの貧困対策専門部局を設置するような先端的な改革で有名なわけではない。むしろひとつひとつの取組みは、基礎自治体としてオーソドックスである。市として子どもの貧困対策を政策課題と認識し、スクールソーシャルワーカーを限られた自治体予算の中で少しずつ増員し（2008年度、4名、2017年度、12名）、学習支援や生活支援の場を市内に広げつつある、多くの基礎自治体が同様の取組みをしているであろう政策・事業に静岡市も取り組んでいる。

しかしオーソドックスな子どもの貧困対策に丁寧に取り組んでいる点にこそ、静岡市の強みがある。基礎自治体として、子どもの貧困対策への取組みの水準を上げることが可能な仕組みづくりとして、市役所の部局内連携や学校現場とスクールソーシャルワーカーの連携が静岡市には見出せる。具体的には、①市役所内の部局間連携会議（三局連携会議）による子どもの貧困対策の推進、②学校の課題発見・共有能力の向上、③スクールソーシャルワーカーの職務の「見える化」、の3点を学校プラットフォーム化の手法として、2節でまとめていく。

3節では、学校から子どもや家庭の課題をどのようにスクールソーシャルワーカーにつなげていくのかをA小学校をケースに整理し、また、より支援が必要な子どもを学習支援や生活支援の場にアクセスさせていく際のスクールソーシャルワーカーの役割の位置づけを把握していく。

4節では静岡市のスクールソーシャルワーカーと教職員の交流の場で示された「きづく」「つながる」「はぐくむ」という3つのキーワードから、学校プラットフォーム化の目的についてまとめていきたい。

2014年の内閣府「子供の貧困対策に関する大綱」制定からまだ4年、若い政策領域である子どもの貧困対策を日本のどの自治体でも進めていくには、先端的な改革と同様にオーソドックスで丁寧な取組みも知られていく必要がある。

子どもの貧困対策は長期の取組みになるが、息切れせずに自治体が取組みを進めようとする時に、静岡市の子どもの貧困対策とくに学校プラットフォーム化は、多くの自治体にとって必ず参考になるケースである。

2 静岡市における学校プラットフォーム化

学校プラットフォーム化とは、子供の貧困対策に関する大綱（以下、子供の貧困対策大綱）において「教育の支援では、『学校』を子供の貧困対策のプラットフォームと位置づけて総合的に対策を推進する」（p.4）とされ、ほとんどすべての子どもがアクセスする公立小中学校を中心に、貧困状態にある子どもや保護者への支援拠点として、学校が機能することである。とくに、教職員がまず子どもの課題の背景に貧困問題があることに気づけるよう専門性を向上させることと、子どもや家庭の課題に気づいた教職員が課題を抱え込まず専門職であるスクールソーシャルワーカーや外部機関との連携により課題を解決していく「専門職協働型学校プラットフォーム」（末冨 2016, p.26）が学校現場では展開されつつある。

しかし、子どもの貧困問題は教育と福祉にまたがる課題であるため、行政内でどの部局が改革を担当し、また多忙な学校現場とスクールソーシャルワーカーがどう連携していけばよいのか、模索段階にある自治体も多い。静岡市では、学校プラットフォーム化の手法は、①市役所内の部局間連携会議（三局連携会議）の設置と総合教育会議による子どもの貧困対策の推進、②学校の課題発見・共有能力の向上、③スクールソーシャルワーカーの職務の「見える化」、の3点にその特徴が見出せる。

①市役所内の部局間連携（三局連携会議）による子どもの貧困対策の進展

まず静岡市の子どもの貧困対策の推進体制については、市役所内の部局間連携会議による子どもの貧困対策の進展、が特徴としてあげられる。

静岡市の子どもの貧困対策に関する部局間連携については、次のような経緯で発展してきた。まず子ども政策を優先課題として認識する市長のリーダーシップのもとで、2013（平成25）年度に保健福祉局（現・保健福祉長寿局）を再編し子ども未来局を創設、2013・2014年度にかけて「静岡市第三次総合計画」「静岡市子ども・子育て支援プラン」「放課後子どもプラン」の策定プロセスにおいて教育委員会と子ども未来局の連携が進展したことが直接の契機となっている。市長が庁内で「縦割りではない局間連携」の大切さを常に強調していたことも、教育委員会と子ども未来局との連携が、単に会議等で定例で会うというような形式的なものではなく、担当者の日常的な連絡相談や信頼関係といった意識レベルでの連携に進化した背景にある。

こうした動きの中で2014年8月29日の子供の貧困対策大綱の成立を受けて、9月17日に子ども未来局が教育委員会、保健福祉局（生活困窮者自立支援事業関連）、経済局（若者就労支援）の担当者を集め、関係会議を持つなど迅速な対応がとられた。しかし、2014年当時は、市役所内でも、静岡市は豊かな地域で子どもの貧困問題とは関係ないのではないか、というイメージを持つ職員もいたため、2012年度より自主事業として生活支援と学習支援を立ち上げていた川口正義さん（静岡市教育委員会スクールソーシャルワーカー&スーパーバイザー）を招いて市長・副市長・関係局長・課長および職員を集め10月22日に「子どもの貧困対策勉強会」を開催し、子どもの貧困対策に迅速に関連部局をあげて取り組む契機となった【注1】。

2016年度には総合教育会議（市長と教育委員が出席する市の教育の課題認識や方針決定をするための会議）において、生活支援の活動現場を視察した教育委員から子どもの貧困対策において福祉部門と教育委員会との連携の必要性が提言された。すでにそれまでに市長、副市長、子ども未来局長、教育局長、理事（厚生労働省、文部科学省からの出向）、教育委員会指導主事をはじめ、関係各課の職員による活動現場（川口さんが代表理事を務める「一般社団法人てのひら」）の視察を通して、概念ではない「現実としての子どもの貧困問題」を理解する取組みを行ってきていたため、いっそうの連携が進展しつつある。現在はとくに静岡市の子どもの貧困実態調査に関する連携が行われている。

静岡市における子どもの貧困対策の所管は子ども未来局・子ども家庭課であるが、教育委員会サイドからも子ども未来局・子ども家庭課をはじめ保健福祉長寿局・福祉総務課等との連携が積極的に模索されつつある。教育委員会としては生活保護世帯に関する情報の共有体制などを他部局との検討課題の1つと認識している。総合教育会議が契機となり、子ども未来局・教育委員会・保健福祉長寿局の三局連携会議が子どもの貧困対策のために発足している。子どもの貧困実態調査が当面の課題であるが、2013年以降の5年程度のスパンの中で子ども行政全般の連携とともに、子どもの貧困対策に特化した部局間連携へと進展を見せている点に、静岡市の子どもの貧困対策への取組みの真摯さを見出せる。

静岡市の子どもの貧困対策に関する部局間連携は、子ども未来局・子ども家庭課を主管部局としつつも、教育委員会からも他部局へ連携課題の要望が出されるなど、主管部局からの一方向的な連携ではなく、関連部局相互の課題共有や改善への取組みなどへと進展しつつある。

子どもの貧困対策において、自治体担当者から連携体制について筆者は質問を受ける場合もあるが、とくに教育委員会等との部局間連携の進展のなさが課題として認識される場合が多い。静岡市のケースは首長のリーダーシップが部局間連携の契機であったが、子どもの貧困対策のための三局連携会議までの進展の過程は、関係する市役所職員たちが子どもの貧困対策を重要課題と認識し、真剣に取り組む意識がなければ実現できない。部局をまたいだ子どもの貧困対策に関する勉強会や、子どもの貧困実態調査等における関係者会議など、具体的課題を通じて市役所内の「つながり」を深めることが、基礎自治体における子どもの貧困対策を推進する際の、部局間の壁をなくしていく契機となるものと考えられる。

② 学校の課題発見・共有能力の向上【注2】

学校プラットフォーム化とは、学校の教職員が貧困家庭の子ども・保護者の支援をスクールソーシャルワーカーに全権委任することではない。静岡市はじめ子どもの貧困対策に取り組んでいる自治体では、学校の教職員が子どもに関する課題発見能力を向上し、教職員同士やスクールソーシャルワーカー、外部機関等との課題共有能力を向上させることを重視している。

学校に登校している限りにおいては、子どもが授業に集中できなかったり問題行動を起こす等の変化については教職員が気がつく。しかしその背景に、貧困問題や家庭の課題があるのかどうかを、とくに若い世代の教員が気づくスキルがまだ蓄積されていなかったり、またスクールソーシャルワーカーという聞きなれない専門職に対する学校の警戒感が課題共有のさまたげとなってしまう。

こうした課題に対応するため、静岡市では、各スクールソーシャルワーカーによる配置校や要請派遣校での校内研修およびスーパーバイザーによる管理職を対象とした研修等を行ってきたが、2016年度より教員の5年経験者研修と10年経験者研修（どちらも静岡市の該当年代の全教員が受講する研修で若手・中堅世代が対象）のプログラムの中に、スクールソーシャルワーカーが自らの実践を伝える時間を組み込む取組みを始めた。また2017年度よりスクールソーシャルワーク事業のいっそうの拡充を図るために「拠点校巡回方式」へと変更したが、校内研修においても市内の多くの小中学校で開催されるように積極的な取組みが始められている。これらは前述した総合教育会議の中の指摘を受けて、教育委員会が迅速に対応した成果である。スクールソーシャルワーカーが関わる子どもたちがどのような家庭状況にあるか、スクールソーシャルワーカーや学校・関係機関がどのように子どものために連携して支援ができたかというケースを知ることで、教員が貧困状態にある子どもや家庭に困難を抱えた子どもに対しての感度を上げ、課題発見・共有能力を向上させていくことを目的としている。

講師をつとめたスクールソーシャルワーカーの中には若い世代の教員ほど、学校現場ではワーカーに近づいてこないが、研修の後では多くの若い教員が話を「聞きたい、聞きたい」とワーカーに長蛇の質問の列をつくったケースがあるという。また学校事務職員研修では、子どもの貧困対策を学校でも進めるため、教育委員会による就学援助制度だけでなく生活保護制度について担当課の健康福祉長寿局・福祉総務課より制度説明が行われ、学校の窓口で家庭を生活保護につなげていくことも意識されている。

スクールソーシャルワーカーの職務を理解していない教職員もまだまだ多い。しかし、スクールソーシャルワーカーの職務や関わったケースの実践を教職員が研修等で広く共有することにより、どの学校でも貧困や家庭の課題を抱える子どもたちに気づくことができ、またスクールソーシャルワーカーとの連携に至る課題共有も迅速化することができる。教職員研修における静岡市の丁寧な取組みは、他自治体でもすぐに実践可能なものといえる。

③ スクールソーシャルワーカーの職務の「見える化」

スクールソーシャルワーカーに何ができるのか、教職員や家庭にはわからないことも多い。また行政の職員もスクールソーシャルワーカーや学校の教職員と、子どもや保護者の状況改善に取り組む際に、誰が誰とどのようにつながって、決定権を持つのか見えない場合もある。

静岡市では、スクールソーシャルワーカーが前述したように教職員に対し研修をしたり、生活支援や学習支援につなぐ際のスクールソーシャルワーカーの役割を明確化するなどの、職務の「見える化」を行っている。

川口さんの作成するスクールソーシャルワーカー便りは、保護者・子どもにも教職員にも、スクールソーシャルワーカーにどんな困りごとを相談できるのか、とてもわかりやすい取組みとなっている。学校では「一人職」と呼ばれる専門職の職員（学校事務職員、養護教諭、栄養教諭、学校栄養士やスクールカウンセラー、スクールソーシャルワーカー）が多いが、「一人職」だからこそ教員や保護者・子どもとつながるために、「便り」「通信」などで積極的に、職務や役割の「見える化」や情報発信を行う人も多い。

川口さんの「こんにちは　スクールソーシャルワーカーです」（スクールソーシャルワーカー便り）の一部を掲載した（**図1・図2**ともに保護者向けの内容である）。保護者向けは年度初めに1回、教職員向けはおおむね月1〜2

図1

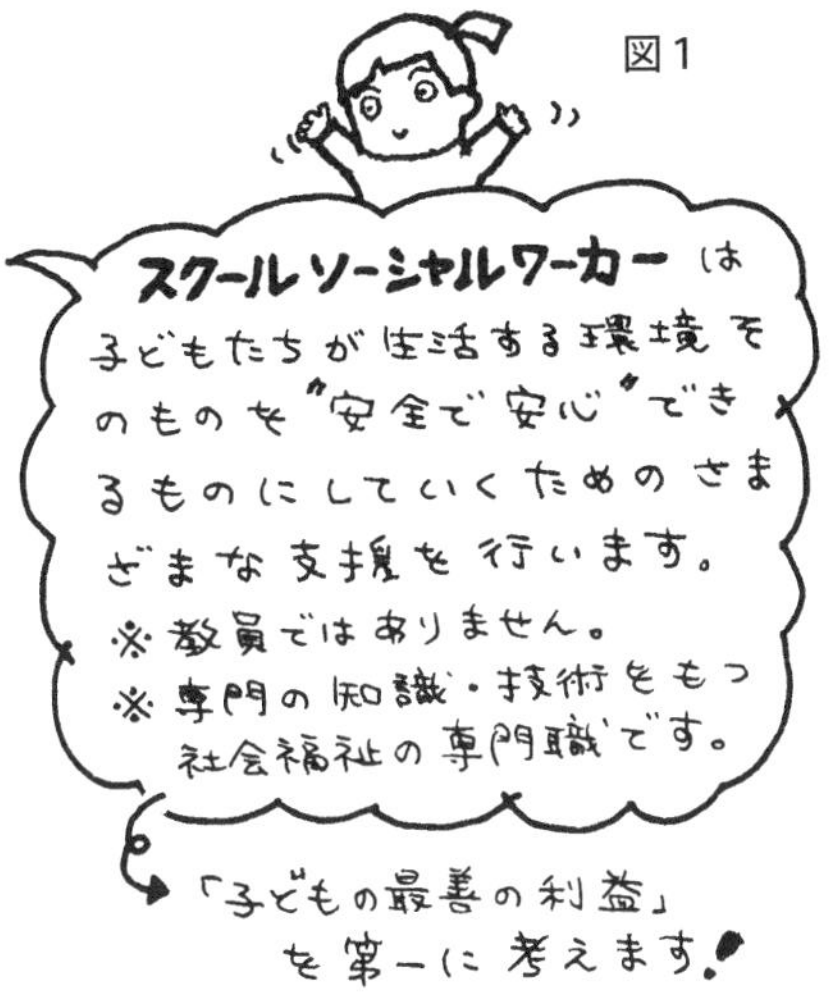

スクールソーシャルワーカーは
子どもたちが生活する環境そのものを"安全で安心"できるものにしていくためのさまざまな支援を行います。
※教員ではありません。
※専門の知識・技術をもつ社会福祉の専門職です。
「子どもの最善の利益」を第一に考えます！

※川口正義さんの「こんにちは　スクールソーシャルワーカーです」（スクールソーシャルワーカー便り）より。図1（←）・図2（↓）ともに保護者向けのメッセージ。

図2

ご相談内容
次のようなお悩みを改善していくために
ご一緒に考えていければ…と思っています。
・子どもが学校に行くのを嫌がる。
・子どもの日常生活が気になる。
・子どもの家庭の外での行動が心配。
・子育てが楽しく思えない。
・パートナー（夫、妻）や舅、姑との関係がうまくいってない。
・家庭環境が子どもに悪影響を与えているのではないかと気になっている。
・母子（父子）家庭で、生活や子育てが大変。
・経済的問題を抱えている。
・学校や地域との関係で困っている。
・病気を抱えていて、子育てに余裕がない。
・自分たちの家庭を支えてくれる制度やサービスとして、どういうものがあるのかわからない。
等々
◆「子どものことも気になるけど、家庭や家族のことで心配なことがある…」とお感じの方は、どうぞ！どのようなご相談でもお受けします。

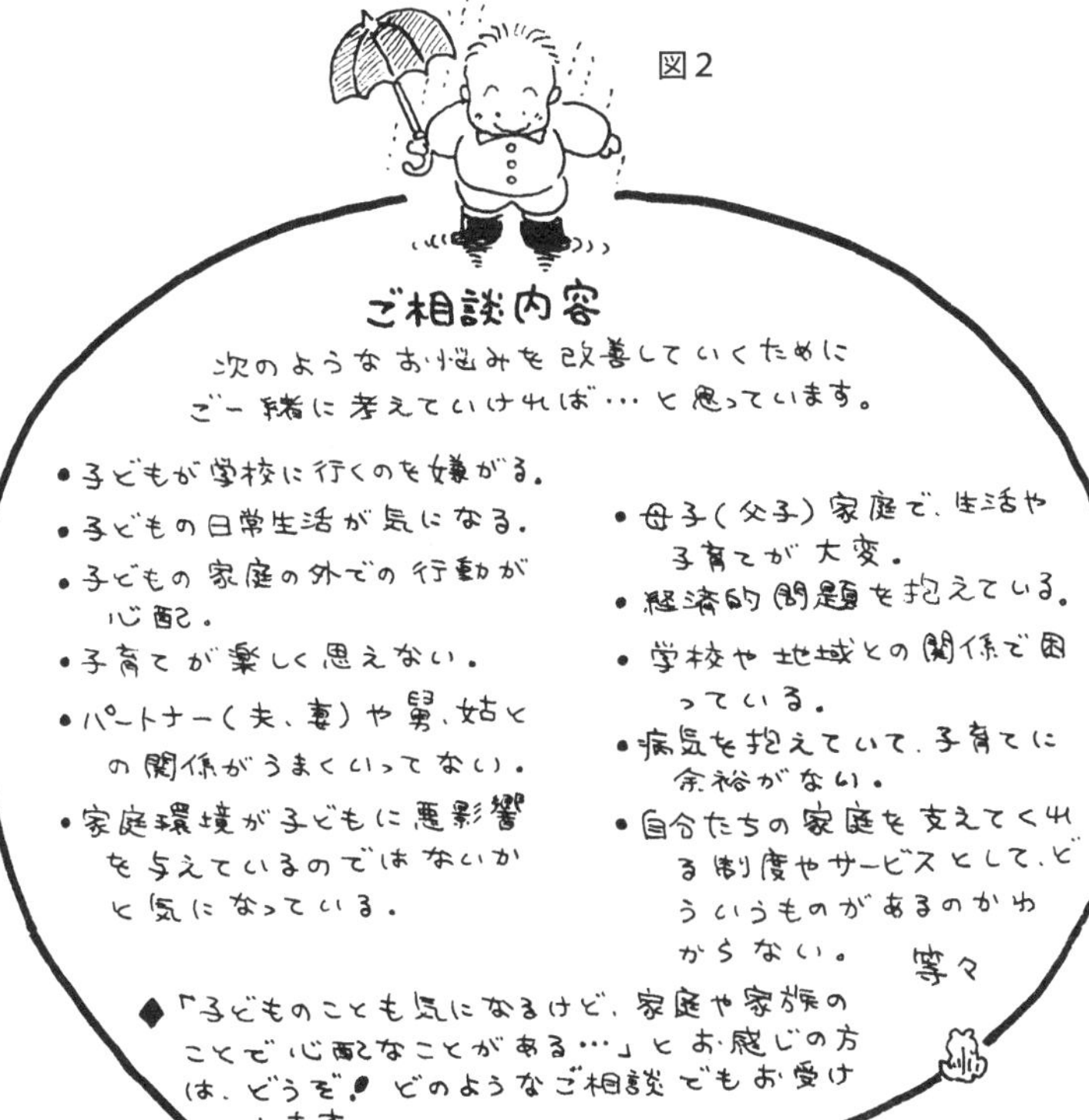
◆個人情報は厳守します！

回程度の発行となっている。

図1・図2のように、スクールソーシャルワーカーの仕事がわかりやすく紹介され、保護者は「パートナー（夫・妻）や舅《しゅうと》・姑《しゅうとめ》との関係がうまくいっていない」ことなど子どもと関係ない悩みでも相談できることや、毎日忙しい教職員には「立ち話でもＯＫです」と書かれている。こうすると、教職員や保護者から相談があがりやすくなってくる。

小さな工夫を丁寧に積み重ねていくことが、子ども・保護者や教職員、スクールソーシャルワーカー関係機関が連携する「専門職協働型プラットフォーム」として学校が機能していくための基礎となる。

3 学校からスクールソーシャルワーカーへ
――子ども・家庭の課題が支援につながるまで

静岡市では、学校の教職員が、子どもや保護者の課題をどのように発見し、スクールソーシャルワーカーに情報をつなげるのだろうか。ここでは静岡市立Ａ小学校での実際のケースをもとに、大きく３つのつながりを整理していく。Ａ小学校は児童数５００人弱、児童の３分の１程度がシングルペアレント（母子家庭もしくは父子家庭）、就学援助率も１割程度と市内では比較的高く、教職員も課題を抱える保護者や子どもの対応が多い学校だと認識している。

前提・「中立」なスクールソーシャルワーカーという立ち位置の理解

A小学校の校長・教頭ともに、スクールソーシャルワーカーが、学校側の立場ではない「中立的な立場で関わってもらっている」ことが、もっとも助かる、という発言があった。保護者向けのスクールソーシャルワーカー便りでも「教員ではありません」「専門の知識・技術を持つ社会福祉の専門職です」「子どもの最善の利益を第一に考えます」と、学校側の立場にないことが強調されている。

学校プラットフォーム化を実現していくにあたって、スクールソーシャルワーカーが学校側の人間ではない「中立」の立ち位置にあることを、管理職をはじめとした教職員が理解していることの意義は大きい。課題を抱えた保護者や子どもは、学校側の人間（教職員）、と判断した人間には、心を開かないことが多い。スクールソーシャルワーカーの立ち位置を理解した発言が当たり前のように管理職から聞かれる点に、静岡市における学校プラットフォーム化の浸透が確認できる。

教頭・生徒指導主任等からスクールソーシャルワーカーに相談するケース

スクールソーシャルワーカーが子ども・保護者支援を開始する際に、静岡市以外でももっとも一般的と思われるのは、教頭や生徒指導主任（中学校は生徒指導主事）から、スクールソーシャルワーカーに相談依頼が持ちかけられるルートだろう。

A小学校では、教頭に学級担任や級外、生徒指導主任、特別支援教育コーディネーター、養護教諭、学校事務職員等から情報が集まる。週に1回、木曜日の職員会議の中で子どもに関する情報交換の時間が設けられており、すべての教職員によって、その時々に気になり支援の必要性があると考えられる子ども・保護者についての情報共有と支援の検討がなされている。また、教頭がスクールソーシャルワーカーの担当コーディネーターとなりつつも、学級担任等からスクールソーシャルワーカーに直接の相談が気軽にできる体制もつくっている。

たとえば学校に来られなくなってしまった児童に登校の働きかけをする場合、保護者との溝が埋まらないケースではスクールソーシャルワーカーが保護者面談をしたり、保護者の考え方や家庭の状況への理解を深めていく方針をミーティングで共有する。教職員は「家庭の姿を思い描くことはできるんですが、それぞれの家庭が抱えてるものとか、保護者のいろんな考え方、特性っていうのは、やっぱりワーカーのほうが、そういう見立てっていうのは確かなものですから」と教頭も指摘する。

学校の教職員は保護者からクレームがあった場合、クレーム自体の内容を重視し、改善をはかろうとする場合が多い。しかしスクールソーシャルワーカーが関わることで「実はその人の考え方の特性とか、成育歴、そういうものを踏まえて、こういう考え方、捉え方をしているんだということを私たちは聞くと、保護者が言ってくることに対して、それは、ある意味何かあって多くのことを言ってるんだろうな」と、クレームの背景に保護者自身の別の課題がありうる、という少し余裕のある見立てができるようになる。

学校の多忙化の要因に保護者クレームへの対応があげられることもあるが、スクールソーシャルワーカーが関わることでクレームに振り回されすぎない学校運営にもつながっていく。学校へのクレームは保護者自身の心の悲鳴が別の形で表れていることも多い。クレームの背景に保護者自身の状況の変化がありうるという見方を教職員も共有し、それをスクールソーシャルワーカーとの連携で把握したり、保護者への働きかけができる点も学校プラットフォーム化の特長といえる。

教員の面談や家庭訪問にスクールソーシャルワーカーが同行するケース

保護者と子どもの側から見ても、担任の教員と相性が悪いと感じることは時々あるだろう。教員だって人の子である、ときにはどうしても相互理解が進みづらい保護者や子どもを担当することになる。そこで保護者や子どもとの関係がこじれたら、管理職が担任と同席した面接となる場合も多いが、A小学校では管理職からの要請や時には担任からのリクエストで、スクールソーシャルワーカーが同席するケースもある。

たとえば言葉づかいが荒いヤンキー系の保護者との面談を行う際に、スクールソーシャルワーカーが保護者の特性を踏まえたうえでさりげなく介入する、というような手法で、担任や学校側と保護者との「通訳」や、保護者の思いを引き出していく役割を担う。これによって、保護者との信頼関係の改善につなげていく。

川口さんは学校側に、保護者とは「どういうつなぎ方でもいい」とつねづね伝えており、保護者の「真のニーズ」を引き出すきっかけとして、面談、家庭訪問、関係機関への同行などを行っている。

また教員から保護者への電話での言葉のかけ方なども、スクールソーシャルワーカーが職員室でアドバイスしている場合があるという。課題を抱える家庭では、学校の教員の一言一句がクレームの対象になる場合もある。生活にも心にもゆとりのない保護者は、学校の教員の「かたい」ものの言い方だけで、拒否反応を起こすこともある。こうした保護者に電話をかけるのは、担任にとって相当な心理的負担となるが、「先生、やったことないかもしれないけど、こういう言い方のほうがいいよ」と、保護者に拒否反応を起こさせにくい言い方を一緒に考えていくなどのサポートも行われている。

学習支援・生活支援と教職員とのつながり

静岡市の学校プラットフォーム化では、スクールソーシャルワーカーが子どもや家庭の状況を把握し、教職員と一緒になって生活困窮家庭のニーズの掘り起こしを行い、学習支援や生活支援へアクセスさせていく権限を持つ（末冨 2016, p.30）。

学校の教職員も、生活支援や学校支援でのボランティア学生や社会人スタッフによる子どもへの支援の記録を共有しており、A小学校の担任もうれしそうに読んでいるという。また、必要に応じて学校でのケースネット会議に社会人スタッフが参加して連携を深めている。学校外の生活支援や学習支援に対し、教頭は「情報を共有する場を持たせていただいて、ほんとに私たちこそすごく良かったなと思ってます」と好意的なとらえ方をしている。学習支援や生活支援の場を見学したり、ときにはボランティア参加する教職員もいるということで、静岡市では学校も学校外の支援の場も、両方子どもの成長のための大切な居場所であるという認識を、学校側も共有している非常に良い状況にある。

学校の教職員を支援するスクールソーシャルワーカーが、学校外の子どもの支援とのつなぎ役になっているという静岡市の制度設計の工夫もあるが、学校側の教職員が、学校外の支援に冷淡な反応を示す自治体も少なくない中で、A小学校のように、学校内外での子どもの状況を関係者そろって共有する意識こそが、子どもの成長を支える学校プラットフォーム化の中軸になければならない。

4　「きづく」「つながる」「はぐくむ」——学校プラットフォーム化とは

学校プラットフォーム化を提唱して以来、筆者のもとには「学校プラットフォーム化とは何をすればいいのかわからない」「学校をますます多忙化させたいのか」など教職員や教育委員会のみなさまからのご意見が寄せられるようになった。実際に自治体や学校に関わる中で、学校や教育行政は、子どもの貧困対策に取り組む必要がないと考えているのだろうか、と疑問に思うことも少なくなかったが、静岡市ではまったく異なる受け止め方がされていた。

２０１６年11月3日にシンポジウム「「子どものためにつながろう！　行政・学校・スクールソーシャルワーカーそしておとなたち」（一般社団法人・静岡県社会福祉士会こども家庭福祉委員会主催・スクールソーシャルワークシンポジウム）が、静岡市教育委員会との共催により開催された。静岡県社会福祉士会の理事であり、こども家庭福祉委員会の委員長でもある川口さんの働きかけによって、教育委員会の全面的な協力のもと実現した。そのシンポジウムにおいて、登壇された小学校の校長先生が、学校プラットフォーム化は子どもたちのために大切なことで、大人たちが「きづく」「つながる」「はぐくむ」ことが学校プラットフォーム化ということではないか、と意見を述べられたのである。

行政職員、学校の教職員、スクールソーシャルワーカーや地域住民など子どもと関わる大人たちが、まず子どもや家庭の課題に「きづく」こと、そして子どもや保護者と「つながる」だけでなく支援側の大人たちも「つながる」こと、そして、そのつながりを通じて、子どもや時には保護者を「はぐくむ」ことこそが、子どもたちにとってより良い現在と未来につながっていく、という学校プラットフォーム化への理解が学校現場でも進んでいる静岡市の素晴らしさをあらためて感じる瞬間であった。

ここまで紹介してきたようなオーソドックスで丁寧な静岡市の取組みが、学校の教職員や行政の中に浸透しつつある。学校プラットフォーム化とはそれ自体が目的なのではなく、子どものたちのより良い現在と未来のために大人たちが「きづく」「つながる」仕組みづくりである。静岡市の行政内の連携、学校の課題発見・課題共有能力の向上、スクールソーシャルワーカーの職務の「見える化」など、決して派手ではないけれど大切な努力を積み重ねて、閉鎖的とされてきた学校も子どもたちのために外部機関や専門職と積極的に連携する子どもの貧困対策のプラットフォームになりつつある。

静岡市の事例は、どの基礎自治体においても、子どもたちのための学校プラットフォーム化やその質の向上が可能であることを示してくれている。

＊本章は川口正義さん、静岡市、A小学校とのインタビュー調査（２０１７年3月22日）を末冨が分析・論述するという方法で執筆されました。関係者へのインタビュー調査の設定および質問への回答に全面的にご協力いただいた川口さんを共同執筆者としております。本章の論述に関しては末冨の責任執筆となります。調査にご協力いただきました静岡市のみなさま、A小学校のみなさまに御礼申し上げます。

引用・参考文献

末冨芳（2016）「子どもの貧困対策のプラットフォームとしての学校の役割」『日本大学人文科学研究所紀要』第91号、25～44頁（http://www.chs.nihon-u.ac.jp/institute/human/kiyou/91/3.pdf）

また静岡市の学校プラットフォーム化や学習支援は次の2つの文部科学省報告書にも掲載されております。
文部科学省（2015）『地域振興に有効な教育実践の実態把握と普及方策に関する実践研究 平成27年度』
文部科学省（2016）『地域振興に有効な教育実践の社会経済的効果測定に関する実証研究 平成28年度』
http://www.mext.go.jp/a_menu/ikusei/chousa/1384440.htm（平成27・28年度ともにアクセス可）

注

1　2節①部分のみ、静岡市役所インタビュー2015年10月16日。本インタビューは文部科学省「地域振興に有効な教育実践の実態把握とその普及方策に関する実践研究」における調査として実施されたものである。
2　これ以降の内容は2017年3月22日インタビューにもとづく。

第11章

高校内居場所カフェから高校生への支援を考える

末冨 芳（日本大学）
田中俊英（一般社団法人Officeドーナツトーク）

1 サードプレイスとしての高校内居場所カフェ

学校の中にカフェがある。「それって、いいね」と思う人と、「けしからん、カフェなんて学校に必要ない」と思う人、それぞれいま日本にどれくらいいるのだろうか。

先進国を見渡せば、高校だけでなく、小学校や中学校にだってカフェがあることは珍しくない。イギリスでは幼稚園・小学校や中学校にコミュニティカフェがあることも珍しくなく、教職員や子どもや保護者・住民がそれぞれお客さんだったり、カフェの店員さんだったりする。スウェーデンの中学校では、売店のまわりがやはりカフェスペースで、店員のパンクなお兄さんが反抗期まっさかりのティーンエイジャーたちと、休み時間に笑顔で会話していたりした。

日本の高校にだってカフェがある。大阪西成高校の「となりカフェ」がそのはじまりだ。2012年に1つの高校からはじまった大阪府内の高校のカフェは、2015年に21校まで増えた。21校は、非行、メンタルやフィジカルな障害、不登校経験者などさまざまな困難を抱える生徒の多い、明らかに「しんどい」高校だ。今は、「しんどい」高校が対象だが、「普通の」高校や小学校、中学校にも広がっていくかもしれない【注1】。保育園にはもうカフェができている（「ちゃちゃカフェ」・社会福祉法人あすみ福祉会ホームページ）。

言いすぎかもしれないが、学校にカフェが増えれば、学校を居場所にできる子どもや大人が増えて、学校も日本社会も進化するきっかけになるかもしれない、という直感がある。

カフェを含め、家でも学校・職場でもない場所がサードプレイスと言われる【注2】。日本語では居場所、というほうが通りがよいだろうか。学校の中でも、生徒たちがほっと一息つけるサードプレイスをめざして居場所カフェはつくられた。

高校内居場所カフェはどのような場か?

大阪府の高校内カフェがどのような場であるか、まず説明していこう。高校内カフェは、とくに困難を抱える生徒が多い高校に、居場所となるカフェを設置する。大阪府の場合、カフェ委託を受けたNPOによって運営されている。スタッフは高校生にも近い若い年代のお兄さんお姉さんも多く、コーヒーや紅茶、夏は冷たいジュース、冬はマシュマロココアなどスペシャルメニューもある。

西成高校の「となりカフェ」は週2回の運営で、昼休みと放課後にカフェがオープンする。場所は、学級からは少し離れた部屋を使っている。開催時間に生徒たちがやってきて、ドリンクを飲んだり昼休みにはパンや弁当を食べながら、生徒同士やカフェスタッフとにぎやかに話す生徒もいれば、まったりしているだけの生徒もいる。

要するに小さいカフェが学校の中にあるだけ、なのだが、カフェの主役である生徒は、不登校経験があったり、人とコミュニケーションをとるのが苦手な「ぼっち」だったり、時々ご飯を食べていなかったりする。友達と普通にしゃべっていても友達には言い切れない影が見え隠れする生徒もカフェに来る。その背景には、貧困や虐待など、家庭の抱える課題が隠れているが、いまの高校は教員が熱心だけれど忙しすぎて、非行や不登校などのわかりやすい課題を抱えている生徒以外の生徒が見逃されがちになる。カフェがなければ、ひっそりと高校を退学してしまったり、理由はわからないのに、ある日突然学校に来なくなってしまうような生徒たちがカフェの常連でもある。

ティーンエイジャーは「1人で苦しまず悩みを相談してほしい」と大人がメッセージを送っても、素直に相談する年代ではない。高校生だった時をふりかえれば、たいていの人がそうではないだろうか。

不登校対策や非行対策、つまり生徒への「指導」として特別に設定されるものではなく、この先どうなるかはわからないものの日常に生きづらさをかかえ（主として家庭環境）、内面にも思春期青年期の葛藤をかかえ、友人関係で悩む多くのハイティーンたちにとって、校内にある居場所カフェはなんとなく気分が紛れるものとして存在する。学級では「ぼっち」だけど、カフェもあるし、とりあえず学校に居ていいや、その気分だけで、何もなければひっそりと退学してしまうような生徒の中退はさしあたり回避できる。またカフェのスタッフが、虐待やクラスメートとのトラブル、ときには学校外でのケンカや借金の相談、アルバイトが決まらないという悩みなど、生徒たちの小さい変化やつぶやきから、それぞれの抱える課題を見出し、学校に発信したり、必要なら外部機関での支援にもつなげていく。

問題が大きくなってからの「指導」ではなく、その前の段階での「課題発見」や、不登校や校内トラブルの「予防」的機能をカフェは持つ。また、居場所カフェによって貧困や虐待問題が発見され、高校ソーシャルワーカーやカウンセラーによって支援環境が整備されていく、「支援の起点」ともなる機能がそこにはある。

生徒に対する「課題発見と支援・予防」の拠点／起点であるシステムが、高校内居場所カフェだと言える。

高校内居場所カフェの体制や効果の検証を行った「『高校内における居場所のプラットフォーム化事業』調査研究事業報告書」（特定非営利法人み・らいず 2016, p.8）によれば、2015年度の21か所の高校内居場所で1455人の生徒が支援対象となっている。大阪の年間高校中退者数は国公私立合わせて5593人、不登校状態の高校生は7415人（ともに2014年度）。高校内居場所カフェの取組みによって、中退・不登校のリスクが懸念される高校生に1000人以上の規模で何かのサポートができる仕組みが整っている、という状況が生まれているのはとても良いことではないだろうか。

サードプレイスの大切さ

高校内居場所カフェは、中退や不登校を予防したり生徒を支援したりすることを表に出さず、とにかく居場所であるということを大切にしている。

教員は滅多なことでは高校内居場所カフェに入ってこない。自分の部屋が家になかったり家が居場所でない（家＝ファーストプレイスがない）、それほど優秀ではない自分を「指導」したり「評価」したりする教員がいない（職場＝セカンドプレイスでも居心地が悪い）、そんな高校生にとって家でも学校でもない居場所（サードプレイス）が身近な距離にあることは、困難を抱えて生きてきた高校生がこれからも生きていくうえでとても大切だ。

家庭に余裕があれば、部活の部室や帰り道のフードコートがサードプレイスになるかもしれない。コンビニ前や公園だってサードプレイスだ。でも学校が終わればアルバイトや幼いきょうだいたちの世話や家事が普通になっている貧困層の生徒にとって、学校外の居場所にアクセスすることは難しい。本当に厳しい世帯の高校生は、ストリートに出たり、家にひきこもる余裕すらない場合もある。だからとりあえずでも、毎日通っている高校の中に居場所となるカフェをつくるというアイディアが大切なのだ。

クリスマスやバレンタインのシーズンに合わせて生徒たちとスタッフがカフェを飾るデコレーションをワイワイつくる。アートやDIYのイベントも時々開催している。学校的な芸術活動・体験活動では教師の指導という

高校生居場所カフェプロジェクト（Facebookより）

タテの関係が介在してしまうが、高校内カフェでは、スタッフと生徒同士、隣り合って同じアートをつくるヨコの目線のアートだからこその楽しさもある。

街中のカフェはほっとくつろげるだけでなく、オシャレなインテリアや写真、本や音楽など、知らなかったけれど素敵なモノコトに出会う文化的体験の場でもある。カフェのスタッフの笑顔や話し方、立ち居振る舞いもカフェの文化の一部だったりもする。厳しい環境で育ってきた生徒ほど価値観も狭く、世の中に関する知識も少ない。だからこそ、高校内カフェで、大人になる前に少しでもいろんなカルチャーや価値観に触れることは、生徒たちが高校を出たあとの人生を少しでもいいものにしていくために大切なのだ。

2 高校生居場所カフェの設置経緯

Officeドーナツトークと大阪府青少年課、西成高校の出会い

大阪府における高校生居場所カフェは、一般社団法人Officeドーナツトークのスタッフの辻田梨沙さん、田中俊英さんのアイディアと、西成高校、大阪府青少年・地域安全室青少年課が2012年に出会ったことで誕生している。

Officeドーナツトークによる高校生居場所カフェのアイディアには、前身となる団体での不登校・ひきこもりの子ども・若者の支援の経験が反映されている。ひきこもっていた、あるいは心にダメージを負った若者たちを就労支援や学習支援などの目的を持った支援につなぐ前に、いったん居場所となる場所で受け止めることが、その後の子ども・若者の立ち直りに効果があるという手ごたえがあるという経験である。

また、ひきこもり状態にある若者の中には、高校中退者がたくさんいて、そもそも中退をくいとめる高校生支援が、ひきこもりの予防という視点からも大切ではないかという思いもあって、高校内に居場所をつくるというアイディアが出てきた。こうしたアイディアを実現するために、Officeドーナツトークのミッションを考え、スタッフでアイディアを出し合って「サードプレイスつくりで、子ども、若者を支援する」「子ども、若者とサードプレイスをつなげる」というミッションに辻田さん、田中さんたちが落ち着きつつあった時期が2012年前後だった。居場所となるカフェの名前は、辻田さんがアイディアを出して「となりカフェ」という名前になった。

こうした構想を持っていたところに、2012年度に大阪府が「高校中退・不登校フォローアップモデル事業」の委託団体を募集し、高校内居場所カフェが開始された。

大阪府では、子ども・若者育成支援推進法(2010年4月1日施行)の成立を受け、ひきこもりや不登校状態にある青少年のための有効な施策を、本格的に検討する中で、やはり学校からドロップアウトする前に外部機関との効果的な連携を行うことが重要と考えた部局としての判断を行っていた。2011年度にひきこもり相談支援ネットワークをつくる事業を青少年・地域安全室青少年課(以下、青少年課)が立ち上げ、支援NPOとの連携が可能な状態になっていた。支援ネットワークで連携していた田中さん、辻田さんたちとアイディアを共有する中で、「高校中退・不登校フォローアップモデル事業」を立ち上げたという状況にあった。

高校内居場所カフェは、大阪府立西成高校で開始されたが、2012年度前後の西成高校も校長のリーダーシップのもと教職員全員で校内改革に取り組んでいた。生徒支援委員会という、課題を抱えた生徒たちへの対応を考えるケース情報共有会議の機能をもった校内組織が活性化され、毎週開催されるなど生徒への支援をどのように効果的に行っていくかを学校全体で考え取り組むという状況は現在も続いている。

そんな状況の西成高校の肥下彰男教諭(当時)が、田中さんの講演を聞き「実は、西成高校では居場所つくりにニーズがあるんです」という話から、西成高校に高校内居場所カフェを設置する話が本格化した。

西成高校での取り組みは後述するが、その後、西成高校「となりカフェ」に手ごたえを感じた大阪府青少年課は、高校内居場所事業を拡大してきた。高校内居場所カフェは2013・2014年度に8校、2015年度に21校にまで広まった。2016年度には従来の財源であった国からの交付金が認められず、11月から10校分のカフェが再開されたという波乱もあった。しかし2017年度より高校居場所(カフェ)事業は、教育庁(教育委員会）高等学校課から「課題早期発見フォローアップ事業費」として府の一般財源による事業となり15校分の予算が計上されることになった。少し専門的になるが、国の交付金は単年度の打ち切りの可能性が高いのに対し、都道府県の一般財源での事業は、継続する可能性が大きい。大阪府の高校内居場所カフェは、２０１２〜２０１６年度までは国の交付金をあてこんだ綱渡りであったものが、２０１７年度以降は教育委員会の所管する継続事業となっていく可能性を持った新しいステージに入ったのである【注3】。

西成高校「となりカフェ」のはじまり

さて、西成高校と「となりカフェ」に話を戻そう。学校の教職員が頑張っているのに、なぜカフェが必要だったのだろう。

西成高校では2人担任制が採用されている。しかし、2人の担任は学級内でいつも注目しないといけない非行の生徒、個別の支援や保護者との連絡調整が必要な不登校の子と、発達障害等の知的精神的な面での障害のある生徒たち、この3つの課題を持つ生徒たちをカバーするだけで、手いっぱいという状況にある。

こうした状況の中で、２０１２年当時の山田勝治校長から、Officeドーナツトークに説明があったのは、非行、障害、不登校の生徒たちは、学校で教師が見られるとして、その予備群みたいな子が数十名いる、年度で多少の人数の変動はあるけれど、その予備群に対して何らかのアプローチをしないといけないと思いながら教員は手一杯で手が出せない。学級内でも孤独でいるとか、いろいろサインは出ているからわかるけど、予備群の生徒にまでケアをする時間的余裕がないから、ここを何とか外部の支援に手伝ってもらえたらありがたいという議論が校内でわき起こっていたという状況だった。また、その生徒たちのことを真剣に教員たちが話しているうちに、先生は1学級2人担任制ですごく頑張っているけど、学校の教師だけではなかなかうまくいかない生徒も現実としてはいるという話になってきた。「外部の支援にある程度は頼んで、具体的な居場所的なものを、できるものなら開いてもらって、お呼びすることはできないか」という議論が校内でも出てきていた。

2012年度に設置した「となりカフェ」も最初は、今みたいに何十人も生徒が来るわけではなくて、理解ある教師たちの何人かに、ちょっと気になる生徒をひとりふたりと連れてきてもらって、相談室で辻田さんをはじめとするスタッフがドリンクを準備して、そこでぼそぼそっと日常の会話をする、そんな小さい取組みから始めてきた。週2回、小さい取組みでも、必ず昼休みと放課後に開くようにしてぼちぼちと始めたのが、「となりカフェ」のはじまりだったそうだ。高校はたいていそうだ、生徒数も教職員数も多いので、あまり大急ぎで始めて先生方の理解を得ないまま取組みが進むと、居場所カフェの役割に誤解が生じてしまう、だからこそゆっくりと始めていったという経緯がある。

Officeドーナットークのミッションである「サードプレイスと子どもと若者をつなぐ」を意識しながら、貧困層で経済的にしんどい生徒、虐待サバイバーや家に帰ってもお母さんの見知らぬ愛人がいて居づらかったり、幼いきょうだいの世話をしないといけない生徒など、家にも居場所がなく、学校でも息が抜けないそんな生徒たちが昼休みと放課後にちょっとくつろげて、息抜きできるような居場所として、「となりカフェ」がはじまった。

高校によって居場所カフェも、雰囲気が違う。でも、西成高校「となりカフェ」と同じように、最初は何か抱えているけれど教員には心を開きにくい生徒たちがひとりふたりとカフェにつながってくるプロセスはとても大切だ。

生徒たちも、内心はドキドキしながらカフェに入ってくる。そして生徒たちを、やはりドキドキしながら居場所カフェにつなげる学校の先生方にも敬意を表したい。ともすれば閉鎖的になりがちな学校現場では、高校の中にカフェができたというだけで、面白くないと考える教員もゼロではない。教育学者として長年学校現場に接してきた私には、それがよくわかる。でも、この生徒を居場所カフェにつなげば、何か変わるのではないか、そんな淡い期待と、もしそれで状況が改善しなければという不安の中で、前に進む教員の勇気も、課題を抱えている高校生の支援にとってはとても大切なことだと思う。

3 学校と居場所カフェのつながり

教員は滅多なことではカフェに来ない、教員とカフェのスタッフは生徒の前では話さない、西成高校の「となりカフェ」の運営で学校側も居場所カフェ側も気を使っている暗黙のルールがこの2つだ。高校によっていろいろなルールはあるが、この2つは多くの居場所カフェが意識している共通のルールだと思われる。

教員もわかっていると思うが、「指導」や「評価」を仕事にする教員が日常的に出入りする場所は、困難を抱える高校生にとってほんとうの居場所とはならない。また、教員の仲間だとわかってしまう大人には心を開かないのも、課題を抱える高校生に共通している。

しかし、生徒に関する日常の連絡や生徒支援委員会やそれ以外のケース会議などでも、居場所カフェのスタッフと学校の教職員とは密に連絡をとりあっている。生徒の前ではつながっている様子は一切見せず、居場所カフェを運営しつつ、見えないところでつながる教職員と居場所カフェスタッフとの関係について、「私ら演技派やから」と西成高校の先生がにっこり笑顔で説明してくださったこともあった。

高校内居場所カフェは、とてもよく考えられた仕組みだ。まず居場所カフェの運営団体が、子ども・若者支援に実績を持ち、外部関連機関とのネットワークを構築するスキルを持っている。

大阪府の高校内居場所カフェと学校とのつながりについては、**図1**のように大枠の整理がされている（特定非営利法人み・らいず 2016, p.9）。高校内居場所カフェは大阪府から運営主体に委託される。委託を受ける団体はOfficeドーナツトークを含め２０１５年度で8団体あったが、いずれも子ども・若者支援に実績を持ち、ハローワークや地域若者サポートステーションなどの就労関連団体や、福祉事務所、時には医療機関等の外部機関との連携も蓄積してきた団体である。カフェの運営にも、社会福祉士や精神保健福祉士資格を持った団体スタッフが関わったり、カフェスタッフにひきこもり・不登校経験者が配置されるなど、力のある団体が居場所カフェ運営に関わっていることがわかる【注4】。若者支援に実績のある団体がカフェ運営している場合には、あまり好ましくないケースだがたとえ生徒が中退してしまっても、支援団体や関連行政機関等により中退後の支援を続けることができる。またいったん中退しても、支援団体が関わり地域若者サポートステーションでの就労支援を経て、生徒の課題が改善されることで、高校に再入学したケースもある（特定非営利法人み・らいず 2016, p.26）。

学校と居場所カフェスタッフの連絡体制はとても丁寧に行われている。生徒たちについて、居場所カフェの窓口担当の教員から情報共有することはもちろんだが、カフェでの生徒たちの様子については、とくに課題がない日でも、口頭やメモで丁寧に状況の共有が行われる。情報共有をするのは重要で、あらかじめ生徒のバックグラウンドを把握できているからこそ、居場所スタッフが生徒を日常のカフェでのんびり過ごさせることができて、危険の察知も、ある程度早い段階で気づくことができる。

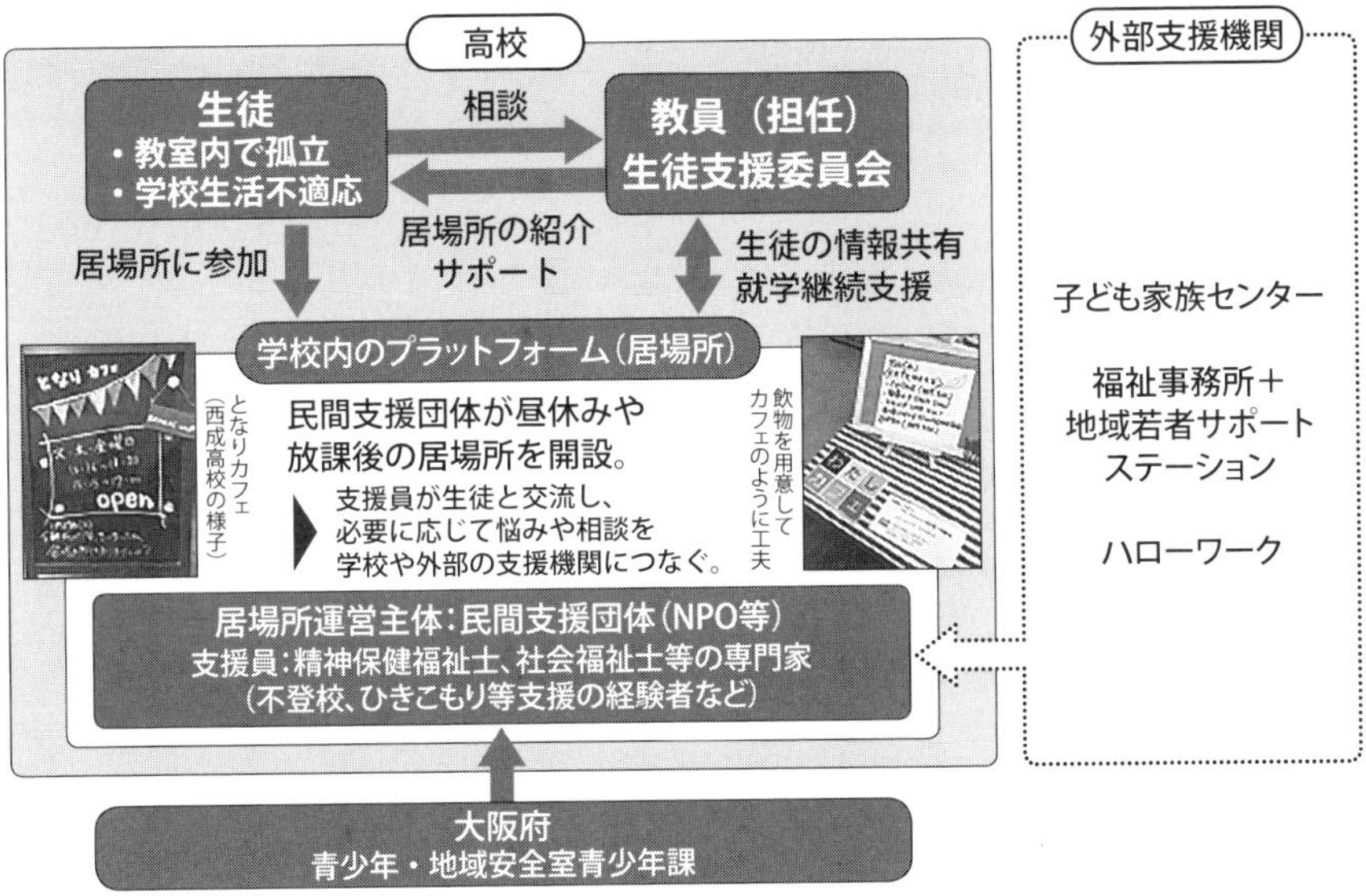

図1　2015年度 高校内における居場所のプラットフォーム化事業の概要

田中さんによれば、居場所カフェは週2回か週3回の開催が望ましいという。生徒たちの生活の様子を見るには、1週間という期間での変化を把握することが必要だからだ。たとえば、週2回の居場所に2回とも同じ服装で来ていたり、昨晩家に帰ってない様子だったり、食事を友達に分けてもらっていたり、そうしたきっかけから、居場所カフェスタッフ同士が「どう思う？」と相談して、日々の情報共有のほかに「それはやっぱりちょっと問題やな」と思った段階で、あらためて教員に情報をあげていくというアプローチが採用されている。教員が個人面談が難しい生徒については、カフェスタッフや府立高校スクールソーシャルワーカー（居場所カフェ運営団体の職員がスクールソーシャルワーカーとして大阪府に非常勤採用されている場合もある）が、学校側の許可を得たうえで個別面談するケースもあるという。

居場所カフェと学校との良いつながりをつくるには、「信頼とバランス」を大切にしないといけない。法的にも生徒の教育に責任を負う学校に、外部委託団体として居場所カフェが入るという方式が採用されている以上、居場所スタッフのほうから学校の教職員との「信頼とバランス」を構築していくことが求められる。居場所カフェやスクールソーシャルワーカーは、ともすれば生徒自身の課題解決を重視して個別支援を急ぎがちになるが、生徒に何かあったときの対応に責任を負う学校側の対応とのバランスを重視した協力関係が求められる。また、週に何回かしか学校にいない居場所カフェのスタッフを急に信頼してくださいということにも無理がある。日常の丁寧な連絡のほかにも、居場所カフェが開催される日に学校内の見回りをしたり、団体スタッフが授業のサポートに入ったり、職員室に居場所カフェの写真入りの紹介の掲示物を貼ったり、居場所カフェのスタッフや団体を身近な人と感じてもらうことで、学校との信頼関係を高めていく努力が必要になる。

4　高校内居場所カフェから高校生への支援を考える
――スクールソーシャルワーカーを司令塔とした高校支援チームの構想

話を原点に戻そう。高校内居場所カフェは、目立った生徒ではないけれど、何か課題を抱えている、でも教員も手一杯で面倒を見きれない、そんな生徒たちを学校とも家とも違う居場所につなぐことで、虐待等の「課題発見」や不登校や校内トラブルの「予防」的機能を担っている。

ただ居場所カフェをつくればいい、のではない。学校とのつながりや、ケースによっては学校外の支援機関との連携も必要になる。困難を抱える高校生のためにつながりをつくる、学校の中に対しても、学校の外に対しても。このつながりのつくり方が、今も今後も高校生支援のためには大切だ。

スクールソーシャルワーカーやスクールカウンセラーが１人ずつ学校に入るのではなく、居場所カフェ運営のＮＰＯを含め、外部専門家集団が高校支援チームとして、高校に入って教職員とつながることが、より有効な支援につながるのではないか、というアイディアが田中さんから出てきた。学校だけでは支援の難しい課題に対し、スクールソーシャルワーカーが司令塔となって、チームが学校内外のつながりをつくっていく。

学校の主役は生徒だけれど、生徒と関わる主役はやはり教員だ。教育困難高校における教員の負担はあまりにも大きい。高校支援チームが、課題を抱える生徒の支援を専門的に担当することで、教員も忙しさに押しつぶされそうになる毎日から、たくさんの生徒と親身に関われる日々に変化してくはずだ。何より、学校だけでは解決できない生徒の課題に対し、学校と高校支援チームの専門家が協力することで、改善をもたらすためにも、高校支援チームのアイディアは有効だと思う。

できれば公立高校だけでなく、私立高校に対しても高校支援チームが関わる未来や、いろいろな学校に居場所カフェが広がる未来がはやく来るといいな、と願う。

＊本稿は、田中俊英さんとのインタビュー（２０１７年1月19日）および次にあげる田中さんのブログと参考文献から、末冨が執筆し、田中さんが確認を行うという手法で執筆されています。本稿の執筆責任は末冨にあることをここに明記させていただきます。田中さんのブログや参考文献について、高校内居場所カフェや学校内にカフェをつくることに興味がある読者はぜひ参照されてください。
田中俊英「高校居場所カフェに学校ソーシャルワーカーもいたりする『学校イノベーション』」（BLOGOS ２０１７年１月14日記事）http://blogos.com/article/205645/
田中俊英「どならない、高校生カフェ～『高校生サバイバー』３」（Yahoo! ２０１６年10月22日記事）http://bylines.news.

yahoo.co.jp/tanakatoshihide/20161022-00063546/

引用・参考文献

Oldenburg, Ray, 1989, *The Great Good Place*, Marlowe&Company.
末冨芳（2017）「子どもの貧困対策はなぜ脆弱なのか？――大阪府・高校内居場所（カフェ）事業のアイディア創発から中断までの政策過程」日本大学教育学会『教育学雑誌』第53号、19～31頁、２０１７年3月
特定非営利法人み・らいず（2016）『高校内における居場所のプラットフォーム化事業』調査研究事業報告書」平成27年度 文部科学省いじめ対策等生徒推進事業委託報告、２０１６年3月

注

1 神奈川県立田奈高校にも「ぴっかりカフェ」という居場所ができている。また、高校内居場所カフェは大阪から北海道にも「拡散」している。高校内居場所カフェの取組みを知った札幌新陽高校の校長室は、時々カフェになっている。荒井優校長の趣味は「カフェ開催」であり、実際、校長室が時々カフェになっているそうだ。札幌新陽高校「学校長紹介」（http://sapporoshinyo-h.ed.jp/about）

2 サードプレイスの提唱者レイ・オルデンバーグの説明によれば、「サードプレイスは、家庭や職場を超えた人々が集い、日常的、自発的、インフォーマルな場に設けられ、楽しくなりそうな集まりのために提供される、多様なおやけの場の呼び方」（Oldenburg 1989, p16）とされている。

3 大阪府における高校内居場所カフェの制度・政策面での経緯は末冨（2017）にて詳述しているので、ご参照いただきたい。

4 力のある支援団体が多いという背景には、大阪府下では、ひきこもり・不登校問題だけでなく児童虐待や外国人差別、同和差別、ホームレス支援など、社会課題に対応した活動に、住民たちや支援者側がリーダーシップをもって取り組んできたという地域性の特徴があげられる。また本稿2節にも述べたように、大阪府青少年課が地域の若者支援団体のネットワーク化を行っているなど、行政による支援団体の育成や協力関係の積極的構築の努力も重要な要素である。子どもの貧困対策に取り組みたいが支援団体がない、支援者がいないという悩みを持つ地域にあっては、行政

主導で地域人材や団体を育成する努力も、ソフト面でのインフラ整備として重要であることを指摘しておきたい。

第12章

ユースソーシャルワーカーによる高校生支援

梶野光信（東京都教育庁）
柊澤利也（東京都ユースソーシャルワーカー）

はじめに

社会的困難を抱える子ども・若者への支援に注目が集まる中、東京都教育委員会は、2016(平成28)年度から都立高校における不登校・中途退学対策として、都立学校「自立支援チーム」派遣事業(以下、自立支援チーム派遣事業)を施策化した。その内容は、福祉支援系と就労支援系からなるユースソーシャルワーカー(以下、YSW)を都立高校に派遣するというものである。

この事業には2つの実施パターンがある。1つは、不登校・中途退学等の課題が集中的に現れる都立高校に対し、週1~3回のペースで継続的にYSWをチームとして派遣するパターン(以下、継続派遣校)である。もう1つは、学校の要請に応じて課題に対応できるYSWを派遣するというパターン(以下、要請派遣校)である。

本稿においては、主として継続派遣校におけるYSWの活動を紹介することを通じて、高校生段階における社会的困難を抱える若者への教育支援のあり方に関する問題提起を行いたい。

1 都立学校「自立支援チーム」派遣事業の施策化の経緯

都立高校改革推進計画に基づく中途退学者対策の実施

自立支援チーム派遣事業が施策化されたきっかけは、2012(平成24)年2月に出された「都立高校改革推進計画・第一次実施計画」において、若者の再チャレンジを支援するという方向性が打ち出されたことである。これを受け、地域教育支援部生涯学習課（以下、生涯学習課）は、２０１２（平成24）年度に「都立高校中途退学者等追跡調査」【注1】（以下、中退者調査）を実施した。中退者調査は、都立高校を中退した本人を対象に行ったアンケート調査であり、回収率は20・４％であった。

この調査結果を踏まえ、生涯学習課は、２０１３（平成25）年度から3年間の計画で「都立高校における中途退学者等未然防止モデル事業」（以下、モデル事業）を施策化し、若者支援ＮＰＯに事業を委託した。主な委託内容は、①中途退学の未然防止、②中途退学者を地域サポステ等の若者支援機関への的確な誘導、③在学中の進路決定支援（進路未決定卒業の予防）であった。

しかしながら、モデル事業では、①と②の取組みについては望ましい成果をあげることができなかった。ＮＰＯという外部の資源では、学年担任団に対し、十分コミットができなかったことが要因である。一方、③の取組みは一定程度成功を収めることができた。その理由は、進路指導部が窓口であったからである。進路指導部は校内分掌の中で、日頃から大学、専門学校そしてハローワークとの連携を行うなど、外に開かれた組織となっているため、ＮＰＯからのアプローチも好意的に受け止めてもらえることができた。

都教委職員の身分を持つユースソーシャルワーカーの採用

モデル事業の反省を踏まえ、校内組織へのコミットメントを高めるために、中途退学の未然防止を担当する者に都教委の職員の身分を持たせることを考えた。生涯学習課では、２０１６（平成28）年度にＹＳＷ48名とＹＳＷのスーパーバイズ役としてユースアドバイザー6名の計54名を非常勤職員として採用した。非常勤職員とはいえ、一度に54名もの人員配置が認められるということは、都庁内でも異例のことであった。

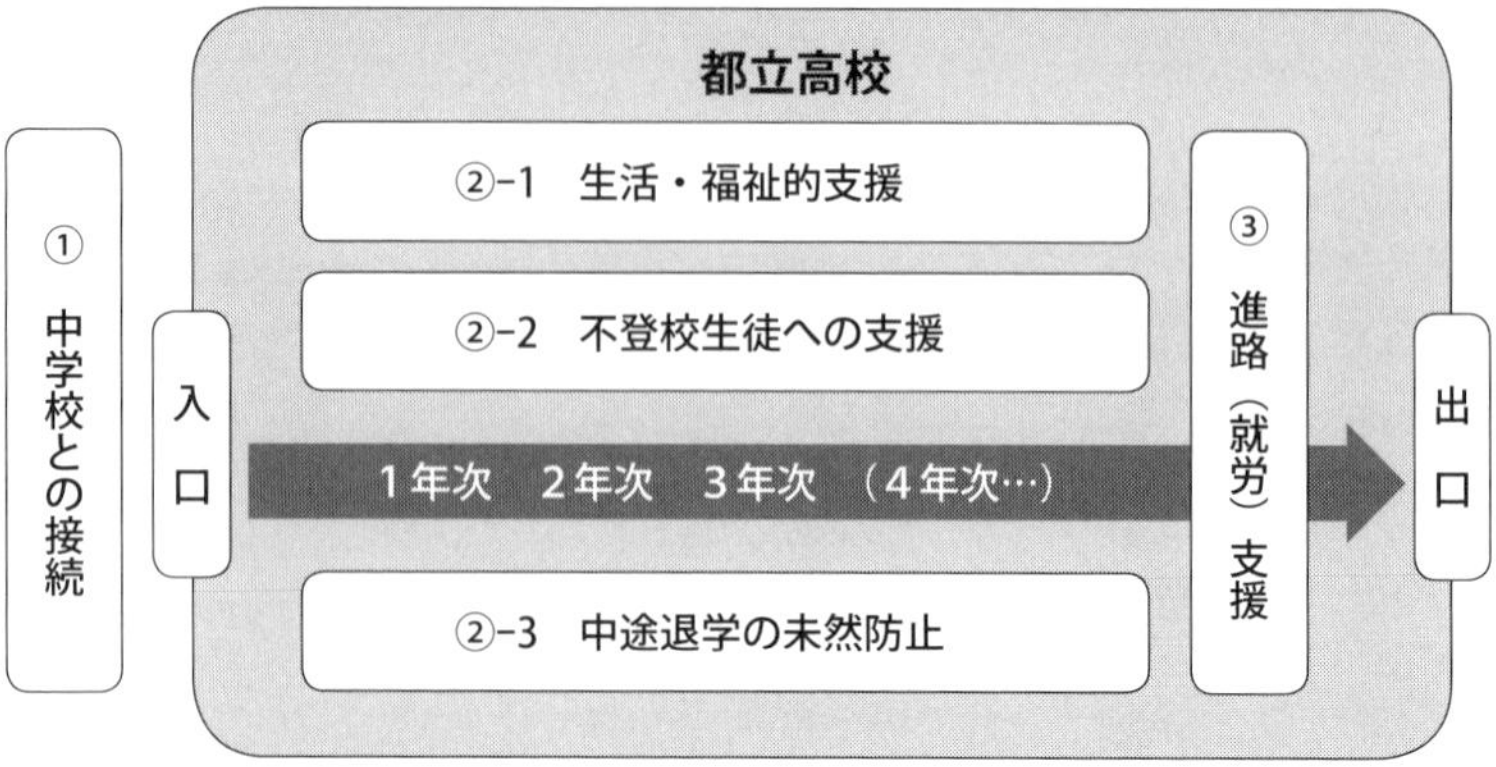

図1　ユースソーシャルワーカー3つのアプローチ

その背景には、舛添要一都知事（当時）が若年者雇用対策の必要性を訴えてきた【注2】ことがある。それに加えて、「子供の貧困対策に関する大綱」（２０１４年）や中教審「チーム学校答申」（２０１５年）などを通じて、スクールソーシャルワーカー（以下、ＳＳＷ）の必要性が政策課題となっていたことも施策の追い風となった。

なぜ「ユースソーシャルワーカー」と名付けたか

社会の時流に従えば、都立高校に派遣する不登校・中退防止対策を担当する職員の名称は、「スクルソーシャルワーカー（ＳＳＷ）」と名乗らせることが一般的であったが、都教委はなぜユースソーシャルワーカー（ＹＳＷ）と名付けたのか。その理由は２つある。第一に、高校段階における若者支援には、①「入口対策（中学校との連携、入学段階からの支援）」、②「高校生活をおくるための支援」、③「出口対策（進路・就職支援）」の３つの段階がある（**図1**）。とくに③の出口対策は、学校から職業への移行という点から重要であり、学校教育の枠組みを超えた支援が必要となる。つまり、都立高校生が社会的・職業的に自立し、市民性（シティズンシップ）を発揮するための基礎的な力をつけるところまでを射程に入れた施策を目指した。

第二には、ユースワーク（youth work）【注3】の視点を、自立支援チーム派遣事業に取り入れようとしたことである。ユースワークの担い手であるユースワーカー（youth worker）に期待される役割は若者の個人的および社会的成長と彼らの社会的包摂を促すことにある。それにソーシャルワーカー（social worker）の役割を加えることで、若者（高校生）の成長を阻害する諸要因の解決を図りながら、若者が自立した市民・社会人への成長を遂げていくための支援を担うことをＹＳＷに期待したのである。

2　ユースソーシャルワーカーの職務内容

ＹＳＷの職務パターンは、以下の４点に整理できる（表1）【注4】。

表1　ユースソーシャルワーカーの職務パターン

【パターンⅠ】	教員に対するコンサルテーション
【パターンⅡ】	学校との連携による要支援生徒の直接支援
【パターンⅢ】	校内ユースワーク（生徒との関係づくりに重点を置く）
【パターンⅣ】	校外ユースワーク（若者のエンパワーメントを支援する）

【パターンⅠ】は、いわゆる「派遣型」のＳＳＷの役割に近いものである。主な役割は、教員や学校管理職か

らの相談に応じ、専門的な情報を提供するとともに、解決案を提案することである。このパターンは、主に要請派遣校で実施されている。

【パターンⅡ】は、継続派遣校から期待される要支援生徒に対する直接アプローチである。このパターンの特徴は、生徒に関する問題が顕在化してから、ＹＳＷの対応が求められるところにある。主な職務は、学校からの依頼により生徒や保護者との面談、教員とともに不登校生徒への家庭訪問、児童相談所や子ども家庭支援センター、精神保健福祉センター、福祉事務所等関係機関とのネットワークの構築などである。

【パターンⅢ】は、校内におけるユースワークである。ここでは、生徒とＹＳＷの関係性の構築に重点を置いている。ＹＳＷは、課外活動、昼休み、放課後、部活動等の時間を利用して、生徒たちの学校生活の中に入り込む。日常的に交わされる生徒たちのことばに耳を傾け、生徒たちの中にある潜在的ニーズを把握、分析するのである。このアプローチは、生徒の問題が顕在化する前に、未然に問題を防止しようとするモデルである。

【パターンⅣ】は、学校外におけるユースワークである。学校外の場所で、学習支援だけでなく、若者同士の交流の機会や居場所づくり、そして、社会体験や職業体験、サービスラーニングやプロジェクトベースドラーニング等の手法を用いながら、生徒自身のエンパワーメントを支援していこうとするものである。自立支援チーム派遣事業においては、都立高校の通信制課程に在籍する生徒や高校中途退学者を対象に、若者支援ＮＰＯに都教育委員会が事業を委託し、「学び直し支援事業」として実施している。

3 継続派遣校の取組み

自立支援チーム派遣事業において、とくに重視しているアプローチが【パターンⅢ】の「校内ユースワーク」である。このアプローチは、神奈川県立田奈高校において取り組まれている図書室を利用した「校内カフェ（ぴっかりカフェ）」を通じて提起されている「交流相談」【注5】という考え方と軌を一にしている。本節では、この「校内ユースワーク」という概念を手がかりに【パターンⅢ】に分類される取組みを、継続派遣校の1つであるX校（以下、X校）の事例を通じて考察する。ただ、このX校では【パターンⅢ】だけでなく【パターンⅡ】の事例もある。そのため両パターンを事例とし、X校の校内体制といかにYSWが高校生支援を実施したのかを記述する。

X校の校内体制

本稿で取り上げるX校は、中退率が高い【注6】、東京都の多摩地域に位置する全日制普通科の進路多様校である。X校には困難を抱えた生徒が多く在籍するため、週時程に組み込まれた定例会議が週に一度開催される。2016年度のメンバーは、管理職、自立支援担当教員【注7】（生活指導部兼任）、進路指導部教諭、養護教諭、特別支援コーディネーター、各学年の教員1名、スクールカウンセラー（以下、SC）、YSWである。この会議では限られた時間を有効活用するために、中心となる自立支援担当教員があらかじめレジュメを配付し、学力不振、進路未決定、家庭環境、不登校、進路変更、人間関係のつまずき、特別指導等多岐にわたる生徒に関する情報共有が行われる。また、自立支援担当教員に限らず管理職、教員、SC、YSWもこうした生徒の情報を提示することがある【注8】。ただし案件が多い場合は、自立支援担当教員がプライオリティをつけ、当該生徒に関する情報の共有が行われる。

こうした定例会議のメリットは、各学年で生徒情報が制限されることなく、管理職をはじめ、他学年やSC、YSWに情報共有が行われ、またそれぞれの立場から当該生徒を多面的に把握することにもつながっていることにある。加えて、本会議の終了後も管理職、各教員、SC、YSWで当該生徒に関して共有が図られる。たとえば、職員室等ですれ違う際に「○○（生徒の名前）、どうなりました？」等の会話が行われ、管理職・教員・SC・YSWがより密な連携を可能にしてきた。

X校におけるYSWの実践

定例会議により、教員間の連携が強まったことで、出席者である管理職、各教員、SC、YSWがお互いに自身の役割を把握し実践する。また、定例会議を通さずに管理職や教員、SCからYSWへの依頼を受け実践することもある。そこで、YSWが関わったそうした実践内容は、【パターンⅡ】と【パターンⅢ】に分類される。

X校における【パターンⅡ：学校との連携による要支援生徒の直接支援】

従来型のSSWと同様に、YSWは教員同行のもと家庭訪問や生徒・保護者面談等を行う。面談内容を大きく分類すると、①学校生活に関するケース、②家庭に関するケース、③進路・進路変更（進学や就職、転学・編入学等）に関するケースの主に3種類となる。たとえば、①では教員やSCと共有しながら、友人関係等の学校生活に関する面談を実施してきた。②では、教員とともに児童相談所や子ども家庭支援センターと連携が必須な生徒の面談を実施した。③担任教員と共に転学・編入学を希望する生徒、すでに中途退学した生徒の相談を行ってきた。このような依頼による生徒対応が、X校における【パターンⅡ】である。

X校における【パターンⅢ：生徒との関係づくりに重点を置く】

YSWが日常的に交わされる生徒たちのことばに耳を傾け、生徒の潜在的ニーズを把握、分析を行う。その目的は生徒の問題が顕在化する前に未然にその問題を防止することにあり、YSWは「ナナメの関係」を心がけながら、校内において生徒と関係づくりを行っている。こうした活動は「校内ユースワーク」と位置づけられ、その中身を、①「生徒の顕在的ニーズ」へのアプローチ、②「生徒の潜在的ニーズ」へのアプローチの2種類に大きく分類することができる。

①「生徒の顕在的ニーズ」へのアプローチ

【パターンⅡ】で紹介した通り、生徒の課題が顕在化した中で、定例会議や直接教員からの依頼によりYSWは生徒と接することがある。ただし、【パターンⅡ】と異なる点は、「校内ユースワーク」によって生徒と接する点である。つまり、あらかじめ「当該生徒を呼び、参加してもらう」といった面談形式の中で生徒と接するのではなく、偶然を装って生徒と接することがある。

教員（主に担任）が気になる生徒、つまり教員からみると生徒の課題が顕在化しているにもかかわらず、生徒自身がそれに対し向き合おうとせず、教員自身が生徒指導の困難性をかかえることがある。なぜ当該生徒が面談に応じないかといえば、入学当初から「先生」という存在に対して対抗心を持つ生徒やアルバイト等で忙しく面談という場に参加したがらない生徒、「別室に呼ばれた」という意識が働き、警戒する生徒などさまざまであるからである。こうした生徒に対して、教員とは別のアプローチである「ナナメの関係」に基づいた「校内ユースワーク」を行い、生徒と接するのである。

事例

生徒Aに関する情報として「授業中に落ち着きがなく、学力不振である」ということは定例会議等で話があがっていた。しかし、当該生徒は「面談」自体を拒否するだろうという想定から、YSWは生徒の出席状況や友人関係等の情報を集め、生徒Aに「校内ユースワーク」のアプローチを行った。廊下で待ち伏せし、偶然を装って生徒Aに話しかけた。その際「指導」といった視点ではなく「仲良くなる」という視点から接した。「部活やってるの?」「趣味とかあるの?」「休みの日は?」などの雑談を数回重ねるごとに応じてもらえるようになり、新たな情報を得るに至った。以降、生徒AからYSWに話しかけてくるようにもなった。

生徒AはYSWを「先生ではない」という存在と捉えることで、YSWは生徒Aにとっての〝はけ口〟となった。このことが、生徒の「学校生活」を支える一助になり得ているのではないだろうか。このように、教員が捉えた「生徒の顕在的ニーズ」に対してYSWが得た情報が加えられることで、新たな課題が顕在化したり、一部潜在化していた課題が新たに浮かびあがったりとすることがある。そのことで、生徒に対して多角的に理解することにつながるといえよう。

②「生徒の潜在的ニーズ」へのアプローチ

YSWは、「授業見学」「休み時間や放課後に廊下を歩く」「部活動への参加」などの「校内ユースワーク」を行うと、多くの生徒と接することになる。ただ、①「生徒の顕在的ニーズ」へのアプローチのように、常に教員からの依頼等でYSWが活動しているわけではない。つまり、生徒自ら「実は、私〇〇で……」と悩みを相談することもある。その相談内容は、「学校をやめたい」「友人関係でつまずいた」「進級できない」「家庭が原因で進学をあきらめざるを得ない」「家でいろいろあって」と多岐にわたる。また、学校生活に限らず、かれらの家庭や日常生活の話を聞くこともある。つまり、これは「生徒の潜在的ニーズ」が浮かびあがったことといえよう。

このように「校内ユースワーク」を行うことで、生徒とYSWとの関係性が構築され、問題が顕在化される前（未然）に、生徒の潜在的ニーズを把握することができるのである。

事例

2学期の放課後、廊下をうろうろとしていると、3学年の生徒Bと雑談をすることとなった。雑談を繰り返す中で「進路ってどうやって決めたらいいですかね？」「大学選びどうしましたか？」となかなか進路を決められないでいることがわかった。YSWなりに回答していたところ、生徒Cが偶然にもやってきて、「何しているの？」「（YSWを指して）この人誰？」等の会話から〈仲良く〉なった。こうした雑談に恋愛の話も加わり信頼関係が築けた中で、突然生徒Cから家庭の事情により、進学をあきらめざるを得ない可能性があるとの相談を受けることとなる。そして、YSWは個別で話を聞くこととなった。進路に関しては、担任や進路部の教員に任せ、YSWは生徒の悩みのはけ口となることで生徒Cの学校生活を支えることとなる。

このように生徒Bのように単なる相談相手として役割を担う場合と、生徒Cのように個別で相談する場合がある。いずれも、こうした生徒の潜在的ニーズを把握し、教員と情報を共有することで、生徒の学校生活を多面的に支えることができたのである。

以上が、X校の校内組織とそれに基づいたYSWの実践である。こうした取組みが行われることで、教員（とくに担任）が今まで1人抱えていた課題のある生徒の対応にYSWが関わることで、多角的視点から生徒のニーズを把握し、生徒をサポートすることが可能となったのである。

4 都立学校自立支援チーム派遣事業の成果と課題

自立支援チーム派遣事業の取組みはまだ緒に就いたばかりであるが、現時点における事業の成果と今後の課題について整理してみたい。

事業の成果

本事業の成果として第一にあげられることは、ユースワークの有効性が明らかになったことである。従来型のSSW事業の主たる関心は、貧困問題や社会的不利益等福祉的課題へのリスク対応型アプローチに置かれている。

それに対し、「校内ユースワーク」では、ＹＳＷが日常生活場面（学校生活）に入り込み、生徒との信頼関係を紡いでいくことを支援の出発点とする。生徒たちはＹＳＷのことを呼び捨てにしたり、あだ名をつけたりして、自分たちのコミュニティにＹＳＷを招き入れる。そのコミュニティで発せられる生徒たちのことばの意味をＹＳＷが理解することがユースワークの第一歩である。この関係性の中から得られた情報は、教員―生徒といった権力的な関係では得ることができない〝生きた情報〟である。

ここから得られた情報をＹＳＷが教員たちと共有する。教員たちは自分たちの前で見せる生徒とは異なる生徒の姿を知り、多面的な生徒理解の必要性を実感する。

次のステップは、生徒に内在する主体性の芽を引き出すアプローチを展開することである。生徒たちがコミュニティの中で発することばには、必ずしも生徒のホンネが反映されているとは限らない。その理由は、生徒間の関係性の中で一種の同調圧力が生じているからである。ここで重要なのは、ＹＳＷが生徒にとって〝重要な他者(the significant others)〟となり、生徒との間で信頼関係を構築することである。生徒たちの〝語り〟の中から、おとなとして自ら成長しようとする意思をつかみ取り、生徒自身の主体性を引き出すようなファシリテーションを行うのがＹＳＷの役割である。このようなユースワーク的アプローチにより、生徒たちが自らの自立に向けた第一歩を踏み出していることの意味を、教員たちが実感するようになってきたのである。

第二に、継続派遣校の中で、ＹＳＷ導入の効果が現れた高校はいずれも、学級担任まかせでなく、組織的な校内体制の確立ができていたことである。学校管理職の話を聞いていると、ある生徒が中途退学するという話を副申書が回ってきた時に「(管理職が) 初めて知った」というケースは少なくない。高校の多くは旧態依然とした「なべ蓋型」の組織の弊害を抱えている。

この弊害を乗り越え、学校が「チーム」としての機能を発揮するために、都教委が指名したのが、自立支援担当教員である。この教員の役割は、学校管理職、学級担任、生徒指導部、進路指導部、養護教諭、特別支援教育コーディネーター、そしてスクールカウンセラーといった教職員をネットワーク化し、不登校・中途退学問題に的確に対応するための校内体制（たとえば、教育相談委員会等）を構築することである。

自立支援担当教員を中心とした校内体制が確立されることにより、高校内で生徒個々の課題を把握する作業が進むようになっていく。そこにYSWが加わることにより、個に応じた支援が可能になるのである。3節で紹介した都立X高校の事例は、そのことの効果を端的に示しているといえよう。

今後の課題

東京都における施策化の過程では、ユースワーカーとソーシャルワーカーの役割を併せ持つことを目指し、YSW職名を設定した。今後は、ユースソーシャルワークの理論化が必要となってくる。

たとえばドイツでは、1990年に制定された児童・青少年援助法の第13条で「社会的不利益の是正のために、あるいは個人的障害の克服のために援助を必要とすることの多い若者に青少年援助の枠内で、社会教育的援助が提供される。その援助は、学校・職業教育、労働世界への編入、彼らの社会的統合を助成する」【注9】とユースソーシャルワーク（青少年社会福祉援助活動）を定義している。

ドイツをはじめ、イギリスやデンマークなどの取組み【注10】などを視野に入れながら、教育、雇用・就労、福祉・精神保健といった既存の行政枠組みを乗り越え、社会的困難を抱える若者たちのソーシャルインクルージョン（社会的包摂）の取組みを具現化する作業を進めていくことが喫緊の課題である。

それとともに必要なのは、ＹＳＷの支援スキルを向上させることである。ＹＳＷを採用するうえで、社会福祉士や精神保健福祉士、臨床心理士、キャリアコンサルティング技能士、教員免許、社会教育主事有資格者等さまざまな領域から意識的に人材を集めてきた。これらの人材がチームを組むことによる化学反応が起きることを期待していたのであるが、まだそれが十分に発揮されているとは言いがたい。多職種連携が効果を発揮するためには、ユースソーシャルワークという共通の価値観（土台）を共有することが不可欠である。そのための研修プログラムづくりを進めていくことも課題である。

おわりに

昨年の春、ある都立高校に入学した男子生徒がいた。その生徒は、高校入学後1日しか登校せず、家にひきこもり、昼夜逆転の生活を送っていた。学年制の高校であったため、出席日数不足で、進級はできないということになり、進路変更が検討されていた。そんな時、ＹＳＷとの面接が始まった。

彼との面接の中で気になった話があった。ほぼ1年近くひきこもっていた彼が外出する時があるという。それは、中学時代に1年間山村留学をしていたことがあり、その主催団体のスタッフからのお誘いだった。山村留学の話をしている時の彼の姿はとてもイキイキしていたということだった。そんな時、島嶼《とうしょ》部にある都立高校の校長から、「うちの高校の定時制に来て、働きながら高校生活を送ることができるようにしたいのだけど、何か生涯学習課でいい考えはないかな」と相談があった。よく話を聞いてみると、その島では、島留学の生徒を受け入れるための宿所を用意しており、まだ、受け入れに余裕があるということであった。

その話を担当のＹＳＷを通じて、彼に伝えたところ、本人はすぐに「行ってみたい」と答えた。その話を受け、我々は、島へリサーチに向かった。高校関係者の協力を得て、島の企業を訪問し、働く先はそれなりに確保できるという確信を得た。また、それ以上に我々の気持ちを引き付けたのは、島民のホスピタリティであった。「これなら、彼も高校生活を送れるかもしれない」と思い、本人に「実際に、島に行って、自分でいろいろな人たちの話を聞いてきたら」という提案をした。その1週間後、彼は1人で島に行き、学校、仕事先、町役場の職員、そして校長が紹介してくれた島の人たちと出会った。1泊2日の島訪問を終え、彼が出した結論は、「島の定時制高校に入る」ということであった。

2017年4月、彼は母親を説得し、1人で島に旅立っていった。いまでは、島のスーパーマーケットでアルバイトをしながら、定時制高校1年生として再スタートを切った。

自立支援チーム派遣事業の取組みを通じて、我々が改めて認識したことは、子どもや若者たちの誰もが、自ら成長しようとする芽を持っているということである。ここで紹介した事例以外にも、多くの生徒たちがそのことを証明してくれた。生徒たちと適度な距離感を保ちながら、少しずつ成長の芽を育てていくために、水をやり、陽を照らしつづけることが支援の基本であることを肝に銘じ、実践を深めていきたい。

＊本稿は、1・2・4節を梶野が、3節を柊澤が担当した。

注

1 都立高校生中途退学者等追跡調査については、以下のURLを参照のこと。http://www.metro.tokyo.jp/INET/CHOUSA/2013/03/DATA/60n3s302.pdf（最終閲覧日：2017年3月25日）

2　２０１４年11月28日、東京都議会平成26年第四定例会における舛添都知事（当時）の所信表明の内容は、以下のとおりである。

「続いて、雇用就労対策についてであります。（中略）大都市東京では、フリーターをはじめとする若者の就労の問題、たとえば高校を中退した若者が就職も復学もしないまま、フリーターになってしまう問題、あるいは福祉分野における人材不足など、さまざまな課題が顕在化しております。これらの課題に取り組むため、産業労働局、福祉保健局、教育委員会など都の関連部署が連携し、総力をあげて対策を進めてまいります。国の機関であります東京労働局と協議する場も創設するなど、雇用就労対策には一層力を入れていきたいと思います。」

3　田中治彦（2015）『ユースワーク・青少年教育の歴史』東洋館出版社、2頁

4　梶野光信（2016）「都立学校自立支援チーム派遣事業の取組について」（報告資料）、２０１６年度日本学校ソーシャルワーク学会　関東・甲信越ブロック第３回研修会

5　鈴木晶子、松田ユリ子、石井正宏（2014）「高校生の潜在的ニーズを顕在化させる学校図書館での交流相談――普通科課題集中校における実践的フィールドワーク」『生涯学習基盤経営研究』第38号、1～17頁

6　X校の２０１５年度退学者率は４％を超えていた。

7　自立支援担当教員とは、教員と「自立支援チーム」（ＹＳＷ）をつなぐ役割を担う。

8　ＹＳＷが生徒対応した際、「個別対応記録シート」を記述する。口頭での共有に限らず、そのシートが管理職・自立支援担当教員・担任に回るため、当該生徒の情報が共有されるに至る。

9　詳しくは、生田周二、大串隆吉、吉岡真佐樹（2011）『青少年育成・援助と教育――ドイツ社会教育の歴史、活動、専門性に学ぶ』有信堂を参照。

10　内閣府「パーソナル・サポート・サービス検討委員会提出資料」２０１０年7月5日を参照のこと。http://www.kantei.go.jp/jp/singi/kinkyukoyou/suisinteam/PSSdai3/siryou5.pdf（最終閲覧日：２０１７年４月１日）

第13章

生活支援からの子どもへのアプローチ

――「認定NPO法人だいじょうぶ」の実践から

畠山由美（認定NPO法人だいじょうぶ）

はじめに

「認定NPO法人だいじょうぶ」は、2005年3月、子どもへの虐待を防止することを目的として設立された団体である。その活動は、虐待通告をはじめとする相談業務、貧困家庭への家事や育児のサポート、子どもや母親の居場所づくり、その他、さまざまな問題を抱える家庭への支援などで、それらを昼夜問わずに行っている。その詳しい内容に関しては、これから、いくつかの事例を紹介しようと思っているが、人物が特定されないように内容は一部変えてある。

1 設立の経緯

2004年、栃木県小山市で、幼い兄弟が父親の友人から日常的に暴行を受け、川に投げ込まれて亡くなるという傷ましい事件が起きた。オレンジリボン発祥のきっかけとなった事件である。県内で起きたこの事件により、児童虐待に対する市民の関心が、より高まった。

そのころ、旧今市市（現日光市）の人権福祉課の課長も虐待対応に追われ、行政だけの対応に限界を感じていた。家庭相談員は嘱託職員で時間外の対応は難しく、虐待の起こりやすい休日夜間に動ける相談員がいなかった。また、保護すべき子どもがいても、児童相談所の保護所はいつも満員という状態で、子どもを保護できる場所がなかった。

そこで、子どもの健全育成や地域福祉に関心のある市民や行政職員、小児科医や議員等が集まり、定期的に虐待防止のための勉強会を開催することになった。月に一度、勉強会を行い、さらに子どものシェルターなど、各地の施設を見学しながら、児童虐待防止のための団体の具体的なイメージをふくらませていった。

こうして、1日24時間、年中無休、いつでも相談や問題に対応し、必要ならば子どもを保護することもできる、NPO法人「だいじょうぶ」が設立された。これは、行政と民間の協働の団体として、当時、マスコミの注目を浴びた。

団体設立の年、私と夫は養育里親になるための研修を受け、栃木県に里親登録をした。これは、子どもを一時保護したり、ショートステイで預かるために里親になる必要性があったからだ。虐待や貧困でふつうの暮らしがままならない子どもたちに、ふつうの家庭を体験させられる良いチャンスだと思っている。現にその後、高校進学をあきらめていた子どもが我が家に里子として委託されたことで無事に高校を卒業し、正社員として元気に働いている。彼は卒業式の日、「高校を卒業したのは家族で俺だけだ」と誇らしげだった。

里親研修を受けるのに戸惑いはなかった。なぜなら、独身時代に1年間住み込んだ児童養護施設で、家庭に居場所がない子どもたちに出会った。そして職員研修で訪れた乳児院では人手不足から、ひもでつるされた哺乳瓶からミルクを飲む赤ちゃんを見て衝撃を受けた。もう35年以上も前のことである。いつか、こんな子どもたちの里親になろう、と志を持った。

結婚後、三つ子を出産した後もその思いは消えなかった。しかし子育てに追われるうちに時は過ぎ、子どもたちが高校を卒業し、子育てが一段落した年が団体設立の年となった。今が時だと実感した。団体の活動の傍ら里子の養育に携わり、2010年からはファミリーホーム（5～6人の子どもたちを養育する小規模住居型児童養育事業）に移行している。

2 最初にやって来た母子

2006年6月、夜11時過ぎ、そろそろ寝ようかと思っていた頃、家の電話が鳴った。電話は市の人権福祉課の係長からだった。

「畠山さん、これから親子5人をショートステイでお願いします。今から連れて行きます」

私はすぐに受け入れ態勢を整えた。真夜中12時を回った頃、家の前に4、5台の車が停まった。1台は親子を乗せたタクシー。他の車からは市の職員、家庭相談員、児童相談所の職員が降りてきた。玄関で皆を迎えると、そこに、あたりの様子をうかがう3人の子どもと、赤ちゃんを抱いた母親が立っていた。かなり疲れている様子だった。私はこの親子をすぐに部屋に案内し、休んでもらった。

この母親は4人目の子どもを産んだのちに離婚をしたが、夫からの養育費はなく生活保護世帯になったという。その後、小さな借家で暮らしていたが、その家をひどいゴミ屋敷にしてしまった。大家さんや近隣住民からの苦情に耐えられずに家を出て、当てもなく、子どもたちと歩いていたところを保護されたのだという。

その夜から、私はこの親子と一緒に生活することになった。母親は明らかに知的な面で課題があり、子どもと一緒に遊ぶとか関わる様子がなく、赤ちゃんへの声かけもなかった。また何度勧めても、一度も歯みがきをしなかった。3人の子どもが紙おむつを使用していたが、母親は取りかえた紙おむつを、そのままの状態で放置した。

私は、母親に紙おむつを片付けることを教えた。

彼女の生い立ちを聞くと、幼少期に両親が離婚。彼女の母親はあまり家にいなかったようだ。彼女自身も親に育てられた経験が乏しい。育ててもらった経験がないから、育てられないとは、こういうことなのかと思った。

私は食事づくりを彼女と一緒にやった。メニューを考え、買い物に行き、調理を教えた。彼女は、おままごとのように、楽しそうに料理をした。そして、その料理を子どもたちがよく食べるので「やっぱりママがつくるご飯は美味しいんだね」と私が言うと、彼女はうれしそうに笑っていた。私は洗濯や子どものお風呂入れなども教えた。

その後、この一家が住める住まいを探し、引っ越しの手伝いをし、送り出した。引っ越し後も、大家さんに迷惑がかからないように、スタッフが毎日のように、その家に通い、ゴミ出しや買い物を一緒にし、子守りをするなど、まるで実家の親のような関わり方をした。さらに生活保護係のケースワーカーに協力してもらい、大切な生活保護費を無駄にしないよう、母親と一緒に金銭管理も行った。こうして、この親子は新しい生活を始めた。

これらの活動は、翌年から「育児支援家庭訪問事業」という市の委託事業として、「だいじょうぶ」が支援を実施することになった。

3 お風呂に入りたい

ある日の午後、相談室に1本の電話がかかった。

「すみません、赤ちゃんのお風呂入れをお願いしたいのですが、やってもらえますか？　もし、できるとしたら、いくらかかりますか？」

健康課の保健師さんからだ。よく聞いてみると、赤ちゃん訪問で訪問した家の赤ちゃんがお風呂に入っていないという。体重をはかろうとして肌着を脱がせようとしところ、肌着が肌に張り付いて脱がせられなかったそうだ。赤ちゃんの母親は半身に軽い麻痺《まひ》と、突然に起こるてんかん発作があり、一人では沐浴させることができないらしい。60代の父親は運送関係の仕事をしているが、帰らない日が多く、帰宅した時だけ子どもの入浴や家事を手伝っているという。そして生活は困窮していて、もし支援にお金がかかるのなら、支援を頼むことはできないだろうと思われた。

電話を受けた翌日、私は保健師さんと一緒にその家庭を訪問した。一家は2DKの古い借家に住んでいた。母親がニコニコと笑顔で出迎えてくれた。玄関を入ってすぐ横の部屋に、生後5か月の赤ちゃんが寝ていた。春とはいえ、3月の日光はまだ寒い。ストーブもつけておらず、薄い布団の上に寝かされた赤ちゃんは薄手の肌着を着ていた。冬用の温かいロンパースは室内に干されており、洗濯したばかりで、まだ着せられないという。寝ている赤ちゃんの手が真っ赤に腫れていて、しもやけが疑われた。

私は戻ってからすぐに、スタッフと、今この家庭にどんな支援ができるかを話し合った。その結果、

①赤ちゃんの沐浴はベビーバスを持っていき、沐浴させることができる。

②赤ちゃんとお母さんを一緒に車に乗せて、小児科に受診させることができる。

③温かい寝具と衣類を提供することができる。

私はこの3つの支援を無料で提供できることを、すぐに保健師に伝えた。保健師は父親の携帯に電話して、この状況を説明した。父親が即答で支援を頼んできたので、その日の午後に支援品とベビーバスを持って再度訪問し、品物を渡し、赤ちゃんをお風呂に入れ、小児科へ連れて行った。

帰宅後、きれいな温かい布団でスヤスヤと眠る赤ちゃんに「また来るね」と声をかけ、帰ろうとした時、「ただいま～！」と元気な男の子が学校から帰ってきた。小学1年生の長男だった。驚いた私は、すかさず、「お兄ちゃんのお風呂はどうしていますか？」と聞いた。すると、やはり父親がいる時以外はお風呂に入っていないという。

母親とそんな話をしていると、その子がランドセルから音楽の教科書を出し、あるページをめくって私に見せてくれた。そこには「手と手を合わせて」という歌が書いてあった。

「あのね、この歌を歌う時、となりのNちゃんと手を合わせるんだけど、Nちゃんがボクのこと、臭いって、手を合わせてくれないんだ」と話し出した。「だからボクもお風呂に入りたい」。

私は学校で臭いと言われる子に初めて出会った。小学1年生なら一人でお風呂に入れるはずだ。しかし、火をつけ、お風呂を沸かすことまではできない。そして体に麻痺のある母親には、お風呂場や浴槽を洗い、栓をして水を溜めることが難しかった。そこで私はこの子のために、週に2～3回、お風呂を沸かしに来ることを約束した。

数日後、蜘蛛の巣だらけのお風呂場を、怖いと言っている男の子と一緒に掃除した。浴槽の中も洗った。栓をし、水を溜めることを教えた。そうしておけば、あとは母親がガス釜に火をつけることができる。それから男の子をお風呂に入れた。最初は怖がっていた洗髪も、シャンプーハットを使って慣らし、半月もすると1人でできるようになった。

男の子が小学2年生になり、そろそろ支援を終了しようと考えていたある日、いつものように湯船の中で気持ちよさそうにしていた男の子が湯気で頬を真っ赤にして言った。「僕ね、もうみんなから臭いって言われなくなったよ！」本当にうれしそうな笑顔だった。「そう。よかったね！」そう言いながら、私は思わず涙がこぼれそうになった。

4 子どもの居場所づくり

2010年7月、私たちは、お腹を空かしている子どもにお腹いっぱいご飯を食べさせたい。何日もお風呂に入っていない子どもをお風呂に入れたいという思いから、子どもたちの居場所「YourPlace ひだまり」をオープンした。国と日光市による「生活困窮世帯社会的な居場所づくり支援・学習支援事業」の補助事業として、事業を開始した。古民家を借り、自分たちでリフォームをした。かなり古いが平屋の一軒家で、和室が二間と洋間が一間ある。私はここを、いつ行っても、優しく迎えてくれる、温かいおばあちゃん家《ち》のような場所にしたいと思っていた。その結果、これまでの6年間でこの「ひだまり」を利用してきた子どもは乳幼児の託児も含めると100人を超える。

その中の1人、K君の家は母子家庭で経済的に苦しかった。毎日の食事もままならず、中学校が休みの日には、給食が食べられないので特にお腹が空いていた。動くとさらにお腹が空くので、昼間でも寝て我慢をしていたそうだ。

K君の家は4人家族。生活保護は受けていたが、保護費は、あっという間に、滞納している家賃や光熱費の支払いに消えていった。水道代が払えず、家の水道が止められた時には、K君は近くの公園の水を飲んでいた。公園のトイレで用を足した。そんなK君のことを知った私たちは、「ひだまり」に来てもらおうと「たこ焼きパーティー」「クリスマス会」など、K君が喜びそうなイベントを考え、誘ってみた。参加費は無料、学校の先生を通してチラシを渡してもらった。すると数か月後、K君が妹を連れて「ひだまり」にやって来た。すぐに、毎日通って来るようになり、たちまち「ひだまり」はK君の大切な居場所になった。そうしているうちに、私たちは母親とも会って話ができるようになり、母親からもさまざまな相談を受けるようになった。

K君が中学3年生の時、「ひだまり」で生活保護家庭のための学習支援がスタートした。さっそくK君を誘ってみたが、勉強が苦手で不登校気味だった彼は、それを嫌がった。「夢を叶えるためだよ」と言っても自分の将来の夢など描けないし、高校進学も考えていないようだった。私たちはしばらく様子を見ることにした。

K君の母親も祖父母も生活保護家庭だ。彼も大人になれば生活保護を受けながら暮らせばいいと考えていたようだ。しかし中学3年生の夏休み、K君の中に夢が芽生え始めた。それは将来、調理とか食品関係の仕事をしたいというものだった。K君は、高校進学を考えるようになり、スタッフや現役の塾の先生が受験の指導にあたった。そして翌年、K君は見事に県立高校に合格した。

しかし、合格を喜んだのもつかの間、すぐに制服や体操着、教科書の購入でお金が必要になった。高校に合格しても、現実には新入学の準備に、かなりのお金がかかる。私たちは周りに呼びかけ、K君のために鞄やワイシヤツなど、揃えられる物を集めた。また高校に進学してからも高校の勉強についていけるように、時々、学習支援もした。そのかいあって、テストのあと「クラスでトップになったよ」とうれしい報告をしてくれることもあった。

高校3年生になってK君は「ひだまり」に顔を出さなくなった。放課後はアルバイトをして家計を助けていたのだ。2017年春、K君は無事に高校を卒業し、食品会社に正社員として就職することができた。その時、地元の新聞社の取材を受けて、K君は「お金を貯めてひとり暮らしをしたいし、車もほしい。いつか結婚もしたい」と夢を語った。さらに「ひだまり」についても「大人が本気で向き合ってくれるから、通うのが楽しかった。家の環境が良くない子ほど、ひだまりが心の支えになる」と語った。私たちは、K君のように貧困の中にいる子どもたちを、自立のためのスタートラインに、立たせてあげたいと思っている。

5 見えにくい貧困

ある時、中学校から不登校気味の女子生徒の相談を受けた。私たちが学校から不登校の相談を受ける場合には、先生方は、なんらかの家庭の事情を心配していることが多い。さっそく、相談員と一緒にその生徒の家を訪問した。学校を休んでいる女の子に会いたいと話すと母親の声かけに、奥の部屋から気恥ずかしそうな笑顔を見せながら、その子が出てきてた。

中学生の女の子は会ってみると、今どきの普通の女子中学生。スマホを持ち、私たちが母親と話している間もスマホをいじっていた。母親は外国籍のシングルマザー。日本に来て、日本人男性との間に生まれた2人の子を育てている。夜の居酒屋で働いているが、ここ数年、あまり仕事が入らないという。給料は日払いなので、もらうたびに買い物をし、食事は何とかしのいでいるが、まとまったお金がないため、光熱費などの支払いが滞ってしまうそうだ。

さらに話を聴くと、ガスが止まっていて、お風呂が沸かせないらしい。しかしカセットコンロで、お湯を沸かし、温めたタオルで体を拭くので大丈夫だということだった。どうやら1年以上もガス代を滞納していて、もう払うのをあきらめたらしい。そんな話を聞いていると、突然、「ちょっと待ってて」と母親は台所に行き、お米をとぎ始めた。今日、電気が止まる予定なので、止まる前にご飯を炊くのだと言う。どうやら、電気は止まってから支払に行くといったことを続けているらしい。時々、スマホも電気と同様に止まるという。

私はとにかく、母親に昼間の仕事を探すことを提案し、それまでは生活保護に頼ることを勧めた。日本の福祉の制度がわからなかった母親は、そのことを聞いて喜んだ。すぐに相談員が生活保護の窓口に同行し、申請を済ませた。その後、私はガス会社に交渉に行くと、社長さんが話を聞いてくれて、これまでの滞納分を分納にする手続きをしてくれた。

ガスが通るまで、「ひだまり」で入浴できることを伝えて帰ると、夕方「自分はいいから娘たちだけでもお風呂に入れてあげたい」と電話がかかってきた。早速迎えに行くと姉妹はお風呂セットを用意しニコニコと車に乗り込んだ。「ひだまり」の小さな浴室に姉妹は仲良く、はしゃぎながら入った。お風呂上りに、「ご飯も食べて行けば?」というと、顔を見合わせて、小さな声で「いいんですか?」と聞いた。それから2人はおしゃべりをしながらかなり長い時間をかけて夕食を食べていた。

家に送る車の中で後部座席に座り、「お姉ちゃん、楽しかったねえ！　お風呂、1年半ぶりだねえ」とはしゃいでいる妹の声が耳に入った。お風呂に入ってこんなに喜んでいるこの姉妹は、私たちの知らないところで、1年半も耐えてきたんだと思うと胸が痛くなった。

生活のライフラインであるガス、水道、電気が止まってしまう時、子どものいる家庭の場合には、その情報が家庭児童相談室や児童相談所に流れるような仕組みができないのだろうか。そうすれば、もっと早く介入することができる。子どもたちが電気もガスも水道も通っていない家で、暮らさなければならないというのは過酷である。本当はそうなる前に親からSOSを出してもらいたいのだが、こういったことは自己責任と考えられているため、相談することをあきらめてしまうのだ。それによって子どもの貧困が見えなくなってしまう。

6　支援によって変わる生活

ある日、近隣からの泣き声通告を受け、その家に行ってみると、たしかにアパートの外にまで子どもの泣き声が響いていた。呼び鈴を鳴らすと、生後1、2か月ほどの赤ちゃんを抱いた母親と、幼い2人の兄弟が泣きながら出てきた。どうやら、おもちゃの取り合いで兄弟げんかになっていたようだ。

話を聴くと、2人の兄弟がすぐに喧嘩をし、母親は経済的な不安や乳児の世話で疲れているところに、泣き声がうるさいので、苛立ち、母親自身も怒鳴り声をあげてしまうのだということだった。確かにこの一家は苦しい生活を続けていた。父親は近くの工場に勤めているが、収入は15万円ほど、月によっては10万円を切ることもあるという。転職も考えているが運転免許を持っていないので、なかなか良い条件の職場を見つけることができないでいた。母親のパート収入が月に4~5万円あったが、3人目の子の出産のためそれをやめることになり、すぐに生活は困窮した。保育料が払えなくなり、兄弟は保育園をやめることになった。それまで元気いっぱい保育園で走り回っていた幼児が2DKのアパートに1日中いるようになれば喧嘩も起きる。母親は乳児の世話で寝不足もあり、疲れている。苛立ちが募る。これでは子どもたちを怒鳴りたくもなるだろう。

母親の話を聴きながら、私たちは時々、「ひだまり」で兄弟2人を午前中から預かることを提案した。そうすれば母親はゆっくり家事をしたり、乳児の世話ができるだろう。

予定した初日、母親が子どもたちを連れて「ひだまり」にやってきた。兄弟を置いてすぐに帰ると思ったら、母親は年配のスタッフとおしゃべりを始め、途中から笑顔が見られるようになった。結局その日はスタッフが用意した昼食を親子で食べ、子どもたちが遊ぶ様子をうれしそうに眺め、夕方、赤ちゃんがお昼寝から目覚めるのを待ってアパートに帰って行った。この母親自身もまだ若い。きっと甘えられる実家のような居場所がほしかったのかもしれない。その後も、まるで実家に来た娘に母親が「これ持っていきな」と言うように、寄付で集まった食材や子どもの服などを提供した。

秋になり、次年度になれば子ども3人を預かってくれる園があるというので、保育園の申請をした。また、それまで生活保護を受けることを提案し、相談員が夫婦と同行して窓口に行ったが、若いから働くようにと促され、そこでは申請を出すまでに至らなかった。この「働くように」とは、1か所の収入が低ければ、ダブルワーク、トリプルワークをせよ、ということである。それも十分に検討したうえで、窓口を訪ねたのだが……。

それならばと、私たちはこの家族がこの年を乗り越えられるように、さまざまな物品支援を行った。そして翌年4月、子どもたち3人が保育園に通えるようになり、母親は仕事を始めることができた。父親もバイクの免許を取り、遠くまで通えるようになり、給料の良い会社に転職した。

私たちは多くの貧困家庭の現状を目の当たりにしてきた。それぞれの現場に、現場でなくてはわからない事情がある。そして、ほんの少しの間、その事情を知った誰かが介入することで生活を立て直すことができるということを実感した。

7 制度を見直す

私たちは経済困窮家庭に対して、その時できる精いっぱいの支援をしてきた。しかし、民間団体でできる支援にも限りがある。やってもきりがない、みんなにできないのならやるべきではないと言われたこともある。そんなときには国や行政に頼るしかないのだが、現場の声をもっと知ってもらうことが、より良い制度を生み出すことになると思っている。そこで、私が思っていることを、最後にいくつか書いておこうと思う。

まずは母子家庭の母親への支援である。母子家庭の母親が生活するのに十分な収入を得ることは想像以上に大変だ。家事をしながら、仕事も他の人と同じようにしなければならない。子どもが病気になれば、その看病もしなければならない。実際に働ける時間が少なくなるのは当然だが、それでも生活するための出費は少なくはならない。ならば働く時間が少なくても、同じような収入を得ることはできないものか。母子手当を上げるとか、国の補助金でパートの時給が高くなるとか、とにかく、母子家庭への援助をもっと手厚くしてもらいたいと思う。

次に思うことはお金のかからない教育である。幼児教育から、小学校、中学校、さらには高校まで、もっと家計からの負担を少なくできないだろうか、子どもが学校に入れば制服や教科書、その他、準備品を揃えるのにお金がかかる。それも一度に支払わなくてはならない。その他、学校生活を送るために必要な費用が多すぎるように思う。そのため今、子どもの学校生活においても格差が生まれていて、知らず知らずのうちに、貧困の中にいる子どもは将来の夢も持てなくなっているのかもしれない。自立し、やがて社会をつくっていく国民となるための教育であれば、子どもたちの学校教育はすべて国が支えていってもらいたい。

この他にも、生活が苦しいことを相談できる場所の充実や、生活保護を受けようとするときの行政の対応のあり方、運転免許の取得費用が高すぎることなど、現場で感じていることは他にもたくさんある。そして私は、どの問題であっても、それらを検討する際に大切だと思っていることがある。それは、問題を抱えている人と同じ目線で、その問題を同じように感じ取れる感性だ。その感性で問題を見つめ、考えた時に、はじめてその問題への、より良い解答が生まれてくるのではないだろうか。私たちはこれからもこの活動を通してさまざまな問題とぶつかっていく。その時、その問題のさなかにいる人と同じように問題を感じながら、より良い解決策を見つけていきたいと思っている。

第14章

より効果的な学習支援への挑戦

渡 剛（NPO法人あっとすくーる）

はじめに

私自身が学習支援に取り組み始めたのが２０１０年。当時、私は大学3年生だった。自分自身が未婚の母子家庭で育ったというバックグラウンドがあり、大学の授業で子どもの貧困問題を知ったときに「これは放っておけない」という思いが湧き上がった。そして、大学の友人らと団体を設立し、まず自分にできることから始めようということで学習塾「渡塾」を開校し、ひとり親家庭の中高生を中心に学習支援を始めた。

それから7年が経ち、私が学習支援を始めた頃に比べれば、学習支援の場は全国各地に広がっている。当時に比べれば、我々のような学習支援に取り組む団体も増えているし、行政が取り組む学習支援も増えてきている。平成27（２０１５）年には生活困窮者自立支援制度が本格的に施行され、その中に学習支援事業も任意事業として位置づけられるなど、子どもの貧困対策の１つの手法として学習支援は主流となっている（平成28年度は４２３の自治体で同制度の学習支援事業が実施されている）。

私たちの団体は先述の学習塾だけでなく、行政からの委託という形でも学習支援を行っている。この章では、自主運営の学習支援と行政からの委託による学習支援を比較し、それぞれの長所・短所を見ていく。そのうえで、今後、学習支援というものが子どもやその保護者にとってより効果的なものとなるために何が必要かということを、私自身の経験から述べていきたい。

1　自主運営の長所と短所

まず、私たちが団体設立当初から行っている学習塾事業について話をしていきたい。対象は中学1年生から高校3年生で、ひとり親家庭以外の子どもでも利用してもらうことができる。授業の形は講師1人につき生徒が2人つく、いわゆる個別指導の形態をとっている。講師を務めるのは近隣の大学に通う大学生。完全無償というわけではなく、1回70分の授業を持ってもらうごとに1000円の謝金を支払っている。

ここまでだとよくある個別指導の学習塾と大差ないが、私たちの塾の特徴は大きく3つある。1つは、ひとり親家庭であれば授業料の減額制度を設けている。通常、私たちの塾で週1回授業を取ってもらうには月1万2000円かかる（ちなみに、私たちが塾を運営するエリアにある個別指導塾の週1回あたりの料金の相場は約1万6000円）。相場に比べれば少し安いが、多くのひとり親家庭にとっては1万2000円でも払うのは難しい状況にある。そこで、私たちの塾ではひとり親家庭の子どもが週1回授業を取ることによってかかる月謝は6000円と、通常の授業料の半額に設定している。週2回授業を取れば、その倍で1万2000円となる。

2つめは、塾に通うための奨学金制度を設けていることである。この本を読まれている少なくない方が「いくら6000円が他と比較して安いとはいえ、それさえ払えない家庭だっているだろう」と思われたと思う。それはもちろんその通りで、そのために私たちは寄付を原資とした奨学金制度を平成26（2014）年度より設けている。この奨学金は端的にいえば、私たちの塾に自己負担0円で通うことができるというものだ。書類審査、面接審査はあるが、審査に通過すれば最大で週3回分の授業が1年間無料で受講できる。この奨学金は、最初から

あっとすくーるスタッフ打ち合わせの様子

あった制度ではない。きっかけは、塾に通っていた子どものある一言だった。

「これ以上、親に負担をかけたくないから、塾、辞める」

これは今でも鮮明に覚えている、忘れられない子どもの発言の1つだ。その後メディアに取り上げてもらう機会があり、それをきっかけに多くの方から寄付をいただいた。その寄付をきっかけに始めたのがこの奨学金制度である。この奨学金制度を始めてからは、幸いなことにお金のことが原因で辞める子どもは出てきていない。

3つめは、さまざまな背景を抱える子どもたちに理解のある大学生が講師を務めてくれているということだ。あっとすくーるでは、彼らに活動に入ってもらう前に受けてもらう研修が2種類ある。1つは子どもの貧困や不登校、発達障害といったことの基礎知識を学ぶ研修。もう1つは実際の現場で子どもたちと関わってもらう研修、いわゆるＯＪＴと呼ばれるものである。活動前にこうした研修を行い、活動中は毎回の活動後にふりかえりを行っている。

私たちの学習塾を利用される保護者の方のうち、少なくない方が子どもの成績向上よりも私たちに期待されていることがある。それは、「子どもが何か困ったことがあったときに相談相手になってあげてほしい」ということだ。ここで書くまでもなく、多くのひとり親家庭の方が仕事に家事、育児と1人で何役も背負われている。子どもの教育や進路はもちろん、学校生活や子どもが何か悩んでいないかなど気にはなっているが、ゆっくり話を聞いてあげる余裕がないご家庭が多い。そこで、私たちに対し相談相手としての役割を望まれるというわけである。その思いに応えるためには単に勉強が教えられるだけの講師では務まらない。そこで、先述のような研修を行っている。

ここまで簡単ではあるが、私たちの塾について説明をさせていただいた。次に、私が考える自主運営の長所・短所を述べていきたい。ここでいう長所・短所とは、行政からの委託で行われる学習支援との比較で述べていく。

あっとすくーるの学習支援の様子

進路計画作成中の様子

スティグマの問題

私たちが自主事業の長所だと考えることは2つある。1つは、スティグマを避けることができるということだ。ここでいうスティグマとは「悪い意味でのレッテル貼り」という意味を持つ。たとえば行政からの委託で行われる学習支援の場合、対象が生活保護世帯やひとり親家庭の子どもと限定されることが多い。

そうした家庭で暮らす子どもの多くが経済的に苦しい状況にあるため、そこに対して支援を行おうと考えること自体は間違ってないと言えるが、対象をそこだけに絞ることによって別の問題が生じる。それは、学習支援の場に通うことが自分が生活保護世帯であるということや、ひとり親家庭であるということが周りに知られる可能性が生まれるということだ。そして、すべてとは言わないが、ある一定の保護者や子どもは周りにそうした状況が知られてしまうことを不安に思っている。

実際に、私たちがとある自治体から委託を受けて行っている学習支援教室に来ていた子どもが、次のようなことを言っていた。

「学校の友達には、ここに来てるってことは言ってない。言いたくない」

この子の場合は、こういうことを思いながらも教室に通い続けてくれた。幸いなことに成績も向上し、行きたいと考えていた高校にも合格することができた。

だが、生活保護世帯の子どもたちだけが参加していたこの教室に参加していることは友達には言えなかった。言えないだけならまだ大丈夫かもしれないが、こうしたことを理由に学習支援を利用しない子どもが出てくる可能性があることを私たちはしっかりと認識しておかなければならない。

こうしたスティグマを避けるために、たとえば、私たちの塾ではひとり親家庭以外の子どもも利用できるように設定している。もっと言えば、塾という形にしていることでもスティグマを避けられる。

子どもたちの目線から見たとき、私たちの学習支援の場に来るということは、他の子と同じように「塾に通う」ということになる。そしてその塾はどこにでもあるような個別指導塾で、学校の友人や先輩、後輩も通っている。それはひとり親家庭にかかわらず、である。もちろん授業料の面などさまざまな配慮は用意しているが、そういった制度についても広報を行う際には非常に注意している。チラシ等、不特定多数の人の目に触れるものにはひとり親家庭の子どものための塾というメッセージは出さず、「勉強が苦手（嫌い）」「保護者が子どもを見てあげる余裕がない」方のための塾ですと言っている。こうすれば、たとえば共働き家庭も該当する。逆に、ホームページでは団体のミッションや事業に対する思いをはっきりと載せている。こちらは関心のある人が見てくれる媒体だと考え、しっかりと思いを伝える形を取っている。

いつでも来れる＝日常を支える

このようにして、私たちはスティグマを生むことを避けている。もう1つの自主運営の長所は、子どもたちがいつでも来れるということだ。私たちの塾では、週に1回授業を取れば、授業がない日でも塾に来てもらって構わないということにしている。こうすることで、たとえば授業がない日に自習にやってくる子どもがいる。

しかし、中には塾に来るが一切勉強しない子もいる。では何をするかというと、漫画を読んだりスマホをいじったり、職員や大学生とおしゃべりしながらお菓子を食べたりしている。子どもたちがこのような過ごし方を塾でする理由はいくつかあるだろうが、ほぼ毎日のように来る子どもには決まった特徴がある。1つは学習への意欲がとても高く、毎日自習をしに来るというパターン。そしてもう1つは、家に居たくないからというパターン。

家に居たくない理由は子どもによってそれぞれである。しかし、この「家に居たくないときに、徒歩もしくは自転車で行ける距離の中に自由に行くことができる場所がある」ということは、とても大事なことだと思う。ある子は、学校で嫌なことがあったときに家に帰るのではなく塾に来た。この子にとって塾は勉強する場所であると同時に、心の拠り所のような場所だったのだろうと思う。これまで出会ってきた子どもたちの声から、私たちの塾は、何かあったときにいつでも駆け込める場所でありたいと考えている。そして、そういう場所があるという安心感が、子どもたちが前向きになっていくうえで絶対必要なことだと考えている。

運営の難しさ

ここまで、自主運営による学習支援の長所を紹介してきた。スティグマを避けることができるということと、子どもたちが何かあったときにいつでも駆け込める場所となることができるという2つがあるわけだが、自主運営にはもちろん短所もある。そして、それは一言で言える。運営が非常に難しいということだ。言い換えると、継続性を持たせることが難しい（時間がかかる）ということだ。

私たちが学習塾を始めたとき、塾生の数は3人でのスタートだった。幸いなことに、私たちは内閣府から起業支援金なる補助金をいただいていたので、それをもとに何とか始めることができた。しかしそれでも、資金繰りには大変苦労した（今も苦労しているが）。お金を貸してくださいと頭を下げたことも一度や二度ではない。自主運営でやろうとすれば、場所代もかかる。すぐにでも塾生を増やして、何とか安定させたいと必死に頑張るわけだが、そう簡単にいくはずもない。今でこそ毎月のように問い合わせをいただくが、当時はどれだけ広報をしてもまったく問い合わせがなかった。まして、大学生が始めた塾である。そう簡単に信頼してもらえるはずもない。最初は全然塾生が増えず、安定して塾生が確保できるようになったのは、始めてから3年経った2013年だった。この資金的にも精神的にも苦しいスタートアップ期をどう乗り切るかがかなり大きなハードルになっており、ここをどう乗り切るかが非常に重要になってくる。

2 委託事業の長所と短所

それでは、私たちがどのようにしてこの苦しい時期を乗り切ったかというと、本当に数多くの方に多大なご支援・ご協力をいただくなどいくつか理由はあるが、その1つに委託事業を受託したことがあげられる。

私たちは2012年に法人化したのだが、その法人化初年度からある自治体の委託事業を受託した。金額は1000万円を超えるもので、これで何とか仕事として続けていける最低限のお金を確保することができた。しかし、もちろん委託事業にだって長所と短所がある。ここをきっちり理解しておかないと、受託することによってかえって団体が疲弊してしまったり、最悪の場合、つぶれてしまう可能性だってある。ここでは、これまで私たちが委託事業を行う中で感じた長所・短所について述べていきたい。

一定の財源確保＋学校等行政機関とのつながりの獲得

まず長所だが、大きく2つがあげられる。1つは、一定のまとまったお金が確保できるということだ。もちろん委託によって金額の高い低いはあるが、それでも確実にこれだけのお金が入ってくるという計算が立てられることは大きい。支払い方法は自治体によって異なると思うが、私たちの場合は毎月決まった額が入ってくる形の支払い方法が一番多い。

もう1つの長所は、私たちの場合で言えば、学校とのつながりが持てたということだ。たとえば、私たちは行政の委託事業を受けるまで一切学校との連携はなかった。アプローチをしなかったわけではない。しかし、民間の一団体では公立の学校と連携するのは簡単なことではなかった。それが、行政からの委託を受けることで180度変わった。行政からの委託事業ということで学校の先生と情報共有をすることができるようになった。そうして学校の先生たちと出会っていく中で、私たちの考えをいいね、と言ってくれる先生方とも出会えた。

今では、電話一本で何か困ったことがあれば相談できる関係にもなっている。先生たちからも相談をしてもらえるようになった。より困難な子どもたちと出会うために、そういった子どもたちを支えるために何としてでもつながりたいと思っていた学校と、行政からの委託事業という形でつながることができた。事業の種類にもよると思うが、私は行政からの委託事業の最大のメリットは、こうした公的な機関とつながることができることだと考えている。

あげればキリのない短所

一方で、短所はあげればキリがない。たとえば、自主事業の長所の点で記したスティグマの問題やいつでも子どもたちが来れる場所の確保が難しいということは、委託事業では解消しがたい問題である。その他にも単年度契約であることの難しさがあったり、委託の内容によっては人を雇用しないといけないなど新たに生まれる負担もある。契約が決まってから事業開始まで1か月もないなんてことはザラなので、人を雇用しようにも探す余裕もなかったりする。自分たちの団体の状態や委託元である自治体の考え方、担当者の対応等で大きく変化するので、細かくあげれば短所はキリがない。そもそも、こうした学習支援の事業を実施していない自治体さえあるのだ。平成28年度生活困窮者自立支援制度の実施状況調査集計結果によると、同制度に位置づけられている学習支援事業を実施している自治体は全体の47％に留まっている（**図1**）。

前年度に比べれば新たに100以上の自治体でスタートしているが、行っていない自治体の方が多い現状を手放しで喜ぶことはできない。

とはいえこの状況は、行政だけが悪いというものではないと私は考える。たとえば先述の調査結果を見ると、多くの自治体が委託という形で学習支援を実施している（**図2**）。委託できるような団体がある地域は大丈夫か

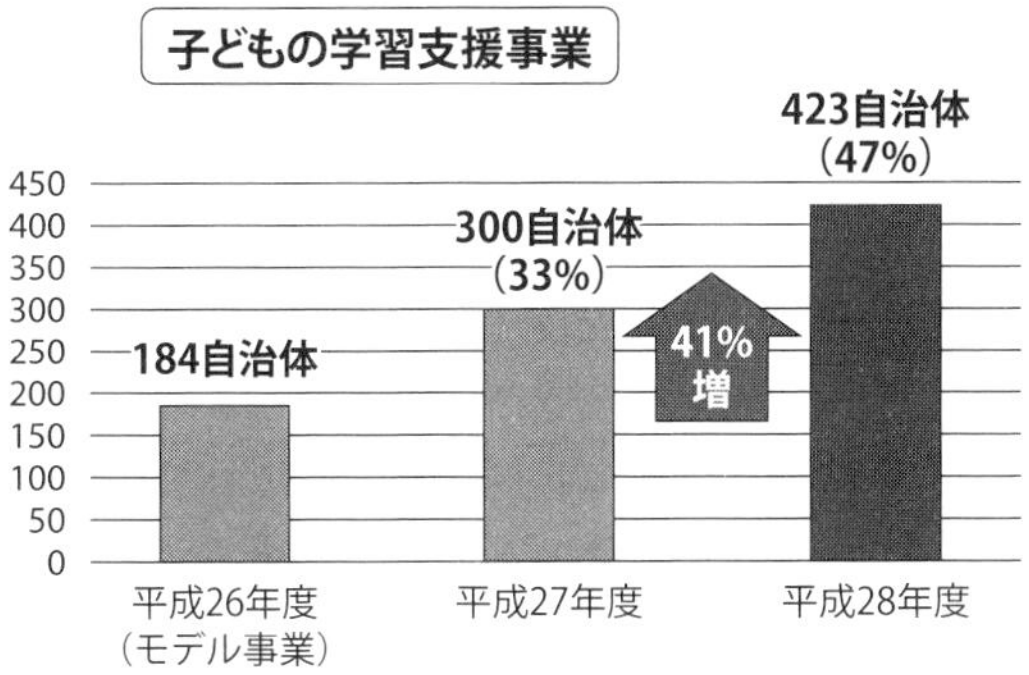

参考：平成28年度生活困窮者自立支援制度の実施状況調査結果

図1　生活困窮者自立支援制度の子どもの学習支援事業の実施状況

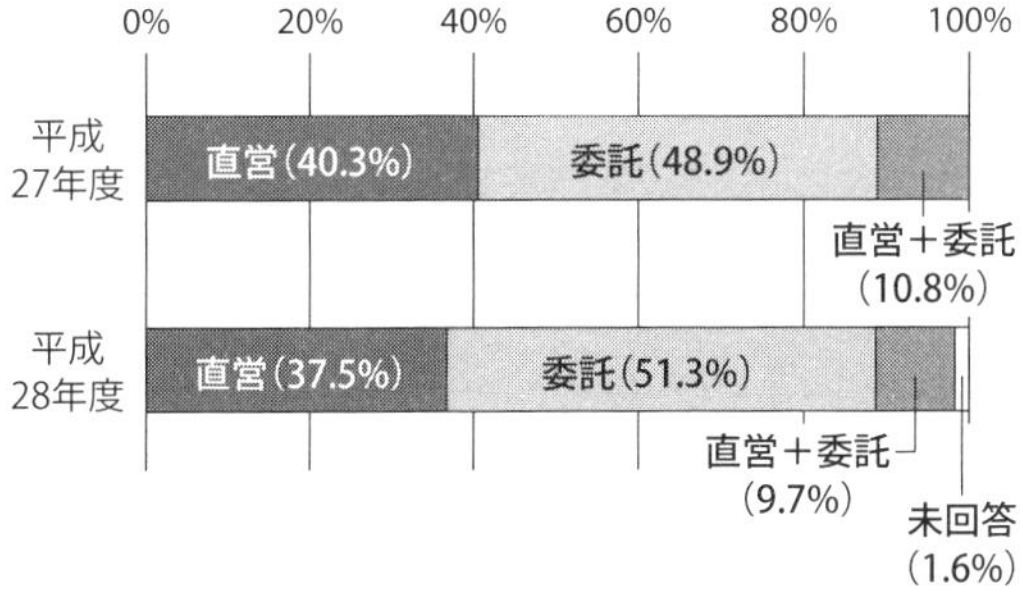

参考：平成28年度生活困窮者自立支援制度の実施状況調査結果

図2　学習支援の運営方法

もしれないが、そういう団体がない地域だってもちろんある。担い手が足りていないという問題もあるのだ。もちろんそれ以外にも実施されていない理由はあるだろうが、どうすればそれが広がっていくのかを考え発信していくことも私たち支援者には求められていると私は考える。

3　学習支援が子ども・保護者により必要とされるために

ここまで、自主事業と委託事業それぞれの長所・短所を見てきた。どちらにもいい部分・悪い部分があり、1つの事業ですべてを賄おうというのは難しい。

私たちの団体の経験からいえば、自主事業があるから委託事業が活きるし、委託事業があるから自主事業も活きると考えている。要は相乗効果が生まれるということだ。しかし、その相乗効果は自分たちの団体だけでやっていては生まれない。本章のタイトルにもある「より効果的な学習支援」、それに対する私自身の答えを、実際の事例を通じて最後にみなさんに紹介したい。

学校を巻き込んだ委託事業のフレーム

私たちは現在、大阪北部のある市で生活困窮者自立支援制度に位置づけられる学習支援事業を受託している。この事業のフレームはとてもユニークなので、最初に、本事業について紹介をさせていただく。まず本事業は教育委員会が委託元になっている。生活困窮者自立支援制度の学習支援の多くは、おそらく福祉の部署が委託元に

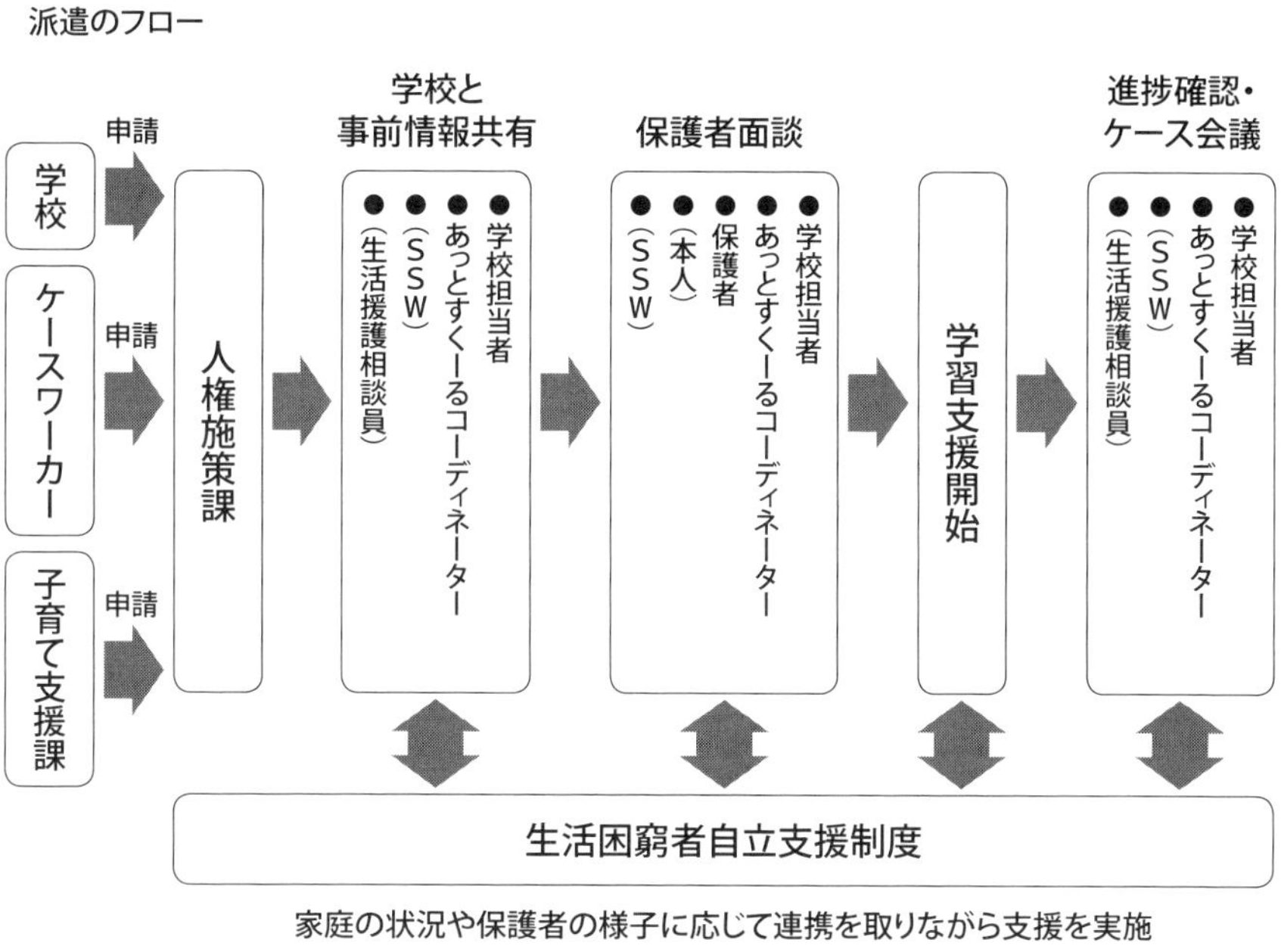

図3　学習支援の利用の仕組み（大阪府北部の市の事例）

なっていることが多いと思うが、ここでは教育の部署が担当している。そのため、事業の利用の申請のフローにも特徴がある（図3）。

本事業は、学校を通じて利用申請をするというのが特徴の1つである。校内のケース会議等で何かしら課題を抱える子どもについて検討されているわけだが、その際に本事業の利用を保護者に提案することを決定される。その後学校から保護者に本事業の利用に関しての打診があり、保護者同意を書面で取る。その書面を持って本事業の利用を申請するという流れになっている。このように学校を重要なキーマンとして位置づけているのが本事業の最も重要なポイントだと考えている。「子供の貧困対策に関する大綱」に「学校をプラットフォームと位置づけて総合的に対策を推進する」とあるが、まさにそのような機能を学校が果たしている1つの例である。

現在、市内には20の小中学校があるが、そのすべての学校で本事業は利用されている。事業の実施日時・場所も子どもの状態に応じて設定し、それに合わせて大学生を個別で派遣するという完全オーダーメイドな形でのサポートになることもあり、2016年度は170名を超える児童・生徒から利用の申請があり、年々申請数は増え続けている。

「支援が届かない」をなくす

「より効果的な学習支援」というとき、私は2つのことを考える。1つは、支援を必要としているが届かない人たちに届く形になること。もう1つは支援が届いてる人たちのニーズに今まで以上に応えられるようになること。この事業を受託したときに真っ先に思ったことは「これで、今まで届かなかった人たちにもサポートを届けることができる」ということだった。

当たり前のことだが、義務教育段階であれば子どもたちについての情報というのは学校にある。学校は子どもたちの状態について把握しているのだ。それはつまり、私たちが情報を届けたいと願う子どもや親が誰であるか、どこにいるかを学校は知っているということになる。その期待どおり、この事業を始めたおかげで、自分たちで塾をやっていただけでは支援につながらなかったであろう子どもと出会うことができた。その最たる例は、不登校の子どもたちだ。

実は私自身、1年間とある不登校の子どものところに毎週1回通ったことがある。何をしたかというと、その子の趣味である野球を一緒にやったのだ。「学習支援なのに野球ってどういうこと?」と思われるかもしれない。しかし、学習支援には2つの機能があると私は考える。学習意欲のある子どもにサポートを行い学力を高めるという機能と、学習意欲の低い、もしくはない子どもにサポートを行い意欲を高めるという機能だ。今回の野球は、後者の機能にあたる。この子のサポートを行ううえで大変ありがたかったのが、毎週1回の野球の時間に学校の先生が1人来てくれて一緒に野球をやってくれたのだ。不登校の子どものために学校の先生が学校外に出てきて一緒に野球をやってくれるなんて、日本全国を見渡してもめずらしいのではないだろうか。さらに幸運だったのが、その先生を含め彼に関わるすべての学校の先生が、この野球の時間があることが彼が一歩を踏み出すエネルギーを溜めることにつながるはずだと信じてくれていたことである。2人だとキャッチボールくらいしかすることがないが、3人いれば1人が投げて、1人が打って、1人が守るということができる。

嘘みたいな話だが、私が彼と野球を始めてから3か月後、彼の口からこんな言葉が出た。

「週に1回野球の時間があるなら、勉強してもいいよ」

それまで勉強や受験の話になると口を閉ざしていた彼が、自分から勉強の話を切り出したのだ。数字に表すことはできないが、彼の発言はとてつもなく大きな変化だった。そこから別の大学生が週に1回彼の元に行き、学習支援を行うようになった。

私はその後も彼と野球を続けた。彼が「試合がしたい」と言えば、あっとすく一るの職員や大学生をフル動員し、足りない分は学校の先生や普段から仲のいい別の団体の同世代の職員にも協力してもらった。その中で印象的な場面がある。一番最初にみんなで集まって試合をしたときは、彼はみんなの前で自己紹介ができなかった。代わりにこちらが紹介をした。しかし、2回目に試合をしたとき、彼は自分で自己紹介をしたのだ。彼はその後も勉強を頑張り、無事に高校に合格することができた。

顔の見える関係をつくる

彼のケースで学んだことは、学校の先生を含め、子どもに関わる人たちがチームになれることの重要さだった。しかし、いくら委託事業のフレーム上連携が必要だからといっても、すべてがそうなるわけではない。もっと一人ひとりの先生と会う回数を増やさないといけない、話す時間を増やさないといけない。そう思い始めたのが、「関係機関飲み会」という名の飲み会だ。学校の先生やスクールソーシャルワーカーなど、子どもに関わる立場の人たちで集まって楽しく飲むという会だ。目指すことはただ1つで、何かあったときに電話一本で相談できる関係をつくるということ。まだまだ規模は小さいが、この会のおかげで「電話一本で相談できる」方が増えた。とある小学校の先生は「うちの学校に来て、この事業について話をしてほしい。現場の先生にぜひ知っておいてほしいから」と言ってくれた。

あなたの団体は「孤立」していないか

子どもを支える私たちが地域の中の人たちとつながっていなければ、サポートの選択肢は狭まる。子どもに届けるという意味でも、サポートを手厚くするという意味でも、地域の中にいる人たちとつながっていくことは大事なことである。しかし、この事業を受託する前の自分たちはそうではなかった。学校は話を聞いてくれないとヘソを曲げていたりした。他にも方法があるはずなのに、その可能性を模索せず「連携できないのはあっちが悪い」とさえ思っていた。当時の私たちのように考えている方は、実は意外といるのではないだろうか。

学習支援や子ども食堂といった支援は、学校や地域とつながらなくてもできてしまう。しかし、それだけではいつか限界がくる。もし、あなたの学習支援に来ている子どもから「今日、親から殴られた」と言われたら、一体どうするだろう。通告するのが義務だから通告するだろうか。それがバレて、子どもがより酷《ひど》い暴力をふるわれる可能性を考えて躊躇してしまうことはないだろうか。

実は私たちにも一度だけそういうことがあった。恥ずかしい話、初めての出来事にどうしたらいいかわからなくなった。子どもの命がかかっているという事態の重さはわかるし、なんとかしたいという気持ちもある。でも、どうしていいかわからない。私たちはすぐに日頃お世話になっている市内のとある団体の方に相談した。そこからの動きは早かった。自分たちがどうしたらいいかのアドバイスをもらい、向こう側でもこの件に対して動いてくれた。「ここの先生だったら話を聞いてくれると思ったから話した」と言ってくれた子どもの気持ちになんとか応えることができ、心底ホッとした。それと同時に、こういうときに変な意地を張らずに相談できる相手がいることに感謝した。

地域とつながることで限界を超える

ここまで書いてきたように、「より効果的な学習支援」を目指すうえで学校をはじめとする地域の中のさまざまな人・機関とつながることは必要不可欠だ。つながることによって、これまで届けられなかった人にサポートを届けることができる。つながることで、自団体だけではどうにもできなかった問題にも対応できるようになる。とはいえ、私たちが活動している地域が「恵まれている」ということも事実だと思う。つながろうと思ってもそう簡単につながれない地域だって多くあるだろう。個々の支援について考えることも大事だが、それと並行して個々の支援がどうつながるか、どうつなげるかといったことを考える人＝地域の中のコーディネーター人材が今求められているのではないだろうか。それを誰が担うかというのは、その地域の事情によって異なるだろう。学校にそれが求められる地域もあれば、社会福祉協議会にそれが求められる地域もあるだろう。学習支援に限らず、より効果的なサポートを子どもたちに届けるためのチームをつくる。それが今、私たちが求められていることだと思う。

第15章

当事者経験から伝えたい子どもの貧困対策

佐藤寛太（公益財団法人あすのば）
久波孝典（公益財団法人あすのば）

はじめに

はじめに、私たちの自己紹介をさせていただきます。

私は公益財団法人「あすのば」で理事を務めています、佐藤寛太《さとうかんた》と申します。父を1歳の時に大腸がんで亡くし、母と、７つ歳の離れた兄、双子の兄の４人家族で暮らしています。高校・大学ともに貸与型奨学金を借りて進学しましたが、返済額の負担が大きいことに疑問を感じていました。大学1年生の時に行った貧困家庭支援の募金活動での経験を経て、自身の状況を世間に伝えることで少しでも後進の環境をよくしたいと考え、子どもの貧困問題に取り組んできました。

同じく公益財団法人「あすのば」で理事を務めています、久波《くば》孝典《たかのり》と申します。私は小学5年生から高校卒業するまでを児童養護施設で過ごし、奨学金をいただいて夜間の大学に通っていました。育った環境によって、自分のように精神的・経済的に苦しい思いをしている子どもを1人でも少なくしたいと考え、こうした子どもの貧困問題の格差是正に取り組んでいます。

たくさんの支援者の皆さんに手助けをいただいたおかげで、ふたりともに２０１７年の3月に大学を卒業し、4月から晴れて社会人となることができました。今回は、子どもの貧困が社会的課題として認知されていく中で、どのように貧困対策を推し進めればよいのかという点において、ヒントとなり得るポイントを、当事者経験のある私たちの過去からお伝えしたいと思います。

1 貧困家庭で育った私はこんなことに困った

経済的に厳しい家庭で育った私、佐藤が、その影響を最も深く感じたのは中学生の時でした。思春期ということで、とくに周りからの目が気になるような時期に、一番悩んでいたのが携帯電話を持っていないことでした。体感でクラスの7割ほどの生徒が携帯電話を持ち、当時流行《はや》っていた自作のホームページづくりを通して交流を深めていく中、持っていない私は話についていけず、ただ聞いているだけという状況に疎外感を感じていました。自分の知らないところで友人たちがコミュニケーションをとっていて、自分のわからない話で盛り上がっている。そうした状況に、携帯電話を買ってもらえる経済的余裕のない私は、どうやって友人たちの話に入っていけばいいのだろうとグループでの居場所づくりに困っていました。周囲の子たちが、会って話すよりもメールでの会話の方が気持ちを伝えやすく、内容の濃い会話をしていたというのもあり、学校だけのコミュニケーションでは周囲から置いていかれているような気持ちでした。携帯電話を持っていないせいで、友人から連絡が取りづらい奴だと思われたら嫌だなという不安もあり、貧しさゆえの埋められない溝で、孤立していくことに恐怖感を感じていました。

現在も中学生から携帯やスマホを持っている子は半数ほどおり、高校生になると所持率は9割以上にも上ります。時代の流れから、昔よりも必然性の高いものとして扱われる携帯電話は、ただの連絡手段としての機能だけでなく、コミュニケーションツールとしての役割も大きく担っています。現代においては、所持していないだけで排除されてしまうことへの危惧はもちろんのこと、貧困状態にあっても携帯電話を所持することへの理解も進んでほしいと思います。

また中学時代、私はテニス部に入っていたのですが、部活動に関しても苦しく思った経験がありました。普段は体操服でのプレーだったので、服装において周りの人と差が出ることはありませんでしたが、冬になり1着1万円ほどのウインドブレーカーを買おうという話が出た時のことです。指定の服装ではない中でも部員全員が買っており、自分だけ取り残される気がしたからです。双子の兄も同じ部活動をしていたため、家計的にはお金が倍かかることもあって、さらに母に伝えるのが申し訳なく、自宅への道のりが憂鬱でした。購入期日の直前で母に伝えたところ快く了承してくれて、とてもうれしかったことは今でも覚えています。

部活動の継続には他にもお金がかかりましたが、母のおかげで最後まで続けることができました。今思うと、この部活動での経験があったからこそ、さまざまなことに挑戦する意気込みを得られたように感じます。もし、この時期にやりたかった部活動ができなかったら、高校でも部活動をすることはなかっただろうし、大学に進もうという気持ちにもならなかったと思います。やりたいと思った時に、できるような環境がなければ、その時のショックは大きく、「どうせ自分なんて」という悲観的な目で物事に取り組むようになってしまいます。現に、支援の現場ではそうした悲観的な子どもたちと接することもありましたが、彼らは一番多感なこの思春期にそうした経験を重ねて、ふさぎ込んでしまっていました。

家庭で不自由なく育つ子どもたちと、すべてが同じような生活を送ることは難しいとしても、「その子が主体性を持って本当にやりたいと思えること」だけは、サポート態勢が整えられてほしいと切に願います。

2 社会的養護には教育的視点が必要

ここからは社会的養護で育った私、久波からお話をさせていただきます。社会的養護は、その養育下にいる際は衣食住が保証されているのですが、精神的な自立を迎えずに養育を終えてしまうことがあるため、働くことや生きていくことに価値を見出せずに、結果として貧困状態となる場合があります。

ここで少しばかり私の体験を記させていただきます。私には受験勉強が本格化する高校3年次に、大学進学を夢見ながらも一度は進学をあきらめた経験がありました。それは施設退所者が進学を志す際に必要な、奨学金集めも受験勉強も同時に行うほどの意欲がなかったことが原因にあげられます。私には「児童福祉に恩返しがしたい」というぼんやりとした想いはありながらも、その思いはそれほど強く実ってはおらず、またその思いを叶えられる仕事や生き方をよく知らなかったために、将来に対する高い意欲が持てませんでした。

こうした要因には「キャリア観へのハンディキャップ」が大きく関わっていると感じます。児童養護施設は子どもたちを守るという側面があり、入所している子どもたちの生活を守ることはもちろん、家庭環境に問題があった子どもたちが多い分、元の家族から子どもたちを守ることや、社会の偏見、周囲の目線などから守ることも役割として発生します。つまり、望むと望まないにかかわらず、施設自体が閉鎖的にならざるを得ない状況にあり、子どもたちの知らない世界を見せてくれる大人たちが関わりづらい状態にあります。

加えて経済的な面でも、一般家庭で暮らす子どもであれば、塾に通う、習い事に通う、職業体験プログラムを受講させるといったことは可能なことかもしれませんが、さまざまな理由・背景を抱える子どもたちにとっては経験するのが難しい状況にあります。

小さい頃の経験の数が、自分自身がどのようなキャリアを描いていくかを展望するその後のキャリア観を左右すると思えば、これが大きなハンディキャップになることは間違いありません。さらに、施設生活を送る子どもたちの普段見る大人が、施設と学校の先生以外にあまりいないことから、多様な職業に触れるチャンスが少ない状態にあります。そうした先生たちも、資格を取るための大学や専門学校が出身校であるため、周囲に同業者が多く、やはり他の職業を見せてあげられにくい環境にあります。加えて彼らは、施設の子どもたちやクラスの子どもたちを平等に見なければならないという前提があるため、1人の子どものためだけに時間を割くことが難しいのです。自分のためだけに無条件に時間をつくってくれる親という存在がおらず、身近な大人にあまり時間を費やしてもらえなければ、将来について考える時間も、相談できる時間も、少なくなってしまいかねない状態となっているのです。

家族主義の強い日本において、社会的養護はその立場や劣位性が理解されやすく、お金や物などの支援が集まりやすい状況にあります。しかし、給付型奨学金等の支援がいくら集まっても、その受益者となるはずの子どもたちが主体的に生きようとしていなければ、その支援を活用しようとはせず意味を持ちません。社会的養護下の子どもたち一人ひとりが自分らしい人生を歩み、バックグラウンドを気にすることなく歩めるようになるためには、そうした教育的視点が必要であるように思います。

3 公益財団法人あすのばと活動の3本柱

私たちの活動の場である子どもの貧困対策センター「あすのば」は、子どもの貧困対策法成立から満2年を迎えた2015年6月19日に設立・誕生しました。

あすのばは、「明日の場」であるとともに「US（私たち）」と「NOVA（新しい・新星）」という意味もあります。子どもたちが「ひとりぼっちじゃない」と感じてほしいという「私たち」と一緒だよという願い。そして、多くの人に子どもの貧困問題が他人事ではなく自分事に感じてほしいという「私たち」でもあります。みんなが集う「場」であってほしいですし、すべての子どもたちが明日に希望を持って、輝く新星のような人生を送ってほしいという願いも込めています。

あすのばの活動には、「直接支援」「中間支援」「調査提言」の3本の柱があります。直接支援では、合宿キャンプの開催、入学・新生活を迎える子どもへの給付金、子ども支援モデル事業など、子どもたちを物心両面で支える支援を目指しています。

中間支援では、全国の実践者を中心としたつながりの構築、活動の質の向上や団体の基盤強化、ワークショップ・研修会の開催など、「子どもを支える組織や人」をしっかり支えることにより、全国各地で充実した子どもを支える体制の確立を目指します。

調査提言では、子どもの貧困の実態調査、研究者や実践者との連携による研究、子どもの声に基づく政策提言など子どもの貧困の実態を徹底的に「見える化」し、その実態に基づく具体的、建設的な政策提言・法律改正をすすめます。

4 提言をつくった理由、私たちの思い

さて、ここからは3本柱の1つである、調査提言に絞ってお話をさせていただきます。その調査提言の一端として、あすのばでは、2016年12月に子どもの貧困がなくなる社会を願い、次のような提言を行いました（**図1**）。

この提言をつくる際、学生たちでどんな社会になってほしいかを議論したところ、いの一番に出た「教育機会の均等化が図られた社会になってほしい」という意見に、大きな賛同が集まり、それが達成された社会こそが、まず初めに目指されるべきだという考えにまとまりました。こうした結論の背景には、私たちの中に進学に苦難を強いられた経験を持つメンバーが多くいたことが大きく影響しています。

世論を見ると、お金がないのであれば自分が働いて家計を助けるべきだといった声や、経済的に苦しいのであれば進学に目を向けずに働くのが賢明だといった意見が多く見られることも事実です。しかし、目標に対して努力し、得られる結果が、経済的状況の善し悪しだけで大きく違うという実態の存在は、自己実現に対する意欲消失を招く要因にもなります。経済格差が教育格差に直結してしまっていることの最大の欠陥点は、こうした「決められた道しか歩むことができない」状態や少なくともそう思わせてしまう状態にこそあるのではないでしょうか。

2016年12月4日

子どもの貧困がなくなる社会へ－あすのばの提言－

公益財団法人　あすのば

●平成29年度予算に向けた緊急3大提言

■低所得者世帯を対象とした成績不問の給付型奨学金制度の創設

大学生や専門学校生への無利子奨学金の成績要件が低所得者世帯において撤廃されたことは、大きな前進です。世帯の所得と子どもの学力は比例しており、勉強したくても勉強できない環境にいた子どもたちが大学や専門学校への進学のチャンスをかなえるには、入学時の成績を問わない給付型奨学金が必要です。16万人（推計）の対象生徒のうち一人でも多く希望する子どもたちに給付型奨学金が受けられるようにしてください。

■児童扶養手当の支給を4か月ごとのまとめ払いから毎月払いへ

ひとり親世帯への児童扶養手当の支給を4か月ごとから毎月払いに変えることで、月によって大きな収入の波のある家計が安定し、より家計管理をしやすくなります。その上で、家計管理のアドバイスを受けることで少しは安定した家計の維持ができます。

■公営住宅や空き家活用などで住居費負担の軽減

低所得者世帯の支出の中で住居費の占める割合は極めて高く、その負担軽減はより生活の安定につながります。公営住宅のみならず、民間の空き家なども積極的に活用し、住宅費負担の軽減が貧困対策に大きな効果をあげます。

【子どもの貧困世帯全体への対策】

■支援制度に関する情報の簡潔でわかりやすい周知・広報の徹底
■困っている人が気軽に相談できる真のワンストップ窓口の整備
■個人のニーズに合った支援サービスを紹介できる相談員の派遣
■電気・ガス・水道・通信などライフラインの費用負担の軽減
■高校卒業時まで医療費負担の軽減
■子ども支援だけに特化しない、地域一体での居場所づくり事業の推進
■子どもの就職活動のための支援金制度の創設
■教育機会の均等を図るため、学校外教育バウチャーや学習支援の拡充

【大学・専門学校生や同世代の若者への対策】

■有利子奨学金をすべて無利子奨学金に変更し、所得連動返還に
■国公立・私立ともに大学・専門学校の授業料減免制度の大幅拡充
■確実に手に職をつけるための若者への就労支援制度の創設・拡充
■奨学金の返還が困難な若者へのより柔軟な返還猶予や減免措置
■入学費用の負担軽減や新生活への経済的支援の拡充

図1　「あすのば」が2016年12月に行った政策提言の一部

日本の子どもの貧困は見えにくく、理解されづらいのが特徴です。相対的貧困の特性は、周りと比較して自分だけが「普通」と言われる生活を享受できないことであり、これによって、子どもたちは自分ひとりだけが苦しい思いをすることで、「なんで自分だけ」という感覚に陥ってしまいます。こうした疎外感や孤立感が積み重なることで、「どうせ自分なんて」と自分を卑下するようになってしまえば、将来の進路などが「どうでもよくなってしまう」ことも理解していただけるのではないでしょうか。

私たちは何よりもまず、子どもたちが環境に左右されずに、各々が自らの進みたい道を目指すことのできる社会が実現することを切に願い、制度の充実とこれらの制度の情報が、その情報を必要としている人にしっかり伝わることを願い提言を作成しました。

この提言の実現で「貧困だから貧困らしい選択しかできない社会」ではなく、「少しでも制約をなくし自分らしい選択のできる社会」に変わることを心から願っています。

終　章

「すべての子どもを大切にする」子どもの貧困対策

末冨 芳（日本大学）

すでに、読者はここまでで、時として心の痛みを抑えきれない子どもの貧困の実態と、それを「なんとかしよう」とするための、当事者、実践者、研究者たちの挑戦を共有しているはずである。

ここからさらに、本書の各章で発信されたような先進的で重要なアイディアや取組みを普及するとともに、子どもの貧困対策はそれ自体の進歩を重ねていかなければならない。そのために、何をしていけばよいのだろうか。筆者はとくに教育費問題を専門としてきた教育学者であるが、学問の枠組みにあえてとらわれず、意見を述べていきたい。

「すべての子どもを大切にする」、「どんな子でもサポートする」、こうした言葉が子どもの貧困対策の先進自治体や教育支援の実践者の話を聞いているときに、真心のこもった言葉として発せられる。現代日本における子どもの貧困対策の原典である阿部彩『子どもの貧困』（岩波新書、２００８年）においても、日本ではそもそも「子ども対策」全般が拡充を必要とする状況であり、「すべての子どもが平等の支援を受けられること」の重要性が主張されている（pp.226-227）。日本における子どもの貧困対策のスタートでもあり、ゴールでもあるのが「すべての子どもを大切にする」社会の実現であり、その中で貧困状態にある子どもへの支援をとくに充実する仕組みの整備である。

「すべての子どもを大切にする」子どもの貧困対策、というアイディアは、とくに教育支援のあり方を考える際に、3つの意味で重要である。1つめは、すべての子どものウェルビーイング（幸せ）を大切にするという基本姿勢である。2つめは、「すべての子どもを大切にする」発想は、貧困層に最低限の教育や生活を保障すればよいという選別主義的な発想を超え、子ども一人ひとりが自分の良さを発見したり、課題を乗り越え成長する力をすべての子どもに保障しようとする「普遍主義的で多元的な教育の機会均等」の実現の前提条件となるからである。3つめは、子どもの貧困を単に低所得世帯やひとり親世帯の問題ととらえず、どのような親や子どもも人生の中で困りごとを抱えうる存在だととらえることで、「すべての子どもが必要に応じて支援を受けられる」仕組みの整備につながる。

1 「すべての子どもを大切にする」子どもの貧困対策
——これからの子どもの貧困対策の3つの視点

(1)「すべての子どものウェルビーイング(幸せ)を大切にする」——「弱さの力」と「つながり」の大切さ

皮肉なことに、「すべての子どもを大切にする」という言葉を、もっとも心のこもらないお題目として乱発する光景を私が目にすることが多いのが、教育委員会関係者や学校の管理職である。もちろん、多数派ではないが、確実に一定数は存在する。

なぜそうなっているのか、国際的な能力と幸福に関する理論や研究動向に焦点をあてた松下(2009)の論考は、日本における子どものウェルビーイング(幸せ)の実現を、なぜ学校や教育政策が阻害してしまうのか考えるうえで示唆に富んでいる。

「確かにテストスコアという限定された意味での学力は、先進国でもトップクラスにあるが、日本の子どもたちは、学業面で高い能力を示しているにもかかわらず、幸福感ではかなり低いところに位置している」(松下 2009, p.57)。その主要因は、「教育政策における強さの強調」であり、具体的にはOECDによる3つのキー・コンピテンシー（「道具を相互作用的に用いる」「異質な人びとからなる集団で相互に関わり合う」「自立的に行動する」）のうち、「道具を相互作用的に用いる」ためのＰＩＳＡリテラシーのみを「ＰＩＳＡ型学力」として、意図的に変質させてきた日本の教育政策の課題がある。

一部の教育行政関係者が、およそ心のこもらない言葉として「すべての子どもを大切にする」と発してしまうのは、「学力向上」や、「個人の独立性、自律性、自助努力を強調する」（松下 2009, p.52）、「生きる力」を育成しようとする教育改革を熱心に推進してしまうことで、現在の教育政策に内在されている「強さ」の文化に知らず知らずの間に思考を支配されてしまっているためであろうと、私には見える。学校や教育委員会に子どもの貧困対策の取組みを紹介する場で、「それは甘やかしではないですか」と、断じられたことも一度や二度ではない。

もちろん、基礎学力の保障や、個人の自助努力も大切である。しかし、そうした人間の「強さ」を重視する思考にはまり込み、子どもや人間の「弱さ」への理解や共感が本質的に持てなくなってしまっているために、「すべての子どもを大切にする」ことに心をこめられなくなっている大人たちを、教育行政システムが作り出してしまっている側面があることを、教育改革にたずさわる関係者は自覚しておく必要がある。第5章でも論じられたように自立や自己肯定感のみに重点を置くと、「社会との接点が失われたり、自己にのみ執着してしまう」場合もある（132頁）。

ＯＥＣＤが重視する「異質な人びとからなる集団で相互に関わり合う」ことが、日本では学力（テストスコア）と対立するか両立困難なものとみなされ、高度経済成長期以降の「強さへの志向」を転換できないことが（松下 2009, pp.44-53）、排除する学校、そして排除する学校で育った大人たちでつくられる排除する社会の基盤にある。

子どもの貧困対策は、「強さ」にとらわれ、「強さ」に順応できない個人を排除してきた、日本社会や学校文化の変革への取組みでもある。本書の第5章、第10章、第11章、第12章を通じて、静岡市、大阪府、東京都における、教育支援とそれを通じた学校や教職員の変革が可能であることを、読者は理解したはずである。前述したような一部の教育行政関係者とは対照的に、学校の中から粘り強くそして柔軟に、さまざまな課題を持つ子どもたちにアプローチしようとしつづけてきた教職員の存在が、「すべての子どもを大切にする」変革の底流にあることも強調しておきたい。

学校の教職員と学校外の学習支援の実践者とが共に子どもが愛されていることを喜び合ったり、学校内にカフェができてワイワイできたり、ユースソーシャルワーカーのような高校生の目には「遊び人」に見える謎の大人が校内をぶらぶらしながら話しかけてきたり、学校の変革は予想外に面白い方向にも進化を始めている。

それは、他者とつながりあうこと自体が、人間の幸せの根本にあり、学校の中や外にさまざまな「つながり」を持ちこむことで、子どもだけでなく、子どもに関わる大人のウェルビーイングを大切にすることにもなるからである。OECDが重視する「異質な人びとからなる集団で相互に関わり合う」能力は、人間のウェルビーイング（幸せ）とつながる重要なスキルであり、日本の教育政策からも捨象されるべきではない。

「すべての子どもを大切にする」子どもの貧困対策、というアイディアは、大人に子どものウェルビーイング（幸せ）を大切にする思考を取り戻していくためにも、重要である。このためには、教育政策の「強さ」志向自体を、相対化していく必要がある。教育政策や教育実践における「弱さの力」に光をあてること、子ども同士が「わからない」ことや抱える課題を隠さず表明しあうこと、「弱さ」を共有する価値を見出し、「子どもたちが、幸福な生活と社会につながる弱さをわがものとしていくプロセス」にその可能性が見出されている（松下 2009, pp.53-58）。

それは本書第5章で語られる「ケアする学校」や、第1章の「すべての子どもを大切にする学校」につながる。「自己実現による幸福だけでなく、他者との交わりによる幸福をも射程に入れることができるようになる」転換を（松下 2009, p.58）、学校と社会に、子どもの世界と大人の世界にもたらす挑戦である。

また第1章では、子どもの貧困対策の指標や評価、検証の際に、子どものウェルビーイング（幸せ）を積極的に取り入れることの重要性を指摘した。本書をむすぶにあたって強調しておきたいのは、単に指標設定や検証に取り組むだけでなく、子どもに関わる大人たちが、本当に子どものウェルビーイング（幸せ）を重要だと考える姿勢で、大人たち自身の「弱さ」や限界も支えあいながら子どもの抱えるつまずきや課題を共有し支援をしていく、その基本発想を共有することこそが、「すべての子どもを大切にする」子どもの貧困対策の基盤となっていく。

(2)「普遍主義的で多元的な教育の機会均等」の実現——選別主義を超える

「すべての子どもを大切にする」という立場に立つときに、貧困世帯の子どもは高校を卒業して大学や専修学校に行かず就職すべきだ、という選別主義的な発想は、回避されるはずである。じっさいに、先進的な取組みを行う自治体の政策には、選別主義を超える発想がすでに内在している。

貧困世帯の子どもだけを対象とした支援策は選別主義であるために、貧困の当事者も利用をためらったり、支援をする実践者たちも葛藤を抱えることになる。だからこそ、「すべての子どもを大切にする」発想が重要になる。

大阪府箕面市では子どもの貧困対策について、貧困の連鎖を断ち切るためには「最低限の手当をしてあげる」だけでは不十分であり、「むしろ普通より高いレベルで」子どもの能力や自信を育て「社会的成功」に導くことを子どもの貧困対策の政策目標として掲げている（箕面市 2017, p.4）。

第15章では、公益財団法人あすのばの学生メンバーたちが社会に要望することとして、まず「教育機会の均等化が図られた社会になってほしい」ということがあげられていた（348頁）。

箕面市の取組みも、あすのばの当事者たちの要望も、教育の機会均等をほんとうの意味で実現するとはどういうことか、という問いが根底に共通している。ほんとうの教育の機会均等とは何か、それはどうすれば実現できるのかは、教育学者として教育費問題に取り組み始めてから、私自身ももっとも重要なテーマとして考え、可能なかぎり現実解を見出そうとしてきた問題である。

ほんとうの教育の機会均等とは何か、という問いは別の言い方で言えば子どもに保障されるべき実質的な平等とは何か、ということである。低所得世帯の子どもは高校までの教育機会を保障して早く就職すればよい、というような「最低限の手当」を保障することだけでは、格差は固定化される。それは、いまある格差や貧困を容認する姿勢にほかならず、平等を追求する姿勢とはほど遠い。

そうではなく「卓越した個人の創出やよき人生の獲得という『自己実現の保障』のための飛躍台として機能する本来的な性格」が教育にはそなわっており、すべての子どもに教育を通じた「自己実現の保障」という積極的な機能を政府政策を通じて実現することが、実質的平等の実現において重要であると考える立場に、私はいる（末冨 2010, p.203）。単に高校を出て就職すればよいのではなく、どの子どもも「自分を大切にし、自分らしい選択」を保障していける状況にあることが、ほんとうの教育の機会均等なのではないだろうか。第4章でも「良い自分の発見」が子どもの自立への基礎となることが指摘されている（86頁）。あすのばの学生メンバーも『貧困だから貧困らしい選択しかできない社会』ではなく、『少しでも制約をなくし自分らしい選択のできる社会』に変わることを心から願っています」と第15章で提言してくれており（350頁）、当事者たちのこの願いを大人たちは真剣に受け止めなければならない。

箕面市が、一人ひとりの子どもの「社会的成功」をゴールとし、そのために「むしろ普通より高いレベル」での能力や自信を育てようとする姿勢も（箕面市 2017, p.4）、選別主義に陥らず貧困の連鎖を断ち切り、実質的な平等を子どもたちに保障しようとする現実解の1つとして評価できる。

誤解のないように述べておくと、箕面市ではテストスコアの向上や進学・就職率の向上を声高にさけぶのではなく、「課題をかかえる子どもは低所得かどうかにかかわらず支援する」という基本姿勢のもとで、一人ひとりの子どもの成長の状態や課題を自治体や学校、学習支援団体がかかわって丁寧にサポートとしようとしている【注1】。心身の健康状態や自己肯定感、家族や教師、友人とのつながりなど、子どもの成長に重要な条件がトータルに重視されていることも箕面市の施策の特徴である。子ども一人ひとりのニーズを大切にする自治体であり、「社会的成功」も一元的ではない多様な意味合いで用いられていると理解すべきである。

貧困世帯の子どもだから、最低限の学力を保障したあとは高卒で就職すればよい、という発想ではなく、どの子どもも「自分を大切にし、自分らしい選択」を保障していく実質的な平等や、高学力や高学歴を単純なゴールとしない多様な自己実現や社会的成功を重視する基本スタンスが、箕面市の施策には見出せる。

言い換えれば「普遍主義的で多元的な教育の機会均等」につながる基本発想が、子どもの貧困対策に真剣に取り組む自治体の中から芽生え、子どもたちに作用している、という状況が実現しつつある。

(3)「すべての子どもが必要に応じて支援を受けられる」社会基盤の整備
――「貧」だけでなく「困」も重視する

なぜ子どもの貧困対策なのに、低所得世帯の子どもだけでなく、「すべての子ども」を対象とする議論をしているのだろうか。

子どもの貧困対策に取り組む公益財団法人あすのばの政策提言の中で、貧困問題を「貧」（低所得）と「困」（困りごと）に分けて、家庭の「貧」（低所得）を改善するだけでなく、子どもたちの「困」（困りごと）もまた支援の対象と考える発想が提示されている（公益財団法人あすのば 2016）。

すべての子どもは、成長するうえで、家族のこと友人のこと、成績や進路のこと、ときにはいじめや不登校など、困りごとに直面していく。ひとりで、あるいは教員、家族や友達と乗り越えられる資質や環境を持った子どもだけはない。「すべての子ども」が「困」（困りごと）を抱えるという前提に立って、学校や家庭以外の大人たちもサポートをしていける体制を整えることが、より深刻な状況に陥りやすい「貧」（低所得、家庭のケアの不足等）と、「困」の両方の課題をかかえる子どもたちに充実した支援を届けられる前提条件にもなるからである。

「貧」だけでなく、子どもたちの「困」にアプローチする姿勢は、「京都市貧困家庭の子ども・青少年対策に関する実施計画」においても確認できる。すべての子どもを対象とした「京都市未来こどもはぐくみプラン（平成27年1月策定）」を、「子ども等の貧困」の視点から補足し施策をとりまとめた「実施計画」であるが、家庭の経済状況等に由来する「困り」を解消していくという基本姿勢が示されている。

低所得世帯だけでなく、すべての子どものための支援体制を充実させることで、子どもたちの「困」に早期に迅速にアプローチができる。たとえば私の住む杉並区では教育ＳＡＴという指導主事、元管理職、スクールソーシャルワーカーらで組織されるチームが区の教育センターに設置されている。低所得世帯の子どもの課題に限らず、不登校児童生徒への支援、発達課題を持ち学校生活に悩みを持つ子どもや保護者の相談や学校との調整、いじめの被害者だけでなく加害者やその保護者への支援など、多様な支援を迅速に実施している。生徒指導担当の教職員研修や管理職研修を通じて、学校現場も教育ＳＡＴの役割や早期相談・早期対応の重要性を理解しており、学校の校長も「杉並区では、いじめや不登校の隠ぺいは区教委から絶対にしないように厳しく指導がある。学校としても、むしろ課題が大きくなる前に、教育センターや教育ＳＡＴになるべく早く相談するほうが、子どもにも学校にもメリットが大きい」と指摘する状況にある。

このように、子どもの「困」にも対応できる支援の仕組みが、全国的に整備されることの意義は大きい。どのような子どもも、困りごとや悩みごととともに成長する。子どもたちの悩みに早く気づき、孤立させないよう、「すべての子どもが必要に応じて支援を受けられる」社会基盤を整備することが、子どもの貧困対策を「すべての子ども」にメリットをもたらす仕組みとして活用するために必要となってくる。それは、いじめ対策や不登校対策などにも、良い方向での変化をもたらす可能性が高い。

2 子どもの貧困対策の条件整備――11の提言

「すべての子どもを大切にする」子どもの貧困対策、というアイディアはとくに教育支援を考えるうえで重要であることを3点にわたって指摘してきた。

次に、子どもの貧困対策を萌芽期から、成長期にむけていっそう充実させ全国的に普及するために、さらなる条件整備が必要であることを述べておきたい。２０１８年に予定されている「子供の貧困対策に関する大綱」の見直しに対する議論の手がかりとするためにも、現時点での提言を11項目にまとめて示しておく。

⑴ 子育て世帯および低所得世帯への再分配システムの改善

第1章でも述べたが、子どもの貧困対策の中では、教育支援は子どもに対する直接支援という一部分にすぎない。保護者も含めた家庭の生活基盤保障を教育支援と同時に充実させていかなければ、子どもへの教育支援の効果は持続できない。

２０１５年の日本全体の貧困率は15・６%、子どもの貧困率が13・９%、大人が１人の子どものいる現役世帯の貧困率は50・８%と２０１２年と比較して、どれも減少しており（厚生労働省「平成28年国民生活基礎調査」結果の概要）、良いニュースであるものの、子どものいる世帯やひとり親世帯の貧困状況は依然として厳しい水準にある。あまり報道されないが、大人が２人いる世帯の子どもの貧困率も10・７%あり、ひとり親であるかどうかにかかわらず、子どもの貧困率自体は、やはり深刻な状況にある。また生活が「苦しい」「やや苦しい」と回答した比率は高齢者世帯が52・０%であるのに対し、児童のいる世帯は61・９%、母子世帯は83・７%となっている（厚生労働省「平成28年国民生活基礎調査」結果の概要）。「子どもを生み育て、世帯として目いっぱい就業することが、税・社会保障制度によっていわば罰を受けている」と指摘される我が国の再分配システムを改善することは（大沢 2015, p.33）、低所得世帯の子どもたちにとってメリットがあるだけでなく、少子化対策の基本でもある。子どもの貧困対策や少子化対策に真剣に取り組む政府であるならば、子どものいる世帯、とくに低所得世帯への再分配の改善に取り組むはずである。第1章でも強調したように、教育支援の前提条件は生活基盤保障である。

(2) 子どもに対する資源配分のグランドデザインと財源確保

教育の無償化について、政治家たちがさまざまな議論を行うようになっているのは喜ばしいことだが、ポピュリズム的で場当たり的な資源配分は、政策の継続性に対し懸念が大きい。また子どもに対する資源配分のあり方が、政権によって簡単に転換してしまうようならば、いま以上に子育てがしづらい社会になる。

子どもに関する資源配分を、教育政策や福祉政策、現金給付と現物給付など総合的にグランドデザインしておくことが、継続的な子どもへの資源配分の改善に必要なことである。子育て支援や、若者支援、子どもの貧困対策などは、すでに文部科学省と厚生労働省、内閣府の1府2省体制での取組みが蓄積されており、子どもに対する資源配分の優先度や体系的な実施計画をグランドデザインとして立案していくことは、組織体制としても可能な状況にあると考えている。

この際、「厳しい状況の子どもから重点化される資源配分」という原則が忘れられないように、立法府、行政府の関係者には注意を促したい。2017(平成29)年度から先行実施されている大学等給付型奨学金は第9章での懸念通り、「教育的な制度として構築されたため、福祉・社会保障の観点を欠くものとなって」おり、成績等の能力や資質が強調されているために、高校生たちが応募しづらく、高校の現場も運用に苦慮しているのが実態である。この制度が「厳しい状況」の子どものための制度になるためには、第9章の提言のように「純粋な『経済的支援』」(245頁)への転換が必須の条件である。給付対象者の拡大や給付額の増額も課題である。

授業料の無償化も重要だが、健康の基盤となる学校給食や朝食などの食の支援や、学力を下支えする学習支援など授業時間外の学習機会、高等学校における制服代や通学費、大学の受験料や入学金など、貧困状態にある子どもたちに必要な支援は多い。より厳しい状況にある貧困の当事者たちのニーズを把握し、グランドデザインにもとづき政策の優先度を決めていくことのできる段階の到来が、日本の子どもの貧困対策の成長期の幕開けとなるだろう。

財源確保については、未納者がサービス利用で不利になる子ども保険方式は、子どもの貧困対策については適さないと考える。乳幼児期や義務教育など社会収益が大きい教育段階の支援については税財源、大学や専修学校など個人収益が大きい教育段階の返還型奨学金については国債等を組み合わせていく、といった財源に関するグランドデザインも必要である。ゴールはすべての子どもの教育費の無償化かもしれないが、そこに至るプロセスを明確化し、何よりも厳しい状況にある子どもに対する支援の財源こそが優先確保されるべきことを、繰り返しておく。

(3) ライフステージ、ウェルビーイング、ジェンダーの視点からの指標拡充

内閣府「子供の貧困対策に関する大綱」に示された現行の指標は、生活保護世帯・ひとり親世帯・児童養護施設出身者など、貧困の範囲を狭くとらえ、進学率や就労率に指標が偏っている。次の「子供の貧困対策に関する大綱」にむけて指標の見直しが開始されていることを第1章でも紹介した。内閣府の拡充の基本的な考え方として、いま現在、貧困状況にあると思われる子ども、だけでなくすべての子どもたちが貧困に陥ることを予防する発想が、加わっている。たとえばすべての子どもたちの高等学校中退率が、今後追加すべき指標としてあげられているが、これは第8章でも指摘されたように低所得世帯の出身ではなくとも高等学校中退のままで学習歴がストップしてしまうことが、とくに就労に不利になり、貧困に陥るリスクを高めるためである。

こうした発想にたったとき、子どものライフステージとウェルビーイング、そしてジェンダーの視点から、指標の充実をはかっていくことが重要であることを指摘しておきたい。ライフステージの視点からは、乳幼児期、子ども期、若者期のリスクに関する指標を体系的に整備することが重要である。本書では第2章で乳幼児期からのソーシャルワーキングの必要性について述べられているが、現行指標では乳幼児期の指標が「ひとり親世帯の就園率」に限定されており、たとえば乳幼児健診の受診率など、未受診であることが親自身の貧困もしくは課題をかかえる状況を反映し、子ども自身の健康や虐待のリスクも捕捉できるような指標を追加していくことが重要だろう。義務教育段階についても、学習習熟度（テストスコア）も重要な指標であるものの、それだけでよいわけではない。私自身は不登校の小中学生比率を追加するように内閣府に提案しているが、今回の検討では見送りとなった。とくにテストスコア以前にテストを受けられない状況にある継続的な不登校の子どもたちは、不登校の改善だけでなく、孤立しないための継続支援や、多様な教育機会の保障、学校外の居場所へのつなぎや家庭への支援により、社会に出ていく基礎的スキルの保障に取り組んでいくことが、貧困に陥るリスクを回避する方策にもなる。

ウェルビーイング（幸せ）の視点からは、第3章のテーマとなった子どもの心身の健康状況に関する指標の追加が不可欠である。内閣府案では朝食欠食児童・生徒の割合が追加されるべき指標とされているが、むし歯や予防接種の未接種等もまた貧困状態にある子どもたちが将来にわたって抱えてしまう健康リスクにつながる。また、朝食欠食は、全国学力・学習状況調査で把握される小学校6年生と中学校3年生の数値にすぎず、ライフステージを重視すれば、やはり乳幼児期からの健康・生活習慣等に関する指標を追加することも、重要であろう。

内閣府案には「相談相手が欲しいひとり親の割合」が追加すべき指標の例として示されている。子どもや困窮状態にある親たちと社会とのつながりに注目した指標の導入は、子どもだけでなく厳しい状況で生活する保護者のウェルビーイングに関連する施策にもつながり、歓迎すべきことである。第1章で示したように、住宅やリスク行動、学校生活など、困難な状況に陥っている子どもや保護者の状況を多元的に捕捉する指標の整備のためにも、ウェルビーイングの視点からの指標充実も重要である。

また子どもの貧困対策で、あまり表に出てこないのがジェンダーの視点である。これは単純に女性を優先すべき、という政策を意味しない。OECDやUNICEFの教育政策では、男性にあらわれやすい課題と、女性にあらわれやすい課題、またジェンダーダイバーシティの課題などを、明確化することで、より重点的な施策を行う動向も一般的になりつつある【注2】。

たとえば4年制大学への進学率は伝統的に男子の方が高いことは文部科学省「学校基本調査」からは明らかになるが、大学・専修学校等に進学せず就職もしていない高卒者の比率は最新の2016(平成28)年3月卒業者の場合、47都道府県のすべてで男性のほうが高いことも把握できる。女子が4年制大学に進学しづらいという状況、また一定の大学浪人生を含むとしても男子集団の進路未決定率が高い基本構造を前提に、とくに課題や困難が集中する貧困層において、男性集団や女性集団に出現しやすい課題にターゲット化するアプローチが可能である。文部科学省の提供する高等学校中退率などの「児童生徒の問題行動等生徒指導上の諸問題に関する調査」では、性別の状況が把握しづらく、ジェンダーの視点から指標を充実させようとするときに、とくに教育政策においてその視点が希薄である実態がある。

女性に就労上の不利が集中する我が国の労働市場の課題や、男性の働き手がケアのための時間が不足する構造が、低所得世帯の困難を引き起こしていることも、すでに社会的に明らかである。ジェンダーのための指標を充実させることで、より的確な対策にもつながる。視点の共有とともに今後の充実を期待したい。

(4) 政府調査の改善とエビデンスの活用

子どもの貧困対策に関する指標ともかかわることであるが、国や地方自治体のさまざまな調査で得られる量的データには改善の余地が大きい。第6章では、就学援助制度に関連する国の調査の改善のアイディアを示した。また全国学力・学習状況調査は、現在、小学校6年生と中学校3年生で行われているが、4月に行われた調査の結果が提供されるのはその年の秋であり、その学年に問題があるとしても、学校で改善できる期間は半年もない。こうした状況に対応して、自治体では小学校5年生や中学校2年生段階で独自調査を実施しているが、子どもの貧困に関する実態調査からは、小学校5年生段階の調査と対策ですら、手遅れに近いのではないかという懸念が浮かび上がっている。2016(平成28)年度に実施された東京都「子どもの生活実態調査」では小学校5年生のうち一般層で35・2%、困窮層および周辺層の48・4%が、「授業がわからなくなった時期」が小学校3年生までであると回答している。中学2年生でも34・4%が「小学校3、4年生のころ」までに授業がわからなくなったと回答している。第4章でも「小学校3、4年」までが自立にむけた支援の「ラストチャンス」ではないかという見解が示されている(86頁)。

教育学の世界では「10歳の壁」という通説があり、小学校4年生で授業のつまずきが増加するというイメージが漠然と共有されてきたが、子どもの実態調査からは、「10歳の壁」ではなく「10歳までの壁」があり、とくに困窮層ほど「授業がわからなくなった時期」が小学校1年生と早期に到来していることが分かる。

こうした実態を考えたとき、国による最初の学力調査が小学校6年生では遅いのではないか、という考えもありうるだろう。イギリスでは、小学校1・2年生段階（日本の5・6歳段階）から、年に数回教師によるアセスメントと校内ペーパーテスト（国のテストを学校でダウンロード）を行う方式で、簡便に学力調査が行われている。また、単に学校全体の平均点を競うのではなく、学力上位グループと下位グループとの格差、貧困層と平均得点との格差など、学力格差の縮減に力が入れられている。

学校評価でもテストスコアを最大限重視するイギリスの教育政策には批判も多いが、「授業がわからない」子どもを減少させ、どの子どもにも社会で生きていく基礎的な知識やスキルを保障するためには、現在の日本の学力調査の見直しの必要もあるだろう。

また政府調査や、自治体調査に際しては、エビデンスを「活用」するという、中央・地方政府の意識をそもそも高める必要があるように思う。何度も例を出して申し訳ないが、朝食欠食については、文部科学省の全国学力・学習状況調査でも、第3章の足立区調査や東京都をはじめとする都道府県調査でも、生活困窮層ほど深刻な状況にあり、家庭への直接支援もしくは学校での朝食支援が望ましく、栄養学的にも子どもの健康に良い状況でないというエビデンスは確立しているはずである。エビデンスに真摯に向き合うならば、朝食支援のあり方は、早期に政策化されるべきである。学校現場では子ども食堂やフードバンクとの連携で、朝食支援に取り組むケースも出始めているが、国としてより手厚い支援が急がれる課題であろう。

また、研究者の側も、とくに一部の学問分野や若い世代を中心に「研究のための計量分析」に陥っており、現場知を軽視し、子どもや学校現場の深刻な状況の改善にエビデンスを「活用」する姿勢が欠如しているのではないかと心配な事例も増加しているように私には思われる。定量的な調査は、たしかに子ども集団の現状や課題を大胆に切り取ることができるが、データの解釈を、子どもたちや教育の現場への正確な理解がないまま行ってしまえば、その解釈は誤ることもある。また困難を抱える子どもたちの悩みごとの深刻さや、自立や成長につながる効果的な支援策は、子どものいる現場とつながり、きめ細かい定性的な調査と観察の中で把握されることも、忘れてはならない。少なくとも私は、定量と定性の双方のデータを活用しつつ、少しでも子どもや教育の現場の状況改善につなげることを念頭に研究者として活動している。

幸いなことに、北海道、東京都、大阪府、沖縄県の調査は、子どもの貧困対策をリードしてきた研究者と自治体との協働により、自治体が子どもたちのための支援策を充実させるために「活用」することを前提として設計・実施・分析されている調査である。第3章の足立区調査も、基礎自治体における子どもの貧困の実態調査として意義が高い。中央政府や地方政府における調査やエビデンス「活用」のためのモデルケースとして、多くの自治体やそして研究者も参考にするべきであろう。

(5) 先進自治体の取組みの普及・拡大と、基礎自治体の子どもの貧困対策の努力義務化

子どもの貧困対策だけでなく子ども政策全般が、自治体格差が大きい。第7章では、学習支援の制度化が、基礎自治体間の支援の多様化と格差をもたらしている実態が明らかにされている。

子どもの貧困対策の萌芽期にあっては、各自治体での先進的取組みがなるべく多く出現すること自体が期待される。第8章で紹介された沖縄の就学支援センターの取組み、第11章で紹介した高校内居場所カフェ、第12章のユースソーシャルワーカーなどは、これまで手薄であった高校生支援のあり方としてとくに都道府県レベルでの普及が期待されるアイディアである。また第13章の生活支援の取組みも、市町村と支援団体との連絡相談や、困難を抱える親子に寄り添い自立につなげる支援の形として、多くの自治体に拡大してほしいと願っている。

この際、先進自治体の取組みの普及・拡大自体を政府の子どもの貧困対策として積極的に実施していくとともに、今後の大綱や法改正においては、基礎自治体の子どもの貧困対策への取組みも努力義務化していくことが期待される。

(6) 子どもの貧困対策事業への複数年度委託スキームの導入

学習支援や生活支援など、とくに非営利団体を中心に委託される子どもの貧困対策事業は日本の財政の単年度主義のもとで、不安定な運営を余儀なくされている。

地域で実践を蓄積し、自治体との信頼関係や、子どもの課題の改善など、実績を蓄積してきた団体の取組みを継続させるためにも、子どもの貧困対策事業を複数年度委託スキームとして検討することができないだろうか。研究者の世界では、日本学術振興会による事業として複数年度プロジェクトが実現できており、子どもの貧困対策についても、不可能ではないと考える。むろん、実施団体側の説明責任の遂行を前提としている。

(7) 子どもの貧困対策の責任体制の明確化とシステム化

子どもに関わる支援政策が充実してくるにつれ、福祉・教育や医療にまたがる関係者が増え、連携が複雑化しているケースに出会うようになった。学校の教職員、スクールソーシャルワーカーや生活保護のケースワーカー、学習支援のスタッフ、児童相談所など、多くの関係者が子どもや保護者の課題に関わる体制が整ってきていること自体は、良いことである。

しかし、関係者や関係機関が増え、連携が複雑化すると、誰が中心的にその子どもや保護者に関わっていくか、という責任体制があいまいになりがちである。第10章の静岡市の例では、スクールソーシャルワーカーが、生活支援や学習支援が必要な子どもであるかどうかの判断を行い、とくに困難を抱える家庭に対しては中心的に関わっていく体制が明確化されている（末冨 2016a, p.30）。また箕面市では小中学生の課題に対しては「学校が責任を持って支援を行う」と学校が責任体制の中心であることが連携体制の中で共有されている。

自治体ごとにさまざまな形はあってよいが、子どもの貧困対策のための学校プラットフォーム化に際して、連携体制を充実させるだけでなく、責任体制も明確化していくことが求められる段階に入っていると判断できる。この際に教育委員会と子ども関連部局との一元化などを視野に入れ、限られた公務員数の中で効率的に子どもたちへの支援が行える体制の整備も重要と考える。

また自治体の担当職員や学校の教職員の異動に備えて、子どもに関する情報を集約し、見守りをシステム化していくことも、課題の見落としを防ぐという意味では重要であろう。箕面市が２０１６年度から運用を開始しはじめた「子ども成長見守りシステム」は自治体内の各部署に散在する子どもに関するデータベースを一元化し、見守りや支援の必要な子どもたちを早期に発見するシステムである（箕面市 2017）。個人の監視ではないかという批判もありうるが、学校現場の教職員の観察でも見逃してしまう事例がないように、自治体の担当者が交代することで引き継がれないケースがないように、という目的を持って構築されている。また、「子ども成長見守りシステム」で課題をかかえる子どもを発見したとしても、守秘義務を負う箕面市担当者、学校の教員、スクールソーシャルワーカーで、家庭や子どもの実態を丁寧に確認し、課題解決のためのアプローチにも子どもや保護者との信頼関係の構築が最優先される。第14章で学習支援の実践者の立場からも述べられていたように、「支援が届かない」をなくすために、子どもの見守りシステムによるバックアップ体制を採用することも有効かもしれない。

(8) 生活保護制度の改善と「自立」への移行制度の充実

子どもに対する支援が充実してきたことは、生活保護世帯に暮らす子どもたちがアクセスできるさまざまなチャンスの拡大をもたらした。給付型奨学金や、国内外での合宿や研修など、多くの支援メニューが充実する一方で、生活保護世帯の子ども・若者がそれらのチャンスを活用しようとすると奨学金や旅費が自治体において「収入認定」されてしまい、家計が苦しくなるという事例に出会うようになった。

高校生が、成績要件のある奨学金を努力して獲得したにもかかわらず、福島市のケースワーカーが収入認定してしまい、親子の生活が圧迫されるだけでなく、高校生が大きなショックを受け、学業の継続が困難となってしまっている。「収入認定」自体は、その後厚生労働省の判断で取り消されたが、取り消しまでに1年以上の時間がかかり、また親子に与えたマイナスの影響の大きさを考えると、生活保護制度の課題が大きいと考えざるを得ない事例であった【注3】。私は福島市を被告とした損害賠償請求訴訟の原告側意見書を担当したが、若者の自立にむけた制度の改善点として、高校生の奨学金の使い道にケースワーカーがいちいち自立更生計画書を提出させたり（もちろん不正使用していないかの領収書やレシートチェックが別にある）、いまや高校生の8割が夏の宿題として取組みが要求されるオープンキャンパスへの参加が自立に必要な費用と認められず生活保護費の対象外となったり、大学等の受験料も生活保護費の対象外とされている。生活保護制度が子ども、若者の自立を阻害する制度ではないかとの疑念を禁じ得ない状況には、強い憤りを覚えている。

とくに貧困の連鎖を断ち切るためには、生活保護世帯にあっても、子ども・若者の自立につながるように、自立更生計画書の運用をあらためたり、自立につながる経費を生活保護費の支出対象としたり、あるいはイギリスのブレア政権時のように政府管理の口座に子ども・若者の自立費用のための貯蓄を可能にし、高校生のアルバイト代の貯蓄から大学受験料やオープンキャンパス参加等の旅費など進路に関わる経費への使用を「収入認定」せず認めたり、さまざまな工夫が可能であるように思われる。また厚生労働省は、子ども・若者の自立に資する経費は収入認定しない原則を認めているが、福島市のような自立を阻害する運用を防止するためにも、基礎自治体の担当者への研修の徹底なども必要となる。

⑼ スクールソーシャルワーカー等の支援人材の正規雇用および人材の確保・養成

ここからは教育支援にかかわる各論としての提言になる。

子どもの貧困対策の現場に関わることは、個人情報の中でももっともデリケートな情報にアクセスすることでもある。第4章でも子どもの貧困対策において組織的・計画的な支援を行う際のスクールソーシャルワーカーの果たす役割の重要性とともに、人材確保という課題があることが指摘されている。社会福祉士や精神保健福祉士などの国家資格を持つ人材が、スクールソーシャルワーカーとして確保できないのは、自治体の非常勤職員であり、待遇が良くないということが大きく作用している。文部科学省もスクールソーシャルワーカーとスクールカウンセラーを義務教育国庫負担職員とし、正規化していく方向性を示してはいるが、まだ実現には至っていない【注4】。

しかし、もっともデリケートな個人情報を扱い、また困難な状況にある子どもや保護者に、精力的な支援を行うスクールソーシャルワーカーが現に多くおり、いっそうの人材確保が必要であることを考えると、スクールソーシャルワーカーをはじめとする支援人材の正規雇用や、研修等の充実による人材養成が急がれる。

また学校プラットフォーム化に際しては、子どものための連携に相当な時間コストを要することから、とくに要保護・準要保護率が高いなど困難を抱える子どもが多い学校に、連携担当教職員を担任外で設置するなどの教職員定数配置も必要となると考えられる（末冨 2016b）。

⑽ 支援の切れ目をなくすための市町村・都道府県連携体制の構築

広島県や大阪府箕面市など私自身が関わっている自治体では、子どもに支援の切れ目をなくすことが改善すべき課題の1つと認識されている。具体的には、出産前・乳幼児期から義務教育までを担当する市町村と、高等学校を所管する都道府県との間で、支援対象となっている子どもの情報が共有されておらず、高校中退等の情報が支援を継続してきた市町村に伝わらないという現状がある。

私が学校運営連絡協議会委員として関わる都立定時制高校でも、さまざまな市区町村からやってくる高校生の家庭の背景や子どもの特性がわからないために、市区町村との情報が効率的に共有できれば不登校や中退を予防できるのではないかという課題を認識している。

校区が同じ小学校と中学校の間では、子どもの進学時の課題は時間をかけて教員間で引き継ぎされるが、進学先が多様化する中学校と高校との間では学校同士の丁寧な引き継ぎは難しい。指導要録も学校の指導に関する記録だけが引き継がれるために、保護者や子どもの抱える課題や、信頼している支援者の情報などが共有されていない。教育再生実行会議第9次提言では、発達障害の子どもに対する支援情報を記録した個別カルテの共有が提言されているが、すべての子どもは「困」を抱え、克服しながら成長していく存在であることを考えたとき、支援を要する子どもたちについての情報を学校間で共有したり、とくに継続した支援が必要な子どもについては、たとえば義務教育段階のスクールソーシャルワーカーと高校段階のスクールソーシャルワーカーとの連携による情報共有や支援体制の継続が必要であると思われる。

⑾ 国公私立にかかわらない「子ども・若者支援チーム」による支援体制の整備

子どもの貧困対策は、公立学校のとくに義務教育段階を中心に進展を見せている。しかし、私立学校では、子どもに対する支援策はまだ充実していないケースもあり、子どもたちが学校生活や家庭生活で課題をかかえ、問題行動や不適応状態になっていったときに、簡単に子どもを中退させ「切り捨てる」ケースも後を絶たない【注5】。「すべての子どもを大切にする」子どもの貧困対策、という前提にたったとき、学校の設置形態にかかわらず子どもが支援を受けられる体制の整備は急務であると考えられる。学校教育法改正によるスクールソーシャルワーカー必置化等の政策もありうるが、当面は、高等学校の設置認可を担当する都道府県が、スクールソーシャルワーカー、スクールカウンセラーや、生徒支援経験の豊富な指導主事等から成る「子ども・若者支援チーム」を派遣する方式での支援もあってよいかもしれない。第12章で示された「高校支援チーム」の発想にもとづくアイディアである。利用料は学校法人が負担することもできるだろう。とくに高校生の約3割が私立学校に通う日本の現状を考えたとき、設置形態を問わず、子ども・若者が必要な支援にアクセスできる条件整備は急がれる。あわせて、専修学校・大学におけるキャンパスソーシャルワーカーの設置や学校内での教職員連携等、子ども・若者の自立・就労までつながる学校プラットフォームの実現も重要であろう。こうした体制が充実してくれば、いじめやハラスメント、不登校等の課題になるべく早期に取り組むことができ、問題の隠ぺいによって子どもや保護者たちが大きく傷つくような状況も減少させられると考える。

3 むすびにかえて

この本をしめくくるにあたって、子どもの貧困対策や教育支援の最前線にあっても、ご多忙の中、快く執筆をお引き受けいただいた執筆者のみなさまに、心より感謝申し上げる。研究分野や世代、アプローチは異なっても、子どもの貧困対策をいっそう充実していきたいという思いを共有いただける仲間と「つながる」ことができた大切な一冊となった。

藤原武男先生は、日本公衆衛生学会でのシンポジウムにお招きいただき、医療や保健にたずさわる方々との「つながり」を意識させていただくと同時に、教育のアウトカムの前に、まず子どもの健康というベースを支援することの重要性に、気づかせてくださった。中村強士先生は、乳幼児期からのソーシャルワークが必要であるはずとの思いを共有いただき、先端的な提言をいただいたことに感謝している。乳幼児期への公的投資の拡充はもっとも急がれる課題であることを教育財政の専門家である私も共有している。横井葉子先生からはソーシャルワークで子どもの自立に向けた有効な支援を開始できる限界年齢について「小学校3、4年がラストチャンス」という衝撃的な提言をいただいた。東京都調査での「授業がわからなくなった時期」と重ね合わせると、読者も早期からの支援の重要性を考えていただいたはずである。柏木智子先生は、学会や研究会で顔見知りであったが、本書を通じてケアする学校への変革に対する思いをより深く共有できたことを嬉しく感じている。佐久間邦友君は、学習支援を専門とする将来性豊かな若手研究者の1人であるが、埼玉県の事例を丹念に明らかにしてくれたことに感謝するとともに、より大きな研究をまとめることも期待している。酒井朗先生は、中退や不登校など学校からこぼれ落ちる子どもたちに焦点をあてた研究を蓄積してこられた尊敬する研究者の1人であるが、本書では高校教育の抱える本質的な課題を鋭く指摘くださった。本書でのご指摘が少しでも早い高校生支援や中退者支援の改善につながればと願っている。白川優治先生は、大学院生のときから交流は長いが、高等教育の奨学金政策等で活躍され、本書の執筆の打ち合わせで久しぶりに会えたことが嬉しかった。本書での指摘通り、現行の給付型奨学金制度は大きな課題を露呈しており、ますますのご尽力が必要な局面に入っている。

田中俊英さんとは、西成高校の「となりカフェ」視察で初めてお目にかかった。田中さんの学校に対する観察眼は秀逸で、居場所カフェや高校生支援チームの拡大や実現は、私も大切だと考えている。この終章の提言も田中さんからの刺激を多くいただいた。川口正義さん、そして静岡市のみなさまには、文部科学省プロジェクトをきっかけとして交流を深めていただいている。川口さんはじめスクールソーシャルワーカーや静岡市役所、そして学校現場の先生方の子どもに向ける気持ちのあたたかさは、生活支援や学習支援の場にも市長はじめ市役所職員や教育委員会、学校の教員がボランティアや様子を見に来ることでも証明されている。梶野光信さんには、東京都のユースソーシャルワークというアプローチへの思い入れと先進性を教えていただいた。高校生に対してこのように鋭いセンスを持っている担当者がおられることは、東京都の高校生支援にとっても頼もしいことである。ユースソーシャルワーカーの柊澤利也さんは、現場での実践を研究に高めようと精力的に取り組んでおられる。子どもの貧困対策の充実のためにも、若い世代の挑戦に出会えたことが嬉しい。畠山由美さんの生活支援のあたたかさには、原稿を何度読んでも涙が出てくる。同時に子どものいる生活困窮家庭にひときわ厳しい日本の社会の課題も明らかにしていただいた。私自身も少しでも改善に貢献できればと考える。渡剛さんには学習支援が自治体や学校と「つながり」を持つことの大切さ、そして学習支援のスティグマへの葛藤を率直に表明いただくとともに、子どもたちに寄り添うことが子どもたちの力を引出すきっかけになることを教えていただいた。公益財団法人あすのばの佐藤寛太さん、久波孝典さんには、当事者としての発信をあえてお願いした。当事者に貧困の経験を語らせることは、厳しいことでもある。しかし当事者の悩みや提言を社会で共有することが、子どもの貧困対策の基盤になくてはならない。いまは社会人になったお2人のますますのご活躍を祈念している。

執筆者との「つながり」をつくっていただいた山野則子先生（大阪府立大学）、鶴宏史先生（武庫川女子大学）、広田照幸先生（日本大学）、公益財団法人あすのば専務理事・小河光治さん、事務局長の村尾政樹さんにも御礼申し上げる。またかかわりを持つ自治体のみなさま、大阪府、静岡市、箕面市のみなさまにはとくにお世話になった。

阿部彩先生（首都大学・子ども・若者貧困研究センター長）、山野則子先生とは会議や研究でご一緒させていただく機会が多いが、子どもの貧困問題に対する先生方の問題意識の鋭さや、熱い思いには、いつも多くの刺激をいただいている。本書ではまだ不足している点も多いので、引き続きの取組みを進めていきたい。

あすのばの若者メンバーたちからの「生きていくために本当に必要な能力が身につく教育」をしてほしいという提言は、教育学者として重く受け止めている。まだ応えられていないことが申し訳なく思っているが、ともに考え実現していくことができればと思っている。また教育の無償化の実現方策については、大きな課題であり、引き続き検討していかなければならない。

子どもの貧困対策推進議員連盟の議員のみなさまが、法施行後も当事者たちの思いや悩みを共有してくださり、政策の改善に努力を続けてくださっていることにも感謝申し上げる。今後の日本における子どもの貧困対策にとっても心強いことである。

また、子どもの貧困対策の政策化に日夜尽力くださっている内閣府、文部科学省、厚生労働省など、関係省庁の担当者のみなさまにも、この場を借りて感謝の言葉を述べたい。とくに、私を内閣府の子供の貧困対策に関する検討会の構成員として送りこんでくださった関係者のみなさまには、深く感謝している。およそ10年にわたって文部科学省はじめ中央官庁のさまざまな会議で、歯に衣着せぬ発言をしつづけている私のような研究者を、子どもの貧困対策に関わらせてくださった懐の深い判断がなければ、この本が誕生することはなかった。

最後に、明石書店の深澤孝之さん、そして明石書店の社員としてもこの本に関わってくださっている久波孝典さん（第15章執筆者）にも御礼申し上げる。深澤さんは、私が知る中でももっともフットワークのよい勉強熱心な編集者のお1人で、子どもの貧困対策に関連するシンポジウムや学会などで、お目にかかる機会が何度もあった。子どもの貧困対策や教育支援のいまの状況を発信し、今後の改善につなげていくための本を出していきたいという企画にも、快く応じていただいた。丁寧な編集をいただいていることに、心から感謝申し上げる。そして原稿を遅らせ出版の時期をずれこませたことをお詫び申し上げる。

最後に、「すべての子どもを大切にする」子どもの貧困対策がより充実していくことを願っている。

編著者・末冨　芳

２０１７年８月９日

＊本書はJSPS・科学研究費補助金・16K13534、16H03771、日本大学文理学部個人研究費の成果である。

引用・参考文献

阿部彩（2008）『子どもの貧困』岩波新書

公益財団法人あすのば（2016）「地域の子どもの貧困対策を進めるために――子どもの貧困対策『見える化』プロジェクトの調査・研究を通して」（http://www.usnova.org/notice/190）

松下佳代（2009）「能力と幸福、そして幸福感」子安増生編『心が活きる教育に向かって――幸福感を紡ぐ心理学・教育学』ナカニシヤ出版、37〜60頁

箕面市（2017）『子供の貧困対策支援システムの在り方と運用方法に関する実証研究報告書』（http://www.mext.go.jp/a_menu/ikusei/chousa/1384440.htm）

大沢真理（2015）「日本の社会政策は就業や育児を罰している」『家族社会学研究』第27巻第1号、24〜35頁

末冨芳（2010）『教育費の政治経済学』勁草書房

末冨芳（2016a）「子どもの貧困対策のプラットフォームとしての学校の役割」『日本大学人文科学研究所紀要』第91号、25〜44頁

末冨芳（2016b）「義務教育における『標準』の再検討」『日本教育行政学会年報』第42号、36〜52頁

注

1 ２０１７年2月14日箕面市における子ども未来創造局、小学校でのインタビュー調査にもとづく。

2 女性学習者の進学率や学業成績期待における劣位については、伝統的に課題とされてきたが、男性学習者の課題についてはたとえば以下のレポートが参考になるだろう。

UNICEF, 2015, *Why are Boys Under-performing in Education?* (https://www.unicef.org/eapro/report_why_are_boys_underperforming_FINAL.pdf)

3 福島市の高校生奨学金の収入認定については、みわよしこ「生活保護の女子高生、奨学金も夢も奪われ今なお終わらぬ葛藤」（ダイヤモンドオンライン２０１７年8月5日）はじめ一連のルポルタージュによって、当事者の親子の心情を含めた状況が丁寧に記述されている。（http://diamond.jp/category/s-seikatsuhogo2）

4 中央教育審議会「チームとしての学校の在り方と今後の改善方策について（答申）」２０１５（平成27）年12月21日。

5 ２００５年に東京都公立中学校長会が東京都私立中学高等学校協会に「安易な退学処分」を自粛するよう申し入れを行っている。私立学校における児童生徒の相談や支援体制は学校間格差が大きく、改善の余地のある学校も多い。

梶野光信（かじの・みつのぶ）【第12章】
東京都教育庁地域教育支援部主任社会教育主事。1967年生まれ。早稲田大学大学院にて博士（教育学）を取得。専門は、社会教育行政、青少年教育。主著に「高校生の『社会的・職業的自立』を支援する社会教育行政の役割」（『日本社会教育学会年報 第61集』所収、東洋館出版社、2017年）、「東京都の社会教育行政史──生涯教育・生涯学習施策の登場以降」（東京都社会教育史研究会編『大都市・東京の社会教育 歴史と現在』所収、エイデル研究所、2016年）、「教育行政における『地域教育』の位置」（『日本社会教育学会年報 第55集』所収、東洋館出版社、2011年）など。

柊澤利也（ひいらぎざわ・としや）【第12章】
東京都教育庁地域教育支援部生涯学習課ユースアドバイザー。1990年生まれ。早稲田大学大学院教育学研究科修士課程修了。専門は教育社会学。早稲田大学大学院教育学研究科教育基礎学専攻博士後期課程在学中。早稲田大学大学院教育学研究科にて修士号（教育学）を取得。教育と福祉の視点から子ども・若者の社会的自立に関する学術的・実践的取り組みを行っている。

畠山由美（はたけやま・ゆみ）【第13章】
認定NPO法人だいじょうぶ理事長。1961年生まれ、児童養護施設職員、保育士。高齢者ヘルパーやケアマネージャーを経て、2005年にNPO法人だいじょうぶを設立。貧困や虐待等で家で安心して暮らせない子どもたちとその家族に寄り添い、ニーズに応じて訪問家事育児支援や母子の居場所、ステップハウスなど、さまざまな支援を組み合わせて提供する。

渡 剛（わたり・つよし）【第14章】
NPO法人あっとすくーる理事長。1989年熊本県生まれ。未婚の母子家庭で育つ。自身の経済的・精神的に苦しい体験から「自分と同じ苦しみを、次の世代の子どもたちに残したくない」と思い、大学時代に当時の友人らとあっとすくーるを設立。理事長に就任し、現在に至る。2015年から公益財団法人あすのば評議員、2017年からNPO法人edge理事を務める。

佐藤寛太（さとう・かんた）【第15章】
公益財団法人あすのば元・学生理事。1992年生まれ。1歳の時に父親が病死、シングルマザーの母親のもとで3人の兄弟と共に暮らす経済的余裕の少ない家庭で育つ。あしなが育英会奨学生として街頭募金活動をしていく中、遺児以外の家庭に対する支援が少ないと考え始め、公益財団法人あすのば学生理事として「子どもの貧困」問題解決を目指した発信を行う。

久波孝典（くば・たかのり）【第15章】
公益財団法人あすのば元・学生理事。1993年生まれ。7歳の時に父親が自殺、その後、母親からの虐待により児童養護施設へ入所。退所後は大学に通う傍ら、公益財団法人あすのば学生理事として、「子どもの貧困」「社会的養護」問題に関する発信を行う。

題──秋田県東成瀬村「英語塾」を事例として」（日本大学教育学会、2010年）や「学習塾と教育行政の連携によって生じる教育事務──公費支援型学習塾の事例を通じて」（日本教育事務学会、2014年）など。学習塾を活用した学習支援事業について調査・研究に取り組んでいる。

酒井 朗（さかい・あきら）【第8章】
上智大学総合人間科学部教育学科教授。1961年生まれ。東京大学教育学部、同大学院教育学研究科博士課程単位取得満期退学。専門は教育社会学、教育臨床社会学。主な著書は、Learning to Teach in Two Cultures: Japan and the United States（共著、Garland Publishing Inc. 1995年）、『進学支援の教育臨床社会学──商業高校におけるアクションリサーチ』（編著、勁草書房、2007年）、『教育臨床社会学の可能性』（勁草書房、2014年）など。不登校や中退問題への支援、学校段階間の接続、教員養成改革など、学校教育をめぐる今日的課題に関して研究に取り組むとともに、国や自治体の教育行政に関する各種委員を務めている。

白川優治（しらかわ・ゆうじ）【第9章】
千葉大学国際教養学部准教授。1978年生まれ。早稲田大学大学院教育学研究科博士後期課程単位取得満期退学。専門は教育社会学、教育行財政学、高等教育論。早稲田大学教育・総合科学学術院助手、千葉大学普遍教育センター助教、准教授を経て、2016年４月より現職。共著に『教育の基礎と展開──豊かな保育・教育のつながりをめざして』（髙野良子・武内清編、学文社、2016年）、『教育格差の社会学』（耳塚寛明編、有斐閣、2014年）、『教育機会均等への挑戦』（小林雅之編、東信堂、2012年）など。就学援助制度、奨学金制度など教育費負担を軽減・支援する社会制度のあり方についての研究に取り組んでいる。

川口正義（かわぐち・まさよし）【第10章】
認定社会福祉士。静岡市教育委員会スクールソーシャルワーカー＆スーパーバイザー。静岡県立静岡中央高校スクールソーシャルワーカー。独立型社会福祉士事務所 子どもと家族の相談室 寺子屋お～ぷん・どあ共同代表。児童養護施設職員等を経て、1989年より相談室活動を通し、地域の中で「事前的・長期的・包括的な支援」体制作りに取り組む。生い立ちに困難さを抱えている子どもや若者のためのシェルター活動、ショートステイ活動、居場所活動、及び若年シングルマザーのためのレスパイト活動、等の運営。一般社団法人てのひら代表理事。「子ども・若者・女性の貧困」対策事業を展開。東北福祉大学兼任講師。

田中俊英（たなか・としひで）【第11章】
一般社団法人officeドーナツトーク代表。子ども若者支援NPO法人代表（淡路プラッツ 02～12年）を経て、2013年より現職。子ども若者問題（不登校・ニート・ひきこもり・貧困問題等）の支援と、NPOや行政への中間支援を行う。主な著書に、『ひきこもりから家族を考える』（岩波ブックレット）ほか。13年、内閣府「困難を有する子ども・若者及び家族への支援に対する支援の在り方に関する調査研究企画分析会議」委員、14年以降はユースアドバイザー。

◉執筆者紹介（【　】は担当）

中村強士（なかむら・つよし）【第2章】
日本福祉大学社会福祉学部准教授。保育士と社会福祉士の両方の資格養成に携わる。佛教大学大学院社会学研究科博士課程修了。博士（社会学）。社会福祉士。保育士。専門は、保育問題、子どもの貧困。社会福祉法人やNPO法人などの理事・評議員多数。沖縄子ども調査学識協力者、愛知県子どもの貧困対策検討委員ほか自治体の保育行政にも携わる。共著に『貧困と保育』（かもがわ出版、2016年）、『保育ソーシャルワークの世界』（晃洋書房、2014年）など。

藤原武男（ふじわら・たけお）【第3章】
東京医科歯科大学国際健康推進医学分野教授。東京医科歯科大学医学部卒、同大学院にて医学博士号、ハーバード大学公衆衛生大学院にて公衆衛生学修士号（Master of Public Health）取得。ブリティッシュ・コロンビア大学医学部小児科学ポストドクトラル・フェロー（博士研究員）、国立保健医療科学院生涯保健部行動科学室長、国立成育医療研究センター研究所社会医学研究部部長を経て現職。主な研究分野として、1）虐待予防、2）社会格差やソーシャルキャピタルと健康、3）愛着研究、4）子どもの事故予防、5）被災地における子どものメンタルヘルス、6）子どもの貧困と健康、などがある。

横井葉子（よこい・ようこ）【第4章】
聖徳大学心理・福祉学部社会福祉学科准教授。上智大学大学院総合人間科学研究科博士前期課程修了（社会福祉学修士）、大阪府立大学大学院人間社会学研究科博士後期課程単位取得満期退学。2009年度から神奈川県内でスクールソーシャルワーカーとして活動。都立学校自立支援チーム統括スーパーバイザーおよび多数の市区町村のスクールソーシャルワーカー・スーパーバイザーを務める。共著に山野則子編『エビデンスに基づく効果的なスクールソーシャルワーク』（明石書店、2015年）、共監訳にC. マサットら編『スクールソーシャルワーク ハンドブック』（明石書店、2020年）など。

柏木智子（かしわぎ・ともこ）【第5章】
立命館大学産業社会学部教授。大阪大学人間科学部・同大学院人間科学研究科博士課程修了、博士（人間科学）を取得。専門は、教育経営学、地域教育論。日本学術振興会特別研究員、大阪国際大学短期大学部講師、大手前大学総合文化学部准教授を経て、2017年より現職。編著として、『子どもの貧困・不利・困難を越える学校――行政・地域と学校がつながって実現する子ども支援』（学事出版、2017年）。フィールドワークを基本的な手法とし、困難を抱える子どもの実態把握と社会的包摂のあり方に関する研究に取り組んでいる。

佐久間邦友（さくま・くにとも）【第7章】
日本大学文理学部教育学科助教。1986年生まれ。日本大学文理学部教育学科卒業、同大学院文学研究科教育学専攻博士後期課程満期退学。修士（教育学）。専門は教育行政学、教育経営・制度。郡山女子大学講師を経て、2018年より現職。論文や報告に、「過疎地域における公費支援型学習塾の可能性と今後の課

◉編著者紹介

末冨 芳（すえとみ・かおり）【はじめに、第1章、第6章、第10章、第11章、終章】

日本大学文理学部教授。1974年、山口県生まれ。京都大学教育学部卒業。同大学院教育学博士課程単位取得退学。博士（学術・神戸大学大学院）。内閣府子供の貧困対策に関する有識者会議構成員、文部科学省中央教育審議会臨時委員、経済産業省産業構造審議会教育イノベーション小委員会委員等を歴任。専門は教育行政学、教育財政学。こども基本法の成立を求めるPT呼びかけ人として、子どもの権利を基盤とした政策を教育分野のみならず、あらゆる政策領域において推進するアクティビスト型の活動も展開している。主著に『一斉休校　そのとき教育委員会・学校はどう動いたか？』（編著、明石書店、2022年）、『子育て罰――「親子に冷たい日本」を変えるには』（桜井啓太氏との共著、光文社新書、2021年）、『教育費の政治経済学』（勁草書房、2010年）など。

子どもの貧困対策と教育支援
――より良い政策・連携・協働のために

2017年9月30日　初版第1刷発行
2023年3月1日　初版第6刷発行

編著者　末　冨　　芳
発行者　大　江　道　雅
発行所　株式会社　明石書店
〒101-0021　東京都千代田区外神田6-9-5
電　話　03（5818）1171
FAX　03（5818）1174
振　替　00100-7-24505
http://www.akashi.co.jp
装丁　明石書店デザイン室
印刷　モリモト印刷株式会社
製本　モリモト印刷株式会社

（定価はカバーに表示してあります）　ISBN978-4-7503-4570-3